時間大幻劇
奇蹟課程的時間觀

A VAST ILLUSION
Time According to A Course in Miracles

肯尼斯‧霍布尼克博士（Kenneth Wapnick,Ph. D.）◎著

張紅雲　若水◎合譯

《奇蹟課程》國際通用章節代碼

T- 26. IV. 4: 7
　　　　　　　句
　　　　　　段
　　　　　節
　　　　章
　　　正文

W- PII. 240. 1: 5
　　　　　　　　句
　　　　　　　段
　　　　　　課
　　　（有時省略）部
　　　學員練習手冊

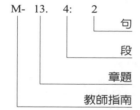

M- 13. 4: 2
　　　　　句
　　　　段
　　　章題
　　教師指南

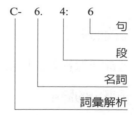

C- 6. 4: 6
　　　　句
　　　段
　　名詞
　詞彙解析

T → 正文
W → 學員練習手冊
M → 教師指南
C → 詞彙解析
P → 心理治療——目的、過程與行業
S → 頌禱——祈禱、寬恕與療癒

目　次

上篇　時間的起源與本質

中篇　救贖的計畫：奇蹟

下篇　時間的終結

若水序

有時，我會懷疑，世上可有人不曾在夢中與時間的陰魂糾纏過？

在早年的記憶中，最常出現一種夢景：我像個馬戲班的小丑，騎著獨輪車，從這面牆騎向那一面牆，先是自得其樂地往返於兩壁之間，漸漸的，兩面牆壁不斷向中間推擠，逼著我不能不加速踩踏，在撞牆之前折回，只見自己緊張地在逼仄壓縮的空間中拼命奔馳，直到我在汗水與喘息中驚醒。

回顧這些年，我好似依舊在兩面逼近的時間之牆內加速往返，總想在兩壁間塞入更多的東西。難怪，永遠有做不完的事，走不完的路，催促著我那雙渴望歇息的腳。

自從踏上了奇蹟課程的路，切身的課題自然離不開身邊的親密關係。關係穩定後，身體開始誠實地向我揭示潛意識埋藏的陰魂；待陰魂甫定，我不時意識到，有個熟悉的影子在我眼前閃爍，它就是時間。

　　迴避了大半生的時間魅影，終於回頭來找我了。我多次枯坐反省時間的奧祕，卻不得其門而入，不知從何切入這一抽象而神祕的領域。此時，天涯一角出現了一位素昧平生的奇蹟學員F.M.T，竟然點名肯恩的《時間大幻劇》，期許奇蹟資訊中心翻譯。當時的我正埋首於《奇蹟課程》的新譯工程，便隨手把這一大部頭書託付給沉浸於奇蹟形上理念的張紅雲，而這初生之犢也不明就裡地接下了這一重任。從單身譯到成家，從成家譯到生女；幾次擲筆欲逃，都被我軟硬兼施地留了下來。整整六年之間，我們逐字逐句地琢磨修訂，每有新的領悟，紅雲二話不說，提筆重譯！他投入的時間比我翻譯《奇蹟課程》還久。回想起來，我倆確實需要這麼久的時間來消化《奇蹟課程》的時間觀。

＊＊＊＊＊＊＊＊＊

　　肯恩多次提過，不了解時間的本質，是不可能讀懂《奇蹟課程》的。

這是當下即至的旅程

真寬恕即是無可寬恕

奇蹟乃是最自然不過的事了

你不曾離開天堂一步

劇本已經寫定

救恩早已完成了

　　每讀到諸如此類令人莫測高深的觀念，我們不是視若無睹，就是自然跳過，知道那不是理性所能窺覷的境界。其實，開啓這一祕意的解鑰，就藏身於時間中。

> 當它（分裂之念）被投射到心靈之外，就成了你的
> 時間觀念。……當它（分裂）離你愈近，在你心目
> 中就會轉爲空間觀念。（T-26.VIII.1:4~5）

　　時間，乃是小我撒在人間的迷魂陣，模糊了人類對永恆生命的記憶，將我們囚禁於過去的記憶與未來的恐懼中；空間則將一體生命切割成無數支離破碎的個體，各自隱匿於互不相通的肉身內。從此，人類就在分裂信念所化身的時空幻境中，演出了百千萬劫的輪迴戲碼。

　　自從人類的理性「想」出了線性時間，世世代代不乏聖賢或覺者，爲我們遙指超越時空的一體祕境。赫曼赫塞曾藉著筆下的主角說出他對時間的領悟：

> 「我現在才了解時間並不存在，這是多麼美好的
> 事，原來人與自己的渴望是被時間分隔開來的。」

「是的，正如你說的，河流是同時存在每一處的，
同時在它的源頭和河口，在瀑布，在碼頭，在漩渦
中，在大海裡，也在高山上，同時存在每一個地
方。對河流來說，只有現在，沒有過去的影子，也
沒有未來的影子。」

「每一件事本來就存在，每一件事都是當下的。」

　　然而，我們總以為這是覺者「修證」出來的境界，非我
輩凡夫所能企及。幸而，當代量子力學的問世，印證了古今
中外的玄學所言不虛：在愈小的物質結構中，時間與空間的
區別愈加模糊，甚至完全消失。這不是超凡入聖的悟境，而
是現實世界的真相。

　　此後，與此相互呼應的學說出現於各種專業領域。心理
醫師托瓦爾特（Thorwald Dethlefsen）在《疾病的希望》一
書也如此地附和：「時間和空間是兩個座標線，決定了世界
的對立性，這是錯覺的世界，是所謂的幻境。看透時間和空
間並不存在，是達到真正合一的先決條件。」

　　真相與幻境之間猶如我們的左右腦，一層薄膜就能區隔
出兩個截然不同的人生。人類至今仍在摸索著跨越兩界的通
道。大腦經過億萬年的進化，逐漸固化於一個虛幻的時空座
標內，身不由己地根據過去的經驗而反應。如何才能打破這
種無休無止的反彈模式？人類的處境讓我想起「駭客任務」

這部電影，主角尼歐陷身於電腦嚴密設定的世界中，卻得伺機突破電腦程式的箝制，難免處處碰壁，險境叢生。而《奇蹟課程》叨叨絮絮地說了數百萬言，正是教我們如何完成這近乎「不可能的任務」……識破世間的虛幻來化解世界；善用有限的時間來超越時間。它隨機指點迷津，教我們如何在身體的生存機制下，跳脫自主神經的控制，為心靈掙回一塊立足之地。

肯恩在書中特別引用了《課程》這句話：「凡是相信時間的人，不可能了解『永遠』的含義，罪咎便如此奪走了你對永恆的嚮往。」（T-13.I.8:4）對此，《奇蹟課程》的唯一法寶仍是寬恕。

唯寬恕才有穿透表相而直探真心的能力，解除過去與未來的鎖鏈，奇蹟便如此無聲無息地瓦解了時間，將我們提昇於時間幻劇之上，看清了所謂的人生，不外乎聖靈與小我兩套影集而已。原來我們並不是電視中形形色色的角色，而是正坐在電視前不斷選台選片的「抉擇者」。握在我們手中的選台器，則是我們每個人都擁有的祕密武器，它確實有扭轉乾坤的神力。

「我們在哪個層次把幻相當真，就應在那一層次就地化解」。只因演化出時空幻相的始作俑者，仍在人間劇場如火如荼地重複演出那一錯誤的選擇。唯有寬恕的慧眼，能為我

們在每一段情節中看清換台選片的機會。

　　時間若不存在，那麼，綑綁人心的因果律豈不頓失立足之地！這類釜底抽薪的不二心法，自然不是初入門者所能心領神會的。肯恩在前言中明白表示，此書是爲已經熟悉《課程》基本觀念的靈修人士而寫的。今天，這本曲高和寡的書籍得以出版中譯本，不能不感謝譯者張紅雲鍥而不捨的毅力，李安生與黃眞眞苦心孤詣的校正，以及F.M.T多年的慨然贊助。我雖然幸爲此書的第一受惠者，時間的祕意對我仍顯得撲朔迷離，如何透過人間的愛恨情仇來解讀時空幻劇的密碼，我自知尚待身邊弟兄的提點，我已經打定主意向弟兄問道，邀友共修此書了。

　　　　　　　　　　　　　　若水寫於星塵軒 2014年10月

前　言

　　毋庸贅言，時間是《奇蹟課程》中最難理解的觀念了。原因有二：一是這個主題本身抽象難解，二來《課程》對這個主題著墨較少。我們在《課程》的三部書裡常可看到隻言片語的時間理論，偶爾也會出現一兩段，卻鮮有一整節的篇幅來講述時間理論，往往只是點到為止就改變話題，把讀者搞得一頭霧水。〈教師指南〉指出，要理解救贖計畫，必須懂得《課程》的時間觀（我們很快就會討論這句話）；弔詭的是，《課程》卻又屢次說，我們是不可能真正理解時間的真相的。

　　為了使本書的論述清晰連貫，我把《課程》涉及時間的片段整理歸納之後，分為上中下三篇，逐一講解。上篇討論時間的起源與形上學。中篇講述時間與救贖計畫的關係，主要探討「奇蹟」在救贖計畫中的角色，以及它瓦解時間的功能。下篇闡論時間的終結，其中不免涉及《課程》幾個跟時間有關的概念，例如：真實世界、基督再度來臨、最後的審

判、上主的最後一步。

　　最後需要說明的是，本書並不是爲剛剛接觸《奇蹟課程》的人而寫的，讀者必須相當程度熟悉《課程》的基本觀念才能讀得下去。若想進一步了解《奇蹟課程》的緣起，不妨參閱《課程》的相關導讀資料。

上　篇

時間的起源與本質

導　言

　　上篇介紹《奇蹟課程》關於時間起源與本質的核心觀念。繼第一章的概論之後，第二章開始分析《課程》中據此原則衍生出來的相關理念。〈正文〉有兩整節提到時間的形上理論，本書上篇將逐句闡釋這兩節的內容。

　　開始之前，容我提醒一下：請務必記住，在接下來的討論中，我們用來闡釋時間的各種比喻僅僅是象徵而已。千萬別把「時間長毯」、「影片館」或者「萬花筒」的比喻當真。我們使用象徵只是為了澄清時間觀念，貼近我們對時間的體驗。究竟說來，任何的象徵、隱喻、意象和類比都無法道盡時間的奧妙；惟因如此，才需要透過交互使用不同的象徵來描述時間現象，讓我們能以具體可感的方式理解時間現象。物理學家描述光時也碰到類似難題：光有時候呈現為波，正好說明了它的某些特質；有時候，光又顯現為粒子，也適足以解釋光的另一些性質。然而，我們從沒見過光同時既是波又是粒子的論述。為此，我們不妨沿用物理學家的手法，使用不同模型來解釋時間現象的不同面向。

第一章　時間的形上學

　　我在別的書中〔原註一〕談過《奇蹟課程》思想體系的兩個層次，在此有必要簡單重述一下。第一層次屬於《課程》的形上理論，闡述天堂的完美實相與不完美的物質世界之區別；第二層次屬於幻相世界，描繪小我與聖靈兩種世界的對比，前者教人分裂與攻擊，後者傳授合一與寬恕。這兩個層次請參閱圖表一〔原註二〕，我們會不時地引用這一圖表。上篇的重點幾乎全在形上理論（第一層次），中篇則側重於我們在小我時間領域中的經驗，以及「奇蹟」足以化解時間的道理（第二層次）。下篇整合了這兩個層次，論及寬恕在第二層次導致的成果，最後終於化解那從未真正存在過的世界（回歸第一層次）。

〔原註一〕請參閱我的《奇蹟課程詞彙索引》（暫譯）（*Glossary-Index for A COURSE IN MIRACLES*）中的理論部分，以及《寬恕與耶穌》（暫譯）（*Forgiveness and Jesus: The Meeting Place of A COURSE IN MIRACLES and Christianity*），第六版，第19~23頁。
〔原註二〕參看附錄之圖表。

　　接下來，我們就從天堂境界談起，《奇蹟課程》是這樣描述的：

> 它只是對一體生命的圓滿覺悟，也就是悟出「此外無他」的那個真知：在這一體之外，別無他物，在這一體之內，也別無他物。（T-18.VI.1:6）

　　上主與基督（自性）是一體不分的生命，儘管上主是第一因，而我們（祂的聖子）是祂的果。請注意，連這種看似二元的描述都不可當真，它只是遷就人類大腦的理解能力而做的權宜說法而已：

> 你必須明白，「最初」這個字用在祂（上主）〔譯註〕身上並不代表時間的先後。所謂「最初」，是指祂在三位一體為首的地位。祂是最元始的造物主，其餘的創造同工都出自祂的創造。為此之故，你無法把時間套用於祂或祂的造化之上。（T-7.I.7:4~7）

　　天堂境界是永恆的，因為「永恆屬於上主的觀念」（T-5.III.6:3）。

　　《奇蹟課程》說：「在『一切是一』的永恆境內，悄然潛入了一個小小的瘋狂念頭，而上主之子竟然忘了對它一笑置之。」（T-27.VIII.6:2）這段話至關重要。所謂「小小的瘋

〔譯註〕引文中的括孤（　）所標示文字，係肯恩所加之補充說明。全書同。

狂念頭」就是聖子相信自己可能與他的天父分裂，相信自己有本事篡奪天父的大能而自立為造物主，在這種信念下，「果」搖身一變，好似變成了第一「因」。《課程》緊接著說：「因著他的遺忘，這個念頭變為一個無比嚴重的觀念，成了一種能夠實現並產生真實後果的可能性。」(T-27. VIII.6:3）

　　《奇蹟課程》進一步重申時間其實並不存在，它只是一個幻相，幻相卻像是真的，純粹是因為我們把那瘋狂的分裂一念當真了。我們一旦把那瘋狂一念當真，自然衍生出下列狀似嚴重的後果：

> 時間潛入了超時空之境，上主的一部分竟能攻擊自己，分裂的弟兄反目成仇，心靈被困在身體裡頭……。（T-27.VIII.7:1）

儘管這個後果看起來極其嚴重，耶穌卻告訴我們：

> 只要我們攜手同行，便不難對此一笑置之了；我們知道時間是無法侵入永恆的。永恆否定了時間的存在。認為時間能干擾永恆的念頭，實在可笑之至。（T-27.VIII.6:4~5）

　　《課程》用沉睡來比喻分裂之境，又把由此形成的小我思想體系稱為一場夢。「你並不住在這衰傷的世界，你活在

永恆裡。」（T-13.VII.17:6~7）儘管眞相如此，當上主之子好
像陷入沉睡，作起分裂之夢，在那短短的一瞬，整個時空世
界誕生了，好似刹那間伸展出一條長長的地毯（圖表二）。
那一刹那涵攝了我們所熟悉的整個時空世界及整部進化史，
它在幻相世界裡可以橫跨幾十億年的光陰。我們之所以無
法理解這類概念，因爲我們的思維模式及時間經驗都是線性
的。在線性模式下，幾十億年宛如望不到盡頭的時間長河。
然而，幻相世界中綿延幾十億年的歲月其實只發生於瞬間
的一刹那。耶穌曾經這樣評價時間：「一百年，一千年，或
者數萬年，對祂們（上主與基督）又算得了什麼？」（T-26.
IX.4:1）準此而言，用長毯來比喻時間有其缺點，即把時間
描述成了線性的；優點則是它十分符合我們對時間的感受。

　　《奇蹟課程》指出，上主在小我思想體系誕生的同時，
就「賜」下了祂的修正，即聖靈，聖靈在錯誤發生的那一刻
已把所有的錯誤一筆勾銷了。這就是圖表二所要表達的觀
念。長毯的上方代表小我的劇本，這個劇本已經寫定；長毯
的下方代表了化解所有錯誤的過程。長毯的上方與下方好似
同步運作，因爲修正與錯誤是同步出現的。更具體地說，如
果分裂世界的主軸是特殊關係，那麼，長毯下方則代表心靈
中同時浮現的神聖關係之念，透過寬恕化解了我們的特殊關
係。因此可以說，長毯的上方屬於小我的世界，一個充滿分
裂、特殊性以及攻擊的世界。長毯的下方演出的是同一個劇

本，只是它已經療癒了，也就是說，聖靈的寬恕之念（也就是救贖的原則：分裂從未眞正發生過）已經取代了小我的分裂念頭。

根據前面所提到的兩個層次，我們在這裡所談的其實是「雙重二元性」。第一重介於永恆的悟境與時空幻夢之間，第二重則分爲小我的劇本和聖靈的劇本。在第二重二元性中，分裂的心靈又分割爲三部分，其一，即所謂的妄見，也就是已被弄假成眞的分裂之念；其二，正見，代表上主的記憶，即聖靈，這部分心靈能夠對分裂之念「一笑置之」；第三部分是指可在小我和聖靈之間作選擇的主體，我們稱之爲「抉擇者」或「觀者」。

小我的劇本是我們心內的抉擇者寫出的，我們正是這個劇本的編劇、導演、製作及演員。最不可思議的是，這兩個劇本都已發生了，這與我們的具體經驗截然相反。然而，它卻是《奇蹟課程》時間形上理論的基本要素，缺了它，我們不可能眞正理解《課程》所教導的寬恕。總而言之，整個物質世界誕生的那一刻，所謂的「修正方案」也同時應運而生了。《課程》在論及「疾病」時，曾這樣描述兩者的關係：

> 然而，分裂只是一個虛無的空隙，它什麼也攔不住，更成不了大事，就像船隻行過水面所形成的兩股浪潮之間的空隙那般虛幻。海水輕易湧進，波浪

重新聚攏，瞬間便覆蓋了那一空隙。當波浪聚攏過
來，覆蓋了曇花一現的空隙時，那空隙又到哪裡去
了？（T-28.III.5:2~4）

　　為了便於理解，我們把心靈的那一部分比喻為抉擇者
（見圖表三），這個部分不斷在小我（妄見）的影片或聖靈
（正見）的修正之間作選擇。請注意，整部影片，包括修
正部分都已經完成了，世界幾十億年的演化過程全都涵攝其
中。這部龐大的人類史詩包含無以數計的劇本或者影集，每
個劇本都在傳達某種思維：因為「你所有的想法都會在某個
層次產生某種有形後果的」（T-2.VI.9:14）。就好比我們心中
有個「選台器」，可以隨時切換到不同的電台，既可以選擇
小我的電台或聖靈的電台，也可以從這個影集跳到另一個，
「收聽」小我的妄念或聖靈的正念。兩個劇本所演的都是陳
年舊事，古往今來所有人生故事全都儲存於我們的心念裡，
即我們所謂的時空世界。不妨換個方式來陳述這一現象：我
們好似坐在螢幕前，心裡的抉擇者正在觀看慢鏡頭播放的劇
情，身歷其境地感受那些念頭所衍生的種種人生情節，這一
切均發生於一瞬間，而且早已過去了。

　　也就是說，身為觀者的我們，正坐在螢幕前觀看一件早
已發生過的事情，卻好像第一次看到似的。問題是，我們並
不這樣想，反而覺得自己就是劇中活生生的一份子。我們會
在圖表三的右側部分（電視螢幕）看到所有牽涉到我們的劇

情。事實上，我們只是看戲的人，心中的抉擇者負責挑選自己想看的劇本。這就是《奇蹟課程》所說的，那個故事早已結束，我們此刻只是在回顧往事而已。

詭異的是，我們真的感覺自己活在這一刻，這也是為什麼《課程》把時間比作魔術或「巧妙的手法」（W-158.4:1）。事實上，我們只是在重溫過去的經驗。坐在那裡看電影的「我們」與電影裡的「我們」並沒有**真實的**聯繫，是我們硬把它們當成同一個人，為此，我們營造的人生才會對我們變得真實無比，好像與我們真的休戚相關。其實任誰都知道，只要電視一關，螢幕上的影像或故事就會消失無蹤，這卻是我們最害怕的，因為如果螢幕上的影像沒了，我們也會跟著消失，難怪我們會一再拖延關機的選擇。這也正是為什麼整個世界，包括各式各樣的靈修傳承，會竭力維護這部人類史詩某些部分的真實性。

觀者融入被觀的劇情，這種現象在電影院裡屢見不鮮。看電影時，人們明明知道銀幕上除了放映機投射的影像以外，別無一物存在，然而人們仍願相信它們是真的，心情隨著劇情高低起伏，喜怒哀樂輪番上演，好像那些事就發生在我們身上似的。由此可見，心理上，我們心甘情願地相信銀幕上的故事是真的。

若非那些影像勾起了我們內在某些信念，我們豈會受它

影響？說得更具體一點，電影之所以能讓我們時喜時憂，是因為引發這些情緒的念頭早已存在於我們心內──外在事件完全是內在心境的反映，不多也不少。因此，儘管我們明明知道眼前的畫面是虛幻的，依然被它牽引，與它互動，感到那一事件真的發生在自己或我們所認同的人身上。在現實生活中的我們莫不如此，覺得自己此時此刻正在經歷某一人生片段，正作著受制於過去且關係到未來的抉擇。事實上，我們只是在**觀看**自己經歷這些事情、**觀看**自己作著決定未來的選擇、**觀看**此刻被過去所操控的情形。活在「理性」中的心靈是不可能相信這麼沒道理的事的。但是，別忘了，小我的存在本身即是無理可喻的。所以，煞費苦心去分析那不可理喻的小我，更是毫無意義可言。

　　人們會對報紙或電視新聞產生情緒反應，是心理認同的另一例證，只要它們還能引起幸福、快樂、憤怒或恐懼之感，肯定是人們心理上已經跟新聞事件認同了，否則那些情景和人物怎會影響到他們？由此可見，我們在螢幕上看到的只是自己，更準確地說，是我們自己的投射，我們並不是那一特定情境中的「我」，而成了一位旁觀者。這種現象十分近似所謂的「靈魂出體」。那些人好似活在肉體之外，觀看著身體的種種行為。不過，這個比喻固然有助於理解心靈的運作，卻不應過度當真，因為即便靈魂出體，也依然是小我劇本的一部分，我們經驗到的自己仍是分裂的個體，何況心

靈根本不活在身體內。

換言之，我們好似在觀看眞人眞事此時此地的演出，事實上，我們看到的只是往事，我們在重播過去的錄影帶，卻忘了當初是自己選擇了這部影集。我們一旦憶起原來是自己選擇了這一經歷（只是不知不覺融入了螢幕情節），綁在觀眾席上的鎖鏈當下就應聲脫落，我們便自由了。反之，凡是否認自己作了此選擇的人，不可能不相信自己活在夢中，於他而言，這夢就像夜間所作的夢一樣，顯得眞實無比。

我們生活在一個擁有錄影機、可以即時重播的科技時代，我們隨時都能選擇快轉、後退、暫停以及定格畫面，誰能預測未來小我又會搞出什麼別出心裁的玩意呢？有趣的是，這些驚人的技術不過是無形無相的心靈借助肉體的工具（大腦），模仿心靈的運作而成的，心靈不只製造了大腦，連整個物質宇宙都出自它的手筆。我們只是把心靈中的念頭活出來而已，藉著投射，形成了紛紜萬象的世界，然則，這個世界永遠離不開它的源頭——心靈。

由此可見，整個世界以及我們在人間的種種經歷都是彌天大謊，最原始的謊言即是小我認定自己已與上主分裂了，由此念頭投射出的東西怎麼可能弄假成眞？因此，我們永遠不應低估小我（身體）撒謊和欺騙的本事。這一觀念已爲後面將要討論的內容埋下了伏筆——若無夢境之外的助緣，我

們不可能從小我的幻夢中覺醒而回歸眞理實相的。這個助緣就是聖靈或者祂的化身耶穌。當初我們就是自認爲可以自主自立、不靠上主而活才陷入夢境的，因此，唯有接受上主的援助，我們才可能從夢中覺醒。

經過這樣概略的解釋，《奇蹟課程》裡聽起來好似天方夜譚的說法才有了立足之地。比如：「『天父與聖子是一個生命』這個啓示遲早會進入每個人的心中。」（W-158.2:8）（我們會在後文討論這一課）。它甚至說，連我們覺悟的時辰也已註定，也就是說，我們接受眞理實相的劇本已經寫定了。唯一沒有設定的是我們何時選擇重溫這段劇情。我們把這舉足輕重的理念留到第二章再談。

再回到錄影機的比喻，假如我們都持有遙控器，任意鍵都可以按。某時某刻，我們心中的抉擇者（觀者）選擇了播放我們從夢中覺醒的錄影帶（即接納救贖）。那一刻，我們等於選擇觀看聖靈的劇本，寬恕了世間眾生，憶起了所有人與上主一體的眞相。別忘了，那部分的劇情早已寫定，也就是說，它業已「發生」了，只不過我們決定**何時**重溫這一劇情則完全操之於自己。《課程》認爲只有這一選擇才發揮了「自由意志」，才是有意義的選擇（T-in.1;W-158.2:8~9;W-169.8:1~2）。顯然，我們無法選擇「不」選擇這一劇本，但我們可以故意拖延這一選擇。《課程》這樣說：

你可以因循苟且，你能夠盡量拖延，但你無法與造
物主一刀兩斷，因祂已爲你的妄造能力設了限。
（T-2.III.3:3）

這個預設的限制就是指那位一直活在我們心中的聖靈，
祂保障了所有活在時間幻境裡的人遲早會選擇覺醒一途。

然而，《奇蹟課程》並不會突然把我們從夢中打醒。在
覺醒之前，它教我們如何把小我的噩夢轉爲聖靈的幸福美
夢。這個由噩夢到美夢的漸進過程必須先一步一步解除上主
會懲罰我們的信念。唯有如此，我們才可能親自接受救贖。
本課程的宗旨就是針對中間的這一過程，下面這段話把這一
過程描寫得淋漓盡致：

你那無聊的夢把上主之子嚇得六神無主，以爲自己
失去了純潔無罪，害他不只否定了天父，還與自
己交戰不已。這夢如此的可怕，看起來又如此真
實，你此刻若喚醒他，他一定會受到驚嚇，冷汗涔
涔。你應在喚醒他之前將他領到比較溫柔的夢中，
安撫一下他的心靈，他才可能心無畏懼地迎向愛的
呼喚。他需要一個溫柔之夢，與弟兄重歸於好，如
此才能療癒他的痛苦。上主願他安詳喜悅地甦醒
過來，故給了他一條無需恐懼的覺醒途徑。（T-27.
VII.13:3~5）

　　這段話與二世紀傑出的諾斯替派導師巴西利德斯（Basilides）的某些說法不謀而合。他提出了一個很有意思的觀點，乍讀之下，你會覺得那簡直是離經叛道。巴西利德斯堅信耶穌並沒有死在十字架上，而是逃脫了，被釘死的是古利奈人西門，行刑時，耶穌正坐在刑場邊的樹上哈哈大笑呢。一直在跟教會的領袖與教義唱反調的巴西利德斯，看到耶穌譏笑刑場上的那些人（主要是猶太人）視而無睹事實真相。

　　可以說，巴西利德斯的靈感是正確的，因為從內涵的層次上講，耶穌確實看清了小我那小小瘋狂一念而記得「一笑置之」，沒有把它當真。耶穌知道自己並不是十字架上那個人，因為他不是那一具身體，他只是一個觀者，看著自己，心知眼前所見只是一個夢，並不是真的。為此，我們不妨這樣說，巴西利德斯的心量體會不到耶穌的愛不可能有嘲弄之意。他的靈感受限於他的小我心量，才會流露出攻擊的意味。

　　心理學中有所謂的「清明之夢」（lucid dreaming）一說，也就是睡夢中的人忽然意識到自己在作夢，這與「不要把世界之夢當真」的觀念一致。清明之夢的夢者，發現自己既是夢者，也是那個夢。即使他們正作著一個恐怖噩夢，忽然想起那只是一個夢。儘管夢中情節仍在繼續演出，恐懼感卻消失了。《奇蹟課程》稱這類清明夢者為快樂夢者，他們

雖然活在虛幻世界，卻不時意識到自己並非眞的活在世上。

　　我再繼續「清明夢者」的比喻，這次我們把背景設爲坐在螢幕前，身爲觀者的我們正在觀看一部錄影，忽然意識到我們看到的都已經發生過了。我們看出自己只是夢中的角色，儘管仍在作夢，卻已經意識到眼前這一切只是一場夢。圖表三用兩條由觀者伸出的直線來體現意識上的這種轉變，兩條線分別代表小我和聖靈。就像我們看著螢幕時，有兩個聲音在對我們悄悄傳話。小我說：「鎖定我這一台，要相信眼前這些人影劇情眞的發生在你身上。」聖靈之聲則提醒我們：「你看到的其實只是一場夢。」總之，我們若想徹底明瞭聖靈的訊息，必須先意識到還有另一種看待夢境的方式；這另一種途徑，就是寬恕所帶來的幸福美夢。

　　錄影（或電影）的比喻簡明易懂，但也難免把《課程》的時間觀簡化了，它們呈現的線性特質也是一個缺點。相形之下，用複雜得多的電腦作比喻更爲貼切，只是解釋起來稍爲複雜。不妨想像一下，我們坐在一台電腦顯示器前面，這台電腦擁有無數的程式及各式各樣的按鈕。這麼比喻更能反映個體生命的複雜性，以及我們與世界繁複紛雜的互動關係。電腦的比喻也有助於說明心靈（觀者）與大腦（身體）的關係，因爲心靈指揮大腦，就像程式設計師爲電腦設定指令一樣。如果沒有電源和程式，電腦就無法運作；同理，沒有心靈的「指令」，大腦（也就是身體）便完全失去生機。

　　另一種生動的比喻是萬花筒。這是一種管狀儀器，底端盛著一些彩色玻璃碎片，光線由另一端射入這些碎片，經過裡面鏡片的反射，筒內立即呈現出美麗奪目的對稱圖案。分裂的心靈可說是萬花筒中的萬花筒，一重又一重的分裂，一重又一重的投射，建構出壯觀的宇宙。第一重是心靈首次分裂而投射出來的景象，也就是第一塊玻璃碎片。這個投射來自最初的與上主分裂之念，投射出來的世界是按照投射出去的那個分裂念頭量身打造出來的，兩者是同一回事。然後，那玻璃碎片繼續分裂投射出去，每一個投射出去的念頭自身又變成了另一個萬花筒，這種分裂過程的細節遠遠超乎我們的想像，絕非我們的理智和邏輯所能一窺其妙的，人類有限的思維根本無法探究它的複雜性。時間的「把戲」就這樣把似曾分裂的那一瞬延伸為無量劫的時間。時間的線性特徵有如一道紗幔，成功地遮掩了每個玻璃碎片「同時並存」的特質。

　　如果把觀者和被觀者的觀念套用在萬花筒的比喻上，我們不難看出觀者（抉擇者）確實身在被觀察的對象之外。萬花筒內沒有觀者與被觀者的對象之分，兩者是同一回事：每個部分包含在整體內，每個部分又包含了整體。這與心理醫師分析夢的方法如出一轍，他把夢中的一切象徵都詮釋為夢者的一部分，夢境與夢者其實是同一回事。正在作著自己人生大夢的我們，其實活在夢境之外，卻相信自己活在夢中，

甚至認爲自己被夢中情景所控制，完全身不由己。

　　還有一種解析「心中心」（mind within a mind）模型的方法：假設每個分裂的碎片都是一個電腦晶片，滿載著資訊（或念頭），每一個念頭自身又是一個晶片，以此類推，整個分裂的歷程就這樣開始了。最後，原本屬於超時空的聖子奧體的分裂之念那一小晶片，竟然演化爲時空的產物。從此，原始晶片不斷分裂下去——晶片中又生出晶片，萬花筒中又冒出萬花筒。《奇蹟課程》如此描述這些過程：

> 凡是相信上主可畏的人，只會打造一種替身。縱然這替身千變萬化，卻萬變不離其宗，那就是以幻相取代眞相，以片面取代整體。因著它一而再再而三的切割、分化、再分化，最後讓人再也認不出它原本一體而且永遠一體的眞相。……這表示你尚未意識到那個錯誤的遺害如此之深。它的後果涵蓋之廣，大到不可思議的程度，整個「非眞」世界都「不能不」由此而生。除此之外，世界還可能出自何處？整個世界如此分崩離析，你只需正眼一瞧，就會望而生畏。然而，你眼前所見的，根本顯示不出原始錯誤的遺害之深，那個錯誤好似已將你逐出天堂之門，將眞知粉碎爲互不相關又毫無意義的殘破知見，使你不能不換來換去，反覆取代不休。

（T-18.I.4:1~3; 5:2~6）

　　萬花筒的比喻同時包含了「全像學」（hologram）的一
個關鍵理論：整體包含在每一部分之內。全像攝影是先把一
束雷射光一分為二（與普通的多元波長光不同，雷射的波
長是單一的）。其中一束稱為物光（working beam），照在
被拍攝的物件上，另一束稱為參考光（reference beam），
與被攝物件上反射回來的光束交會，當兩束交會的光都記錄
在全像攝影的底片上，一幅全像攝影的照片就形成了。觀看
時，只要有一束雷射光照射上去，就可以看到全像攝影的三
維圖像。更重要是，無論我們從哪一個角度看照片上的物
件，都能看到整體。也就是說，在全像照片中，部分界定了
整體，它可為觀者重現整體的全部特質。

　　從這一角度來講，賽斯書所說「生生世世的輪迴其實是
同步發生的」之觀念，與《課程》所謂「一切事件都發生於
同一瞬間，儘管表面看來是依時間先後陸續展開」的教誨極
其相似。我們可以這樣說，在時空世界裡綿延了幾十億年的
生死輪迴，其實都封裝在這「一瞬」的時空全像圖中。如果
我們把聖子奧體的心靈視為一塊完整無瑕的玻璃片（即上主
所造的基督自性），那麼「分裂」的幻相就好似這塊玻璃破
裂成千百億的碎片，這正是萬花筒的比喻所傳達的旨趣。在
萬花筒中，玻璃碎片代表著聖子奧體分崩離析之後的破碎生
命。我們心靈中的觀者手持萬花筒，隨時可以轉動筒身，觀
看自己想要看見和經驗的任何景象。這與我們先前所用的錄

影機之比喻如出一轍。

　　在上述前提下，我們慢慢能理解，原來我們的心靈任何一刻都可以選擇，譬如選擇於某某年住在紐約州，同時，心靈的另一部分則選擇活在完全不同的另一時空、另一個歷史時段，也許是過去，也許是未來。這就是先前講過的「晶片中的晶片、萬花筒裡的萬花筒」之比喻。我們之所以意識不到這些同時存在的現象，只因我們發明的時空律限制了自己的心靈，這個限制已經寫進大腦的程式裡，局限了我們的經驗。凡是有過前世經驗或能夠預見未來的人，只不過移開了那些預設的障礙而已，那些經驗其實一直存在他們的心內。

　　這些障礙是人類生存非常重要的一種適應機制。若從心理學的角度來看這個感官世界，便是最佳例證。我們的大腦一刻不停地受到難以數計的感官刺激——視覺的、聽覺的、嗅覺的等等，我們會自動篩選（自動到我們無法察覺的程度），刪除當前不需要的刺激。比如有人在做一場現場錄音的演講，他的注意力全部集中在演講內容以及與聽眾的互動上。演講完畢聽錄音時，他才聽到了之前不曾注意的諸多聲音，如汽車經過、鳥叫聲、下雨聲，還有冷氣馬達呼呼作響。然而，演講之時，他根本沒有聽到這些聲音，只因大腦會選擇性地排除「雜音」。這顯然是人類生存適應不可缺少的機制，不然，我們若對所有同時存在的刺激保持同等的注意力，恐怕就別想在這個物質世界做任何事了。

　　我們若把目光由生理轉向心理層面，也一定會看到同樣的篩選刪除機制。缺了這一機制，我們根本無法在世界生存。試想，如果我跟你說話的同時，還會聽到成千上萬過去或未來世的聲音（因為這些人也活在那早已寫定的劇本裡），那種景象會如何？為此，我們若要活在時空世界，就不能不對我們的注意力設限，只能經驗到自己所選擇的某個特定時空所發生的事情。然而，話說回來，每個碎片原本都能經驗到整個心靈的全部經驗的。

　　總而言之，長毯、錄影帶、萬花筒以及全像圖的比喻，各從不同角度說明了《課程》時間觀的基本要素：我們此刻所看到的事情其實早已發生了，看起來好似發生在過去、現在、未來的線性時間中的種種，其實同時並存於我們的心內，因為所有的時間都涵攝在這一瞬。任何一刻，我們看到的只是整個分裂過程的一個小碎片。我們可以採取小我的詮釋，選擇分裂、攻擊、憤怒及特殊性的劇本；我們也可以接納聖靈的修正，選擇寬恕和神聖關係的劇本。總之，無論形式如何，我們其實只有一個選擇，即究竟要選擇小我還是聖靈；寧可選擇繼續坐在觀者的椅子上沉睡下去，或從夢中醒來、斷然離開觀者的坐席，回歸我們的生命源頭。

　　我們在後文會直接引用《課程》的原文，不斷重申上述的核心觀念。屆時，我們會更進一步深入這些觀念中令人費解的玄機。

問：你能否在此打住片刻，先談談我們對上述原則最常見的誤解，例如「一切都已註定」的觀念好像在鼓勵宿命心態，它暗示了「人們在某種處境下是身不由己的」。比如說，如果有個人槍殺了自己老婆，由於劇本已經寫定，他除了殺死妻子外，沒有其他選擇。這樣一來，人們會認為殺妻不是什麼大不了的事，反正劇本已經寫定了。我認為比較準確的詮釋是「我們不僅可以選擇觀看哪部電影，還可以選擇觀看電影的哪個部分」，這意味著在時間領域中，槍殺老婆與他並沒有殺老婆，這兩種可能性同時並存於當下這一刻，他只是選擇了其中一個可能性而已。可以這麼說嗎？

肯恩：可以的。這個問題很適合用圖表二和三來解釋。在小我的劇本裡，你傷害了妻子，而在聖靈的劇本裡，你寬恕了她。當然，其間還有不少其他的選項。我們剛才提到的「你所有的想法都會在某個層次產生某種有形後果的」（T-2.VI.9:14），這句話足以幫我們撥雲見日。套用你說的例子，究竟是槍殺妻子或放下手槍，或者採取其他行動，這種種的念頭早已存在你心中。因此，這些並非你想出的新念頭，你只是選用了心中早有的某一個念頭而已。也就是說，你在重溫一個舊有的念頭。這個觀念確實令人費解，卻是理解《奇蹟課程》時間觀的關鍵所在。

為什麼說我們在重溫舊事？因為我們不過是在觀看銀幕

上播放的電影。電腦的比喻可能比錄影帶要更貼切一點。電腦大大拓展了各種可能性，而錄影帶，就像我前面說過的，局限於它的線性特質而難以充分說明問題的癥結。重點是，一切可能性早已存於心中，因此，你此刻作何選擇，其實意義重大。如果你持續選擇小我的劇本，就會在內疚中愈陷愈深，意味著你的手指很可能固著在小我的按鈕上，反覆播放同一個罪咎的劇本，一遍又一遍……。

許多年前，麥吉爾大學的生理心理學家唐納德·海布（Donald Hebb）提出一個理論：所謂學習，即是通過大腦中神經通路的「固化」而產生的。這些神經通路類似一條條的管道，使用得愈頻繁，刻痕就愈深，我們就愈難擺脫這一慣性模式。「罪咎—攻擊」的循環模式正是如此，我們愈是攻擊，內疚感就愈深，內疚愈深，攻擊性就愈強，觀看小我之夢的頻率就愈高。我們愈常選擇報復、謀害、妒忌、憂鬱和罪咎，自然愈加深陷於小我的思想體系，這純然是自作孽。終極來講，根據第一層次的觀點，一個人如何自作孽都不會產生後遺症，這一點從圖表四可以看出。然而，坐在觀眾席上的我們所感受到的則完全不是這麼一回事。〈練習手冊〉有一課反問我們：「你為什麼還在等待天堂？」（W-188.1:1）正是此意。為什麼我們本可以享受平安，卻遲遲不作這個選擇？為什麼我們寧可活在焦慮和衝突中，也不要平安？換言之，為什麼我們不願欣然覺醒於上主的平安，寧可

忍受噩夢的糾纏？

問：人們解剖愛因斯坦的大腦時，發現他大腦的神經通路更多，刻痕也更深，但腦的重量和大小與常人無異。這跟你剛才說的理論有關嗎？

肯恩：是的，愛因斯坦的大腦呈現的狀態表明他喜歡用腦。我想，正念思維也一樣會留下另一種痕跡。請注意，我們這裡談的並非「左腦」與「右腦」的問題，而是正念思維，也就是與罪咎和攻擊相反的寬恕心態。

看到心靈的運作模式如此這般在生理上留下的痕跡，我覺得很有意思。這些運作模式代表了我們心中的念頭，這些念頭會被投射到身體上實在不足為奇。同樣的，我們也不難在現代科技產品中，比如電影、錄影和電腦，看到心靈運作的蛛絲馬跡，可以說，這些電子產品為我們反映出人類心理的運作模式。

回到你的第一個問題，容我再次提醒，不要用《課程》的這些原則為藉口而放縱自己，玩世不恭或聽天由命。這種心態正是小我囚禁我們的陷阱。《奇蹟課程》教導我們要對自己的經歷負責（T-21.II.2:3~5）；它同時也提醒我們，我們所能負責的僅限於自己心內選擇重溫哪一類往事，也就是說，我們只能為自己「所看到」的景象負責，那表示我們自

己選取了那部影片或電腦檔案。

再重申一次，如果有人利用這些形上理念作爲自己無所作爲的藉口，就犯了「層次混淆」的錯誤。在「一切都已發生、其實都不曾發生」的層次，「一切」只是一念，身體並不存在，那麼，也就沒有「什麼都不做或什麼都沒想的」問題了。然而，只要你還認爲自己活在世間，正爲這樣的問題傷腦筋，說明你已經相信時空是眞實的。在此前提下，以「一切都是虛幻的」來當作自己某個作爲或無所作爲的藉口，純粹是一種自欺行爲，因爲此時此刻的你已經相信自己活在世間了。因此，一個人若眞想改變，首先必須誠實面對自己的潛在信念。

問：可不可以這樣說，當我們的手一直粘著在遙控器的小我按鈕上，沉浸在小我的劇情時，忽然決定換到聖靈的按鈕，此時，螢幕上的情節未必改變，但我們看它的心態卻變了？換句話說，如果我們早點聆聽聖靈的指點，就不會蹉跎這麼多歲月了，手指不必老是粘著在小我的按鈕上了？

肯恩：十分正確。這一點我們會在中篇解釋「奇蹟」的時候詳加討論。這一章的重點是要告訴我們，大可不必坐在那兒，反覆觀看相同的模式和主題，兩個小時、五個小時，甚至五生五世。《奇蹟課程》的宗旨就是「節省時間」，我們不必一再重播這些可怕的故事，九死而不悔。我們所有的

人生經歷都是在重播，毫無新意。這意味著儘管我們感覺自己好似首次談論這些事情、第一次與這些人接觸，若套用先前的比喻，我們只是坐在螢幕前觀看自己重演舊戲而已。只不過，我們心內「觀者」那一部分壓抑得太深，所以只會感到那個坐在屋子裡聊了半天的自己，而這一切都好似第一次。事實上，我們只是坐在螢幕外觀看已經發生的往事。我知道這觀念確實令人費解。但請記得，我們沒有決定劇本（或錄影帶、電腦程式、萬花筒裡玻璃碎片）內容的自由，我們只有選擇自己要看什麼的自由，以及什麼時候才肯選擇放下罪咎而選擇聖靈的詮釋之自由。

　　此外，我要再補充一點，如果我們當初只聆聽聖靈的聲音，如今就無需忙著解除小我的劇本了。《奇蹟課程》一直強調，小我總是先聲奪人，而且總是給你錯誤的答案；然而，唯有聖靈才是終極的答覆（T-5.VI.3:5~4:3; T-6.IV.1:1~2）。試想一下，如果錯誤不存在，又何需聖靈的「答覆」？有一首據說由四世紀的米蘭主教聖安布魯斯（St. Ambrose）所作的復活節聖歌Exultet，它詠唱耶穌爲人類帶來的福氣：「哦，美好的錯誤，哦，亞當必犯的罪，它爲我們帶來了偉大的救主！」那是真的，如果沒有原罪（美好的錯誤），就不會有救主的降生。

　　問：回到賽斯書的話題，有一次，簡·羅伯茨和她丈夫
正坐在餐館裡，發生了一件有趣的事。當他們隔著桌子對視
時，兩個人都發現自己看到的只是「可能的現實」。換句話
說，他們看到了自己另一種可能活出的形式，而且是相當負
面的。他們發現自己那時如果作出另一選擇，就會陷於那一
困境。也就是說，他們意識到好似在看另一頻道的自己，而
開始對自己所作的選擇心生感恩。這個例子符合你剛才的解
釋嗎？

　　肯恩：是的。你舉的例子解釋了上述的心靈運作方式。
神祕主義所描述的種種玄祕經驗，在這個角度下，就不是那
麼難以理解了。等我們討論「奇蹟」的意義時，我們將完全
體會《奇蹟課程》的威力，原來就是在剛才所說的形上理論
之具體可行性。比如說，我們怎麼才能學會按聖靈的按鈕，
最後甚至可以關掉電視，離開觀眾席，逍遙而去。

第二章　《奇蹟課程》的時間觀

　　現在，讓我們一起研究一下《奇蹟課程》論及時間的起源和本質的相關章節。除了少數幾節我們會逐段逐句詳加闡釋，其餘的，我們只能從每一節選取幾段。首先來看〈教師指南〉第二則「誰是他們的學生？」，從第二段到第四段。一開始，我們就看到了先前強調過的一個觀念：

若要了解「教與學」這一救恩計畫，必須先熟悉本課程的時間概念。（M-2.2:1）

　　通觀整部課程，只此一處宣稱我們「必須了解」它的時間觀念，而在其他地方，耶穌常說時間不是我們能夠理解的（T-25.I.7;W-169.10;W-194.4）。即便如此，我們還是決定勉為其難，去探探受制於小我的大腦所百思不解的問題，即時間的虛幻性。幸好，我們不難明白聖靈和小我各自賦予時間的目的，這一主題留待本書中篇再詳加探討。無巧不成書，〈正文〉第二十三章一開始介紹「無明亂世」的五個法則時，也使用了類似方法切入小我的思想體系。

無明亂世的「法則」雖不可理喻，你仍可將它帶入光明之中。無明法則怎麼可能有意義？它根本不屬於理性的領域。只是表面看來，它好似有妨礙理性及真理運作的能耐。我們不妨平心靜氣地正視一下，越過它的表面說辭看個究竟。**關鍵在於了解它的真正企圖**，因為它存心製造荒謬，打擊真理。（T-23.II.1:1~5）〔譯註〕

救贖所修正的是幻相，而非真相。（M-2.2:2）

　　如今，我們已經很熟悉這個主軸觀念了。它的意思是，救贖的目標並非指向永恆境界或者上主的真相，它純粹是為了「修正」分裂之夢而已。救贖運作於時間領域而非一體實相之境，所以不應把 Atonement（救贖）解讀為 At-one-ment（一體的境界）。一體只能體現於天堂境界，在那裡，「修正」沒有用武之地。正如圖表二所示，救贖只適用於垂直線的右方，這條垂直線隔開了天堂和時間長毯。耶穌有次談到特殊關係時，說了一段很重要的話：

　　你在人間的功課並不是尋求愛，而是找出你為了抵制愛而在心內打造出來的所有障礙。凡是真實之物都不用你去找，只有虛幻不實之物才有待尋覓。（T-16.IV.6: 1~2）

〔譯註〕此處引文中的粗體字乃是肯恩所強調的。

很顯然，救贖的目標不是尋求愛，而是撤除阻擋我們意識到愛的種種障礙。愛與真理如如不變，無需尋覓；擋在它們前面的罪咎之牆一旦拆除，我們就會憶起它們了。

因此，它（救贖）只是修正一些子虛烏有的事罷了。再者，這個修正計畫早在建構之初便已完成了，因為上主的旨意完全不受時間的控制。凡屬實相之物必然如此，因它屬於上主的層次。就在分裂之念進入上主之子的心靈之際，上主已經同步給予了祂的答覆。在時間領域內，那是發生於很久以前的事。在實相裡，它從未發生過。（M-2.2:3~8）

就在分裂之念好似出現的那一刻，上主創造了聖靈，藉著祂把自己的生命延伸進夢境，也就是說，整部「天人分裂劇」在那一刻已修正過來了。《奇蹟課程》所描述的聖靈，猶如上主為了對治天人分裂狀態而創造的一個人似的。但我們不能從文字表面去了解，耶穌說過，沒有身體這個形式，我們連上主是什麼模樣都無從想像（T-18.VIII.1:7），故而，《課程》把上主和聖靈描述得「好像」活在一具身體內的人似的，唯有如此，我們才知道如何與祂們互動。何況《課程》明言「分裂從未發生過」，上主怎麼會對不存在的錯誤大動干戈？我們必須了解，《課程》對聖靈創生的描述好似「擬人化」的比喻，純粹是為了遷就我們有限的理解力。中篇討論聖靈的「計畫」時會深入闡述這個重要觀念。

　　我們不妨把聖靈想成上主的聖愛之念或記憶，可能更恰當一點，我們陷入昏睡時，這愛的記憶隨著我們進入了夢境。這個記憶（也就是聖靈），一直提醒我們從未離開上主，因而化解了夢中的所有錯誤。換句話說，在夢中幻化出整個進化歷史的種種妄念都被一筆勾銷了，因為完美的愛驅逐了恐懼。從圖表二我們可以看出，小我的劇本（圖表上部）甫一寫出，聖靈的劇本（圖表底部）也同時完成了。實相與時間領域毫不相干，因此，時間與永恆，幻相與真相兩者絲毫沒有協調融合的可能。同理，圖表四的兩個全像圖所代表的小我恨的世界和聖靈修正的境界也是無法並存的。

　　由此可見，數十億年前，時間幻相世界的「大爆炸」所形成的紛紜萬象，在實相之中，根本未曾發生過，那個世界只是一個子虛烏有的夢。

時間領域就是幻相世界。發生於過去許久之事，如今好似仍在繼續。遠古之前所作的抉擇，至今仍有選擇的餘地。（M-2.3:1~3）

　　我們的確在重看舊戲，那好似發生於遠古的一幕，其實，整個劇本在那一刻已經寫定，所有影集均已殺青，萬花筒中光怪陸離的劇情也都演過了。問題是，我們此刻卻感到這一切仍在眼前繼續上演。例如說，我們此刻感覺在歷史長河的某一時段，我們這一群人在這個教室共聚一堂，這個經

歷是如此新穎鮮活——我在台上講課，台下那位問了什麼，
我又如何回答，一切歷歷在目。容我再強調一次，在實相
中，這一切其實早已發生了。〈傳道書〉經常被引用的那句
話「太陽底下無新事」〔原註〕，可謂至理名言。儘管那位
作者這麼說的本意何在，我們不得而知，跟我們的理解可能
不太一樣，但「太陽底下無新事」，的確是《奇蹟課程》所
要傳達的信息。

**許久以前你學過、也了解而且早已過去的事件，如今在你
眼中成了一種新想法、新觀念，或是截然不同的途徑。**(M-
2.3:4)

　　我們在逐步進化的世界中所學到的一切，全都發生於時
間誕生的那一刻，那短短的一瞬。雖然這與我們的經驗完全
不符，但我們已經知道，這是因為感官和妄心造出的大腦已
經過濾、歪曲、掩蓋了真相。試舉一例，我可能突然得到一
個靈感，發明了輪子，或是發現了一個足以引發科學革命的
化學方程式，乃至於研發出分割原子的新技術。這些奇思妙
想出現的時候，可能聞所未聞，舉世矚目，但在「全像」的
時間觀中，它們其實早已發生過了，如今只是重現而已。

〔原註〕如果沒有特別註明，本書引用的聖經經句都取自《耶路撒冷聖經》
The Jerusalem Bible（NY: Bantam, Doubleday, Dell Publishing Group, Inc.,
1966）。其餘取自《欽定版聖經》。

由於你有自由意志，你隨時可以決定接受過去的任何事情；
唯有如此，你才會明白原來那一切始終都在那兒。正如本課
程所強調的，你沒有選擇課程的自由——甚至包括你該學習
的方式。然而，你有決定自己何時去學的自由。一旦你接受
了這一課程，表示你已經學到了。（M-2.3:5~8）

　　罪咎局限了我們對生命真相的覺知，直到我們親自接受
救贖，從而化解罪咎，此時，我們就成了所謂的「清明夢
者」，也就是說，我們雖然身在夢中，卻能意識到自己在作
夢。為此，我們隨時都能選擇圖表四所示「始終在那兒的修
正方案」（聖靈）。

　　下面，我來讀一下〈正文〉導言的開篇之詞，我要強調
的是它的後半部分。

　　　這是闡釋奇蹟的課程。是一門必修的課程。只有投
　　　入時間的多少是隨意的。隨自己的意願並不表示你
　　　可以自訂課程。它只表示在某段時間內你可以選擇
　　　自己所要學習的。（T-in.1:1~5）

　　活在此刻的我們無法制訂自己的人生課程，因為我們早
就把它設定好了。我們此刻所能做的只是選擇觀看或重溫哪
個電台、哪部電影、哪一影集，或者萬花筒的哪個畫面。無
論我們看到什麼，那些劇情全都早已發生。這一段引文甚至
暗示，連我們的學習形式也已設定好了。也就是說，我們過

去選擇了種種錯誤（例如特殊之愛與特殊之恨），現在總算可以選擇修正那一切錯誤的方案（例如神聖關係）。「一旦你接受了這一課程，表示你已學到了」，因為你早已學過，那個錯誤也早已修正了，此刻只等待著你「選擇」接納它，再次活出那慈愛的修正而已。

因此，時間其實是逆向行駛的，它一直指向遠古而超乎記憶極限的那一刻，你根本無從憶起。然而，由於你一而再、再而三地重複那一刻的決定，使它好像就發生在此刻。（M-2.4:1~2）

過去的經歷不斷在我們眼前栩栩如生地上演，只因我們不斷選擇把自己看成一個分裂的個體生命。「遠古的一刻」就是指整個小我的思想體系狀似生成的那一刻。不過，在層層戒備及過濾下，我們已無從憶起那一刻，其實也不必憶起，我們只要憶起自己此刻正在與罪咎認同的那個決定；因為罪咎其實就是遠古那一刻所衍生的果報，而我們要化解的就是這個決定。

問：這些話真難懂！儘管頭腦上可以理解，卻很難在實際生活體會它們的含意。

肯恩：整部課程的思想體系都建構在這個觀念上，幸運的是，它又說操練《課程》不需要理解抽象的時間觀。但

不可否認，這種時間觀的確是《課程》的立論基礎。當我們進入中篇，討論「救贖」和「奇蹟」的作用時，時間觀念的重要性會更加凸顯。下一章我們討論「小小的障礙」時，還會回到這一觀念——我們只是一而再、再而三地重活那遠古的一刻而已。正因為不斷重活，觀者或抉擇者才被牢牢拴在觀眾席上，手中還緊緊按住小我的按鈕。有一點需要說明一下，儘管我把分裂妄心那一部分人格化為抉擇者或觀者，請不要把它想成人形或大腦，因為心靈是非物質且無形無相的。

　　問：這個觀念跟因果報應好像有些相似，但又不盡相同。舉例來說，按照因果報應的說法，如果某一世你做了傷天害理的事，到了下一世，你只能受苦受難。《奇蹟課程》好像不這麼看，它似乎認為，下一世你還會扮演相同的角色，因為你得不斷重活同一經驗。另外，也許因果報應可以解釋為，在分裂的那一刻，你選擇成為受害者或迫害者，從此，每一世你都會以不同形式演出這一角色。這種詮釋或許更接近《課程》所說的「那一切始終都在那兒，……甚至包括你該學習的方式」（因為這是你自己選定的）。

　　肯恩：關於因果報應，時下流行的詮釋是，你得生生世世反覆重演受害者與迫害者的角色。按照《奇蹟課程》的理論，一個人是可能選擇生生世世當受害者的。不過，這也不

能排除他有幾世會轉換角色。也就是說，即使你的小我劇本中的主要角色是個典型的受害者，你還是可能切換角色，變為一個迫害者。這麼說是有心理學依據的，除非你感到自己是個受害者，否則你怎會把自己變成迫害者？這兩種角色，只要有一個進入你心中，另一個會同時出現。所有的迫害者，無論只是在念頭或想法上，或已經付諸行動，他們都攻擊得理直氣壯，因為他們覺得自己先受了傷害。

在受虐兒童的個案裡「受害者變為迫害者」，可謂不乏其例，這些世人眼中的受害者，為人父母後很可能會虐待自己的孩子。同理，納粹集中營裡一個殺人不眨眼的魔頭，在家中妻兒面前可能活得像個溫馴的小綿羊。某些基督教的神祕教派喜歡把耶穌視為史上受難的賢哲之轉世，例如《聖經》裡的約瑟、希臘的蘇格拉底，或是其他因為傳授真理而慘遭殺害的「受害者」。這類前世的聯想其實大有問題，因為你根本無從追查它的真假或原委，再說，它是根據線性的時間觀而形成的，然而，線性時間觀本身就是虛妄的假設。《課程》的基本要旨是我們一直都在重演元始的「分裂」而已。當我們閱讀或修持《奇蹟課程》時，須臾不可忘卻這個原則。

為此，學生與老師才會在此時此地相逢之際，感到好似素昧平生。（M-2.4:3）

我們不能把這句話解讀為他們在前世相遇過，正確的理

解是，他們在整個時間長毯展開之前會晤過。因此，它所說的並不是前世今生那種似曾相識的感覺，不是說我們在中世紀，或者耶穌的時代、亞特蘭提斯時期，或其他時期邂逅過。否則你就等於間接承認線性的時間觀，徹底違背了《課程》的本意。《奇蹟課程》講的是無始之始，所有關係誕生的那一刻，如今，我們只是同時在心中憶起了那一刻而已。

　　問：這樣說，最能解釋我此刻在課堂裡所體驗到的「似曾相識」之感了。

　　肯恩：確實如此。「似曾相識」意味著「已經見過」。我們不僅已經見過這一場景，也早已在心靈層次經歷過了。此時此刻，我們只是再活一次這些經歷而已。「再活一次」這一點至關重要。

　　問：這種邏輯是否解釋了何以通靈者的預言沒有應驗？比如說，1986年加州將脫離美洲大陸……。是否可能在某個層次，這事件確實已經發生了，通靈者只是恰好切入了這一層次而當真了？

　　肯恩：可以這樣解釋。不過，我們必須謹記，儘管一切事件均已發生，我們仍無從得知人們會選擇重活哪一種經歷，重播哪一部影集，在浩如煙海的選項中選擇哪一個。

　　另外，我們也不妨想想看，為什麼我們無法一不小心闖入未來才會建造的大樓，卻可以輕而易舉地走進過去所建造的房屋？這是為什麼？只因未來的大樓仍在工程師的心裡，我們還沒看到，但古老的埃及金字塔卻活生生地存在於我們的日常經驗中。若說一切事件都在那一刻同步發生了，我們不能不問問為什麼我們對過去或未來會有如此不同的經驗？

　　答案就在於分裂的心靈為人類大腦編寫的程式，它限制了人腦只能進行線性時間的思考和覺知。由於我們深信不疑自己不會撞上根本不存在的事物，這種事就不可能發生。我們打破不了自己視為天經地義的時間律。只要信念體系一改變，我們的經驗必然隨之變化。當然，已被線性時間觀捆綁住了的我們，根本無法想像那樣的生活會是什麼樣子。你不妨想像自己在看一部時間順序完全錯置的電影，它的結局混雜於故事的開端或發展的過程，如此，你怎麼可能了解它的情節？你又能從中得到什麼樂趣？如果電影畫面時空錯亂，徹底違反我們的思維方式和對現實的認知，這種電影必然顯得荒謬無比。同理，要是過去或未來的人物及事件突然出現於我們眼前，就更無法想像我們會如何的不知所措了。

學生會在適當的時刻出現於適當的地方。這是註定的，因為他早在遠古那一刻作出了正確選擇，此刻只是重溫舊夢罷了。老師也一樣在遠古那一刻作出了這必然的選擇。上主對萬物的旨意表面看來有待時間才能完成。其實，有什麼延誤

得了永恆的力量？（M-2.4:4~8）

「正確的選擇」指的是選擇圖表二時間長毯的下半部，亦即聖靈的劇本、正念之見。若套用到特殊關係當中，自然離不開以另一種眼光看待這個關係的決定，它好似電腦中的預設檔案，只等著我們去提取。

由於我們已把線性的時間觀當真，這一「正確的選擇」好似有待時間才能完成，整部劇本（時間長毯）好像必須從頭到尾、一秒不漏地演完。

然而，透過聖靈的救贖計畫，「永恆的力量」才得以在世間一展神能；而我們知道這一救贖計畫早已完成，一切錯誤就在分裂發生的那一刻當下已被修正且化解了，因此才會說「有什麼延誤得了永恆的力量」。

問：只要我們願意以對方為師，我們是否跟任何人都可以建立師生關係？比如身邊向我們呼求愛，或者幫我們認識到自己的本質就是愛的人。還是說，《課程》的師生關係僅限於正式的教學場合？

肯恩：不，師生關係不僅僅限於正式的教學場合，任何教你看出你已被寬恕的人，都是你的老師。寬恕功課可能發生在正式的「師生」關係中，但「上主之師」的意義遠超乎此，它包括任何為你提供寬恕功課的人。這意味著你們互為

師生，因為老師也在向學生學習同一課程。由於我們的罪咎與痛苦源於與上主和他人的分裂感，只要與一個「他人」結合於師生關係，便是在治癒小我的分裂之念。

接下來，讓我們引用〈練習手冊〉的四課內容。先看第七課「我所看到的只是過去的經驗」的第二段：

舊有的時間觀念是很難改變的，因為你所相信的一切全都紮根於時間之中，而且它是靠你不去學這些新觀念才得以立足的。（W-7.2:1）

與前幾課一樣，第七課並沒有直接討論我們在前面所說的觀念，但那些觀念的確隱含其中。〈練習手冊〉一開始給出的方法非常實際，好像沒啥學問，只教我們如何應付日常經驗，它指出人類生活的一個基本特質就是用過去的經驗詮釋一切，也就是說用線性的時間看待一切。我們深陷於這種線性思維，大腦已被這一程式設定了，根本難以接受另一種時間觀。第七課接著說：「正因如此，你很需要一個新的時間觀。」（W-7.2:2）〈練習手冊〉教導「新觀念」的方法不同於〈正文〉，它給我們非常具體的練習，指點我們如何去看平常事物，比如一只杯子，明白自己對它的了解全都基於過去累積的經驗。這些練習能幫我們打開封閉的心靈，慢慢改變我們對時間的看法。

　　接下來要看幾段重要的話，它們是由〈練習手冊〉前面的幾課衍生出來的。首先來看第一百五十八課第二段：

「天父與聖子是一個生命」這個啟示遲早會進入每個人的心中。（W-158.2:8）

　　「遲早」是一個線性的說法，後面我們還會看到。《奇蹟課程》描述我們的經歷時，不時沿用線性的時間架構，這很容易引起讀者的誤解。不過，只要牢記在心：由於我們相信自己活在時間內，而且相信時間是線性演進的，《課程》為了使我們理解它的訊息，不得不採用我們能夠理解的語言，如此我們才不致掉入這一陷阱。然而，《課程》有時也會突然跳到另一種時間觀，請看下面兩句：

然而，那個時刻是由心靈自己決定的，不是靠別人教它的。（W-158.2:9）

時辰已經註定了。（W-158.3:1）

　　我們又回到了先前的主題──我們選擇接受救贖的時間早已設定（就是錄影帶的比喻），只不過，這句話把「接受救贖」的觀念換成「認出天父與聖子是一個生命」的說法而已。這一部分也已寫進我們的人生劇本，就是圖表二的時間長毯，圖表三萬花筒的玻璃碎片，圖表四代表「修正」的全像圖。「化解」大業早已完成，心靈（更準確地說，心靈中

的抉擇者）選擇了播放這段劇情。由此可見，「接受救贖」並非操控於我們時空世界任何一種經歷，因為「我們『活在』時空世界」只是心靈所作選擇的一個後遺症而已，其實，我們根本不活在這裡。

這話聽起來相當突兀。然而，每個人在人生道路上踏出的每一步，沒有一步是偶然的。即使他還未正式上路，其實那條路他早已走過了。（W-158.3:2~4）

「救贖之路，我們早已走過，旅程已經結束」，這類思維方式常令奇蹟學員困惑不已。因為它與我們的經驗不符，我們感到自己根本還沒有啟程，《課程》也說我們像是第一次走這一趟路似的。但在實相中，旅程真的已經結束了。我最喜歡引用〈心理治療〉一文論及這個「尚未上路」的觀念。我在「心理治療與奇蹟課程」研習中，通常會向在座的心理醫師讀這句話，以激發他們在職業上的謙遜之心：「大部分的專業治療師仍盤桓在旅程**第一階段**的起始之點。」（P-3.II.8:5）〔譯註〕

前文提到「沒有一事是突如其來的」，這說明我們所有的經歷都不是偶然發生的。表面看來，我好像可以選擇舉起右手或者左手，但兩種選擇我都做過了。箇中緣由是，如果所有的想法都會在某個層次產生某種有形的後果，那麼只要

〔譯註〕此處引文中的粗體字乃是肯恩所強調的。

想到舉起某隻胳膊，這一想法就已經在心靈全像圖的某個層次構成了某種行為效應（錄在錄影帶上了）。不過，我仍有所選擇，我可以決定重新經驗一下舉起右臂或左臂的感覺。

只因時間看起來好似單向進行的。其實，我們所踏上的是一條早已結束的旅程。只是看起來好似還有一個不可知的未來而已。（W-158.3:5~7）

的確，在感覺中，我們走在一條需要「相當時日」才能完成的人生旅途。《課程》也再三提到學習的「過程」，例如〈教師指南〉述及「信賴的形成階段」時說，這個過程需要經過六個階段（M-4.I.3~8）；〈正文〉講述特殊關係和神聖關係的一節也說，只有開始的階段會顯得比較吃力（T-17.V.2:5），以後就輕鬆多了。這類說法，顯然暗示了一個需要耗費時日才能完成的「過程」。然而，《課程》又在其他地方說，我們踏上的是「當下即至的旅程」（T-8.VI.9:7）；剛才所舉一百五十八課也說，旅程已經結束，我們已經接納了救贖，所有的幻相都已化解了。有意思的是，同一引文的最後一句又把我們拉回線性的時間觀，認爲我們不知未來是什麼樣子，因爲未來似乎尚未發生。

接下來的這句話非常重要，它告訴我們時間是怎麼幻化出來的：

時間只是一種把戲，一種巧妙的手法，一個場面盛大的幻

相，台上人物來來去去，好像魔術表演一樣。（W-158.4:1）

這句話充分說明了為什麼時間觀念這麼難以理解，為什麼傳統時間觀在我們心裡紮得這麼深。因為時間只是一種把戲，一場魔術表演。魔術師是何許人也？正是製造幻相的巨匠，他們的通天本事會讓你捏一把汗，以為櫃子裡的女人真被鋸成兩半了，或者他們真的可以從帽子裡揪出一隻兔子。我們當然知道，那只是巧手變出的戲法，表示手比眼快而已。小我就像魔術師，手法高明之極，讓人不由自主地信以為真。事實上，被鋸成兩半的女人完好無損，兔子也不是從帽子裡揪出來的，同理，我們並非真的活在身體和世界中。

然而，在這人生假相之下，藏有一個永恆不變的計畫。劇本已經寫定了。某個經驗何時會來終結你所有的懷疑，早已註定。（W-158.4:2~4）

兩個劇本，即小我的妄見劇本和聖靈的正見劇本都已寫定；劇本既已寫定，當然不會再變。各種事件和經歷都已載入你的操作系統，一切好似都已定案。全像圖、影片館、萬花筒的比喻都體現出這是一個封閉系統。由此可知，我們眼前的一切沒有一件新事，一切可能的選擇我們都已做過，其中當然也包括了接納「上主與聖子是一個生命」的啟示。

表面看來，我們每天好像有很多選擇，我們可以選擇寬恕彼此或定人之罪，而且選擇的主權彷彿操在我們手中。

《課程》卻告訴我們，事實並非如此。決定的那一刻與我們所面臨的選擇，絕不是我們想像中那麼一回事。容我再用一次抉擇者的比喻，我們（心靈）坐在螢幕前，只能選擇按哪個按鈕，那是我們「唯一」的選擇。每個按鈕都會為我們重播一段往事，也就是我們想重溫的某段劇情。這與心情悲傷時想看部悲情電影，然後翻出錄影帶放進錄影機一樣。我們跟著電影情節哭上兩個小時，其實在看電影前我們已經想哭了。同理，心情愉悅時，我們會挑一部喜劇片。我們此時此地所經驗到的人生片段，無非反映出我們在時間領域之外所作的某個選擇，然後故意忘記抉擇者所作的選擇，以為自己此時此地正在作一個新的選擇呢！

我們只是在旅途的終點回首整個旅程，假想自己再走一趟，在腦海裡重溫一遍陳年往事而已。（W-158.4:5）

　　這個說法與我們的經驗恰恰相反，它說我們只是在心念裡重溫往事，在旅程的終點回望這段路程，我們早已不在路上，旅程已經結束。然而，由於我們全都神智失常地認定自己罪孽深重，不斷在腦海裡重播小我的虛幻噩夢來懲罰自己，就像反覆觀看一部令我們傷心或不安的電影。我們這樣做，不過想藉此認同小我的思想體系，重申所謂的自由意志，顯示自己已在上主之外自立門戶了。我們一旦相信自己真的做了這種不可能發生的事，就勢必會把上主視為冤家對頭，認定祂必然會用痛苦來整死我們。總之，小我的聲音唆

使我們不斷重溫痛苦的過去，如此，才能把罪與咎變得真實
無比，讓我們因之受苦受難。罪與咎一旦被我們當真，小我
就高枕無憂了：

> 那些錯覺妄想一旦被你識破，便消失了蹤影。……
> 有一點是可以肯定的：錯覺妄想背後必有其目
> 的，你一撤銷目的，妄想就會隨之消失。（T-20.
> VIII.8:1,6）

而且：

> 當受苦的人不再看重痛苦的價值時，他就自然痊癒
> 了。誰會甘心受疾病之苦？除非他認為痛苦能帶給
> 他某些好處或某些價值。……疾病乃是人在瘋狂中
> 想出來的應對方式，企圖藉此把上主之子推上天父
> 的寶座。（M-5.I.1:1-2,7）

　　問：你能不能用一個具體的例子來解釋上述觀念？我還
是不太明白。比如說，此刻，1985年，我坐在紐約州克魯姆
龐德鎮的一張桌子旁。你的意思是說，我的抉擇者面對這一
場景，不是選擇寬恕就是決心定對方的罪，而這兩種選擇，
我以前都已作過了？

　　肯恩：表面上，正在作選擇的「你」好像就是此刻坐在
桌子旁的「你」，其實不然。〈正文〉曾這樣問過：「活

在世界上的那個『你』究竟是誰？」（T-4.II.11:8）身為抉擇者的那個「你」其實活在時空之外，因此，也在1985年紐約州的克魯姆龐德鎮之外。換言之，身為抉擇者的「你」與此刻坐在桌子旁的「你」並非同一人。這是非常重要的分野。我們不妨把坐在這兒的「你」看成一具木偶，身不由己地表演幕後操手（也就是身為抉擇者的「你」，或心靈層次的「你」）選擇的劇情。雖然，我們感受到的全然不是這麼一回事。你會感到坐在桌子旁的「你」才是真正作選擇的「你」，只因我們相信自己是這個活在世間、有血有肉有感覺的個體。為此，《課程》才針對這一層次的「我」開講，因為我們相信這才是真正的「我」。明白了這一點，我們才可能理解《課程》為什麼把時間形容為「一種戲法」和「一個巧妙的手法」——時間真的是一場不折不扣的魔術秀。

　　換一種方式來說，你心內的那一位抉擇者是「因」，而活在世間的你是它的「果」。儘管因和果在實相中是同時發生，而且同時存在，它們依然有別，如同身為因的上主與身為果的基督儘管是一體的生命，但不可混為一談。電影也是如此，我們在銀幕上看到來來往往的人物，是放映機裡的膠片投射出來的影像，膠片是因，銀幕上的人物是果。到了本書第四章，我們會深入探討因與果的問題。

　　接下來讓我們看第一百六十七課第九段。

那狀似與生命相反的境界，只表示生命陷入了昏睡狀態。當心靈決定成為「自己不是」之物，又賦予自己本無的怪異能力，進入它不可能進入的異域，或是活在它的根源之外的虛妄之境，不過表示它好似昏睡了一會兒而已。（W-167.9:1~2）

　　這段引文說得很明白，小我和它的世界都是一場夢，我們只是陷入昏睡狀態而已。睡夢中，我們相信自己有能力反對甚至推翻上主，篡奪祂的主權，營造出我們視為自己的這具身體，棲息於分崩離析的二元物質世界。然而，幻夢再顯得怎麼真，也還是幻夢。下文更清楚地描述了夢境中的分裂過程：

首先，你相信自己的心念改變得了上主的創造。
其次，你相信完美之物可能變得不完美或有所欠
缺。
其三，你相信你能夠扭曲上主的造化，包括自己的
生命在內。
其四，你相信你能夠創造自己，你想把自己創造成
怎樣，完全取決於你。
這一連串的扭曲最後呈現給你的圖像，就是分裂的
世界或「恐懼的歧途」。（T-2.I.1:9~2:1）

　　下面這一段話更是一針見血地描繪出小我如何瘋狂地在

夢中「無中生有」那些根本不可能發生的事。

> 相信在上主的全能之外還有某種能力，在無限之境
> 以外還有某個地方，在永恆之上還有某種時間，這
> 些怪異觀念便是「反基督」的化身。你甚至認為那
> 些能力、地方及時間可能化身為某種形式，整個偶
> 像世界就在這一觀念中成形了；在這個世界裡，所
> 有不可能的事都發生了。在此，原本不死的生命不
> 免一死，無所不包的整體生命好似承受了失落之
> 苦，超越時空之境淪為時間的奴隸。在此，原本千
> 古不易的生命開始變化，上主賜予一切眾生的永恆
> 平安，從此只能屈身於無明亂世之下。原如天父一
> 般圓滿、無罪、慈愛的上主之子，生出了怨心，受
> 苦片刻，最後一死了之。(T-29.VIII.6:2~6)

現在回到〈練習手冊〉第一百六十七課，我們來看第九
段：

它（心靈）只是夢見了時間；在那好似出現、其實從未發生
的一段時間裡，不論發生何種變化，皆無實質或實效可言，
最後都是白忙一場。當心靈甦醒過來以後，它只是繼續本來
的存在狀態而已。(W-167.9:3~4)

這就是圖表五所要呈現的觀念，標示著「永恆」的直線
代表天堂，也就是我們真正所在之地，標示「時間」的小點

代表夢境世界。我們一旦覺醒，夢境就消失了，原來我們始終沒離開過那條直線。正如〈正文〉所說：「你正安居於上主的家園，只是在作一個放逐之夢而已……。」（T-10.I.2:1）

　　筆錄《課程》的海倫‧舒曼，有一次親身經驗了這個觀念。一天早上，她梳頭時看到自己站在這條永恆直線之上，在這條延續不斷的直線上，有一處極小極小的陷坑，〈正文〉稱之為短短的「一刹那」（tiny tick of time）（T-26. V.3:5）。喬爾‧戈德斯密斯（Joel Goldsmith）有一本書的書名定為「永恆中的小插曲」（*A Parenthesis in Eternity*），可謂與《課程》異曲同工地道出了時間的虛幻。與廣大無垠的永恆比起來，那一點陷坑小得不值一提，實在無需在它身上大作文章。讓我再引用一次這重要的引言：

> 只要我們攜手同行，便不難對此一笑置之了；我們
> 知道時間是無法侵入永恆的。（T-27.VIII.6:4）

　　〈正文〉第十八章將這「瘋狂一念」描寫為「這一線微光開始自命為太陽、那小得難以辨識的漣漪竟自詡為海洋」（T-18.VIII.3:4）。在「小小的瘋狂一念」中，世界好似粉墨登場了，其實，那只是昏睡的心靈所作的一個夢而已，終有一日，心靈會甦醒過來，回歸它不曾離開且如如不動的永恆。

　　我們接下來看第一百六十九課，這一課也非常清晰地道出了《課程》的時間觀。我們從第四段開始讀，它延續了一百五十八課的觀念──「我們接受『天父與聖子是一個生命』這一啟示的時辰」其實都已寫定了。

這與我們先前的說法，「天父與聖子的一體已成定局」這個啟示好似有所矛盾。可是，我們也曾說過，啟示的時辰操之於心靈的決定，而心靈也已作了這個決定。我們只是鼓勵你挺身而出，為上主的聖言作證，使真理的經驗加速來臨，更快打入那些能在你身上看出真理對你的效益的心靈。（W-169.4:1~3）

　　這段話顯然又呼應了我們先前討論過的兩個層次：「我們已經接受了救贖」屬於第一層次，其餘反映出我們仍相信自己「活在世間」的說法屬於第二層次。再用影集或電腦的比喻，這段話其實在向我們的抉擇者喊話，也就是向負責選擇按哪個鍵、要寬恕還是定罪的那一部分心靈喊話。正因如此，耶穌懇求我們「為上主的聖言作證」，按正確的鍵，讓自己從夢中甦醒，儘管在另一層次，這一幕早已發生了。請注意，看似矛盾的地方就是這點：在這一層次上，我們尚未選擇接受救贖之刻，但在另一層次，我們已經作了這個選擇──「太陽底下無新事」，那一幕已經演完了。

「一體性」言簡意賅地道出了上主的本質。祂的本體涵括一

切。心靈所擁有的一切，唯祂而已。（W-169.5:1~3）

當然，我們認為自己還擁有其他的東西，這種信念充分顯示於圖表三萬花筒的意象中。實際上，代表分裂心靈的萬花筒根本不存在，因為上主之外一無所有。萬花筒既然不存在，它裡面所呈現的繽紛萬象，也就是我們個體生命的所有經歷自然也不存在，它們同等虛幻，同等不實。

我們只能說：「上主永恆如是。」然後便緘默不語，因任何言語在那真知之前完全失去了意義。沒有唇舌配談論它，它此刻所領悟的全然超乎自己的境界，也不是心靈任何一部分的感知能力所能體會的。它已經與那生命之源結合了。它與生命之源一樣：它就是它而已。（W-169.5:4~7）

這一境界不是我們所能談論、描述，甚至推理的。當人心徹底悟出「它的意願即上主的旨意」，而且全面接受這一天恩時，這一啟示方能浮現於人心中。（W-169.6:1~2）

一體境界超乎世間可能想像出來的任何境界。我們造出身體的目的正是企圖阻擋自己意識到這單純的真相，所以耶穌才說單憑我們自己是無法形容或理解那一境界的，因為我們仍然相信自己活在身體內。難怪《奇蹟課程》提及一體境界的篇幅非常少，想一想，那超乎言詮之境，又如何用人間的語言去描述？〈教師指南〉論療癒時談到語言文字的作用：

反正上主聽不懂人的語言，因為語言乃是分裂的
心靈為了繼續活在分裂的幻境中而造出來的。（M-
21.1:7）

如果我們不了解《課程》是在不同層次上開講的，上述
〈練習手冊〉那段話的最後一句所隱含的「未來的某一刻，
你終會悟出這一點的」就會顯得不知所云，與先前闡釋時間
的虛幻本質的說法顯然矛盾。別忘了，《課程》既然來到這
個幻相世界，世上的人都相信自己活在一個線性時間主宰的
世界裡，它只好採用人間的語言向我們傳遞訊息。同理，
《課程》之所以使用對西方歷史具有深遠影響的基督教語
彙，也是為了修正基督教的錯誤，這都是遷就我們根深柢固
的信念而採取的表達形式。本書第三章將會深入這一重要議
題。

**它會將心靈帶入無邊無際的當下，再也沒有過去與未來的概
念。它超越救恩之上，凌駕了時間、寬恕以及基督聖容這一
切觀念。上主之子就這樣消融於天父之內，一如天父消融於
聖子內一樣。世界，從來不曾真正存在過。永恆，方是千秋
不易之境。**（W-169.6:3~7）

這段話描述了我們徹底接納救贖時的心靈境界，在這一
刻，自我與意志不再感到自己與造物主是兩個不同的生命。
在這超時間之境，我們會發現，活在永恆的自己，不管是個

性或人格特質都徹底消失了，這一啓示經驗代表我們完全從時間之夢甦醒而回歸永恆。在這一刻，我們先前相信的一切都消逝了，我們回到了自己從未離開的家園。

這不是我們所能催生出來的經驗。（W-169.7:1）

　　《奇蹟課程》旨在節省時間或瓦解時間，或者加快「超越經驗」的來臨，但那一境界完全不是我們的知見能力所能領悟的，也因此，《課程》把目標轉向活出「幸福美夢」。這個美夢終將一步一步引領我們逐漸超越世界，升至超乎言詮之境，請看一百零七課對這一境界的描述：

> 你能想像得出，沒有幻覺的心靈是怎樣的境界嗎？
> 它會有何感覺？不妨回憶一下，你是否曾有一刻
> （即使只是一瞬也好）感受到徹底的平安，確信自
> 己深深被愛且安全無虞？然後藉著想像，將那一
> 刻延伸到時間的盡頭，延伸至永恆。然後，再把
> 你所感受到的那種寧靜乘上一百倍，一千倍。（W-
> 107.2:1~5）
> 儘管這不過反映出你的心靈安息於眞理之境的千
> 萬分之一，至少，你已稍微體驗到一點了。（W-
> 107.3:1）

　　接著，我們來看第一百五十七課的美妙結語：

> 我們現在就要進入基督的臨在，放下其他的一切，全神定睛於祂的光輝聖容及圓滿之愛。你的慧見所瞻仰的聖容會與你同在；不時，你還會驚鴻一瞥那超乎所有慧見（包括這最神聖的慧見在內）所能目睹的境界。這經驗不是你能傳授給人的，因為它不是由學習而得的。然而，這慧見會讓你回憶起你不僅此刻知道而且遲早必會知道的真相。（W-157.9）

只有透過教與學而得的寬恕經驗，才能見證這一時辰的來臨，心靈已經決心為此而放下一切了。（W-169.7:2）

請注意，先前提到的兩個層次又出現了。心靈決心放下時間領域和小我（回歸第一層次）的那一幕已經存在於錄影帶了，但我們仍需透過寬恕的功課（第二層次）才能經驗到第一層次的境界。

問：再回到錄影機的比喻，你的意思是，從觀者的角度開始選擇寬恕，把眼光專注於那一段影片時，我們最終會看到當初自己接納「天父與聖子是一個生命」那一啟示時的情景？而且，由於那個選擇出自超時空之境，所以我們仍然可以在人間繼續蹉跎下去，不斷選擇其他影集，看自己忙這忙那，就是不願去看此刻（1985年在紐約州克魯姆龐德鎮）其實已經覺醒的自己？

　　肯恩：沒錯。小我警告我們，一旦接納救贖的「那一刻」，即意味著死亡。它說得沒錯，但唯有小我才會「死」，遲早隱沒於「它所源自的虛無中」（M-13.1:2）。只要我們仍與小我認同，不可能不害怕上主的愛，因祂的愛必會驅散小我深藏不露的恐懼。為此，小我的恐懼驚悚影片對我們才有那麼大的魅力。〈正文〉第十九章討論「邁向平安的障礙」時也描述了類似的罪咎、痛苦和死亡之魅力。

我們並非催促這個時辰的來到，否則就表示你比傳授寬恕真諦的「那一位」更清楚該怎麼做。（W-169.7:3）

一切學習早已存於天心之中，且早已圓滿完成了。（W-169.8:1）

　　急於追求某種境界，無異於是在告訴自己：「現在」沒有此物，「未來」方能得到。事實上，儘管我們內在有一部分竭力拖延接受聖靈的禮物，或是不願「給」祂自己小小的願心，這都無所謂，因為我們早已在另一層次接納了祂的禮物。接下來的一段引文為我們指出其中的原委。

　　不過，在進入那一段引文之前，我想先針對上面幾句稍作澄清，因為它採用了韻文的形式，省略了一些本來可以使語意更清晰的字，因而顯得晦澀不明。而且這幾句也不應該分為兩段。海倫最初記下這些話時，並沒有分段。後來為了某些原因（也許是風格方面的考量），她把這幾句分成了兩

段。我們在編輯時保留了海倫的修改，不過，如果把「一切學習早已存於天心之中」看作上一段的延續，這幾句就好懂了。我增加、改動幾個字以後，這一段就成了：

> 我們並非催促這個時辰的來臨（即接受寬恕真諦，悟出我們與上主是一體生命之時辰），好似它非得靠我們的努力，又好似傳授寬恕真諦的聖靈不知我們要獻給祂什麼似的。

換言之，這是一個假設句，因此，我把 was concealed 改成了 were concealed，比較符合語法學家用 were 來表達「與事實相反」的假設情況。否則，光是「我們並非催促這個時辰的來臨」這麼一句，好像暗示聖靈不知道我們要獻給祂什麼（當然，我們獻給聖靈的只是「接受寬恕」而已）。

究竟說來，救贖不待你去完成，因為它已經圓滿成就了。所有妄見中衍生的錯誤以及正見帶來的修正都已發生了。也就是說，在聖靈的天心中，我們的學習其實已經完成，且已存在於我們心中了。不僅小我的劇本已經寫定，聖靈的救贖劇本也是如此。

祂（聖靈）很清楚時間的意義，並教給所有的心靈，使每個心靈都能由時間的終點，自行決定什麼時候才願把時間釋回啟示與永恆之中。我們已經說過好多次了，你在此只是重走一遭早已完成的旅程罷了。（W-169.8:2~3）

「時間的終點」指的正是圖表三那個觀者的位置。若把這幾段話綜合起來，我們不難看出《課程》多麼重視「旅程已經結束」這一觀念。它要坐在觀眾席上的我們從旅程終點的位置（也就是我們已經接受圓滿結局的那一點），去選擇我們要看的劇本。

一體性必然也存在於此。（W-169.9:1）

換句話說，一體性既不在過去，也不在未來。它是始終如一的實相，因此無需我們的催生。你不用去到「未來」找它，它就在「此時，此地」。「沒有一體生命」這一錯誤早已獲得修正。這話聽起來有點匪夷所思，只因它「不是我們能催生出來的經驗」。總之，《奇蹟課程》在一個層次上，努力為我們節省時間；在另一層次，它又告訴我們時間是一個幻相，所以什麼都不需要節省，因為你什麼也沒失去。那個一體生命一直都在，它永恆如是。海倫有一首詩美妙地傳達出這個觀念。這首詩的題目是「天堂的禮物」（*Heaven's Gift*）：

> 誰能從無限中竊取分毫？
> 稍有閃失，眾天使便翩然展翅，
> 瞬間彌合那一縫隙，
> 迅如閃電，宛若幻相；
> 尚未發生，便已化解。

誰能從一切中竊取分毫？
它無所不容，註定圓滿。
一無所缺，永恆如是；
還未失落，便已修復。

誰能將聖愛減損分毫？
愛本身，偉大的修復神。
由它所出者，唯它是歸。
無瑕無損，至無窮世。

給予，天堂只知給予，
它是永恆不失的標幟。
似有閃失之際，天使頃刻飛至，
天堂歸還於你，這是他們的許諾。

——《天恩詩集/暫譯》第80頁

不論心靈決定什麼時候接受啟示，絲毫影響不到那永恆不變的境界，過去一向如此，未來也如現在一樣永遠如此。我們只是接下無始以來早已指定的任務，而且心裡徹底明白，祂已圓滿完成了那任務；「祂」就是奉造物主及其聖子之名而寫出救恩劇本的那一位。（W-169.9:2~3）

現在請看圖表五，在分裂發生的那一瞬我們已經決定了接受上述「啓示」的時辰，也就是接受救贖的一刻。但這一切絲毫影響不了那條代表著永恆的堅韌直線，那是「永不改變的境界」。聖靈「指派」給我們的任務只是化解小我的劇本而已，那是通向救贖之路，這一任務早已「圓滿完成」，因它是聖靈的任務，凡祂所願之事均已完成。

接下來這一段肺腑之言，很多人讀後恐怕會產生心理反彈：

我們不必在世人無法了解的事上多費唇舌了。當你準備好接受一體真相的啟示時，你自會悟出它的深意。如今，很多工作等著我們去做，為了那些雖活在時間領域中卻能領會超越之境（這正是本書致力的目標），而且還聽得懂「即將來臨的其實早已過去」這類道理的人。至於那些還在計數著光陰，按時起床、工作、睡覺的人，多談這類道理對他們又有何意義？（W-169.10）

耶穌其實是在告訴我們，我們對線性時間的執著如此之深，根本想不出「超時空境界」是怎麼一回事。這就是何以然上述論及時間的章節這麼讓人摸不著頭緒，讀了幾遍仍然大感洩氣。不過，這些話顯然不是故意打擊或戲弄我們的。儘管我們無法理解超越時間的境界，我們卻不難明白時間的虛幻，看出我們如何用時間抵擋聖靈的愛（永恆境界的

倒影）。為此，儘管小我無法理解上主為何物，它冥冥中知道還有一種比它更大的力量（T-4.II.8:8）。《課程》的主要目標之一就是打破我們對自己信念體系的執著：「要學習本課程，你必須自願反問內心所珍惜的每一個價值觀。」（T-24.in.2:1）無疑的，耶穌勉為其難地推出這驚世駭俗之論的時間觀，其目的即在於此。

　　一百六十九課接著強調了一個關鍵點：我們必須先盡自己那部分責任，也就是寬恕。這一主題在此只能點到為止，總之，寬恕與永恆無關，它的舞台在時空世界，我們只是藉由寬恕漸漸悟出自己原來是夢境的夢者。〈正文〉講述「夢者與夢境」、「因與果」的章節都脫離不了這些形上原則，即我們並不活在身體內，只是在觀看這場身體之夢，「在腦海裡重溫一遍陳年往事而已」（W-158.4:5）。唯有當下此刻開始操練寬恕，我們才有了悟上述真理的可能。由於我們已然把罪咎當真，被分割為過去、現在和未來的線性時間對我們才顯得如此真實，正因罪咎那一幻相從中作梗，我們才會相信時間是線性的，無法看出它的全像性。

　　問：這一課的用詞好像前後矛盾，開頭它給天恩和啟示畫上了等號，認為天恩絕非學習所能企及，好像與「天父與聖子是一個生命」的啟示屬於同一層次。可是結尾又說天恩是啟示的前奏，「我們祈求天恩，還有那來自天恩的

經驗。我們同時欣然接下它帶給每一個人的自由解脫」（W-169.14:5~6），啟示好似又超越了天恩。

　　肯恩：從這一課的開頭看，天恩並不等於啟示，或者至少不等於天堂。我們可以這樣說，天恩屬於真實世界的最後一段，即耶穌所在之地，但它還不是永恆。請看這一課的開頭：

> 天恩乃是上主聖愛的一面，極其近似那洋溢著一體
> 的真理之境。它是人間最高的嚮往，因它徹底超越
> 了世界。（W-169.1:1~2）

　　如此，天恩好似位於世界與天堂的邊界，它超越這個充滿罪、咎、攻擊的幻相世界，緊貼在救贖的終點線上，但天恩不能代表天堂的一體境界。所以我們才說，耶穌那一層次的人已活於天恩之境。

　　問：那種境界好像是《課程》追求的目標，儘管它說它的目標不是天恩。

　　肯恩：《課程》的目標是幫我們在世間活出寬恕與平安，故它沒有多談天恩，因為天恩指向真實世界的最終結局，是平安必然導致的境界。只要我們學會了真寬恕，天恩自會降臨，其實，天恩一直與我們形影不離。一旦聖子奧體的每一部分都進入天恩之境，就是所謂的「基督再度來

臨」、「最後的審判」和「上主的最後一步」。當然，真實的過程並非如此，到了本書下篇，我們就會明白這些所謂的階段，只是用來描述非線性過程的一個比喻而已。

接下來我們要分別討論〈正文〉裡的兩節：「小小的障礙」（T-26.V），和「當下的記憶」（T-28.I）。〈正文〉只有這兩節通篇都在討論時間觀念。探討完這兩節，本書上篇就告一段落了。

第三章　「小小的障礙」

　　本書上篇主要探討時間的起源和本質，選讀的章句大都涉及《奇蹟課程》的時間觀，接下來的兩章也不例外，只是它們進一步為我們架起了通往中篇的橋樑，把《課程》的時間觀與它的救贖計畫銜接起來，進而引出「奇蹟能透過寬恕而瓦解時間」這一核心觀念。

　　我們討論時間的形上學時，有一點必須謹記於心：《奇蹟課程》是在兩個不同層次上開講的（參看圖表一）。簡言之，第一層次反映了《課程》最基本的形上理念，而我們的討論，迄今為止一直集中於這一部分。這一層次的時間觀不外乎「一切都在分裂的那一瞬間發生了、人生所有的經歷都不是第一次出現的」。說得更具體一點，我們好似在看電視、玩電腦或萬花筒，完全出於自願地「在腦海裡重溫一遍陳年舊事而已」。當然，我們必須能把時間看成非線性的，看破「過去、現在、未來」的線性時間只是小我的詭計，上述觀念才有立足之地。

　　但我必須再提醒一下，《課程》無法避免使用線性觀點來論及時間。比如一百九十四課的標題「我把未來交到上主的手中」，顯然承認了線性的時間觀。到了第四段，它又跳回第一層次，指出時間並非連續的，過去和現在是同一回事：

> 你的未來在上主手中，過去與現在亦然。對祂來講，它們全是同一回事，對你也應是同一回事才對。（W-194.4:1~2）

隨後，它又轉入第二層次：

> 但是，在這世界上，時間的推移仍然顯得十分真實。因此，我們並不期待你真能了解，時間並非如你眼中那般綿延相續的。你只需放下未來，將它交到上主手中即可。（W-194.4:3~5）

　　耶穌顯然在說，時間固然是幻相，沒有過去、現在和未來，他仍需採用線性的方式描述時間，只因我們相信時間是線性演進的。〈正文〉有一段說得更明確，它說基督一體性就活在分裂的妄心裡，我們稱那一部分為聖靈。儘管我們相信自己活在世上（事實絕非如此），那一體生命仍能藉助我們相信之事教導我們看出自己的真相。

　　在學習過程中，你難免會把時間與空間當成兩回

事；因為只要你還認為自己有一部分能夠獨立自
主，合一與一體的觀念便失去了意義。……祂會使
用心靈所能了解的語言，利用它自以為面臨的事
件。祂必須借用你所有的學習經驗，才能把種種幻
相帶到真相之前，領你越過所有錯誤的自我觀念，
邁向那超越一切錯誤的真理之境。(T-25.I.7:1,4~5)

我記得印度聖者賽巴巴好像在哪裡說過，東方靈修經典
《薄伽梵歌》是由不同層次寫出的，為此，《薄伽梵歌》才
能吸引那麼多靈性程度各異的人。《奇蹟課程》的講述也是
如此，就在我們因著寬恕而逐漸化解罪咎之際，我們對這部
課程的理解也會隨之加深。第一層次的了解是需要時間的，
然而我們若留心的話，《課程》不時出現一些金言警句，將
我們的體會提昇至超乎時空的層次。不過，那並非本課程的
核心價值，它旨在幫我們處理我們心目中的現實問題，而這
些問題都與線性的時間觀息息相關。《奇蹟課程》是這樣自
我定位的；

這不是訓練哲學思考的課程，故不重視遣詞用字的
精確性。它唯一關切的只是救贖，也就是修正知見
的過程。(C-in.1:1~2)

《課程》又在另一處為我們點破小我利用時間的伎倆，
它說，小我把過去引發的罪咎，投射為未來的恐懼，讓我們

徹底忽略了眼前的一切（T-13.IV.4:2~5）。

　　既然這是我們所相信的人生處境，也成了我們的生活方式，《奇蹟課程》的說法不得不遷就我們的理解水平（第二層次）。只是，耶穌在講解過程中，也仍會時不時地跳到另一層次（第一層次），再三提醒我們，這個時間的世界早已是過眼雲煙，他甚至說時間根本不曾真正存在過。我們不難從中看出本課程整合了兩個層次的用意，它一方面採用具體實用的方法來切入我們心目中的現實問題，一方面卻將我們提昇到更廣大的生命宇宙觀，教我們另一種看待世界的方式。

　　我們現在進入〈正文〉第二十六章第五節「小小的障礙」，我會逐句探討這一節每一句話，不作任何刪減，下一章討論「當下的記憶」時，我也會採用相同的方式。

若不了解所有奇蹟都是同一回事，一點小小的障礙都可能變得困難無比。本課程要教你的就是奇蹟的同一性。這是它唯一的目的，也是你唯一需要學的課題，只是你必須透過不同的形式來學習。（T-26.V.1:1~4）

　　前一節「罪離去之後」的末尾就預先提到了這個「小小的障礙」，視之為「把我們阻擋於天堂之外的『一絲罪痕』」（T-26.IV.6:1）。只要我們相信自己真的犯下了分裂之

罪,這小小的障礙就會顯得難以跨越,因為罪咎使我們不由得相信,我們毀了上主的愛,把一體無間的天堂搞得四分五裂。請看看,分裂的世界就是如此這般被我們弄假成真的。從此,各式各樣的問題層出不窮,彷彿永遠也解決不完似地;在此同時,奇蹟的第一條原則「奇蹟沒有難易之分」,又顯得無比空洞且高不可攀。

其實,《奇蹟課程》正是要教我們看出,這一原則不僅是真的,而且是最自然不過的事:「奇蹟原是最自然不過的事。當它匿跡不現時,表示你的生活出了問題。」(T-1.I.6)我們不難從這句話看出整部課程的實用取向,它不單要我們明白「時間是幻相」,還要讓我們看出,我們遇到的所有問題根本都是同一回事。我們唯有體認出時間的虛幻,才可能真正理解這條奇蹟原則。然而,話說回來,在操練寬恕的過程中,我們並不需要完全理解這個觀念,因為寬恕才是本課程的核心目標。

的確,我們無需徹底理解《課程》的時間觀。更準確地說,我們只需學會認出所有的問題都是「不寬恕」而形成的種種表相而已。只要我們遵守奇蹟的先決條件,把這些問題帶到聖靈面前,我們唯一的問題(罪咎)便會消失於無形。要知道,問題的外在形式未必即刻消失,但我們造出問題的那個「因」已然不復存在,一切問題的癥結便自然迎刃而解了。我們可以通過很多途徑學習這一原則,聖靈會利用我們

誤以為真的種種問題教我們看出，它們其實都肇因於同一根源。

所有的學習經驗不是幫助你，就是阻礙你進入天堂之門。沒有中間路線。人間只有兩種導師，為你指出兩條道路。你選擇哪位導師，就會步上他的後塵。在時空世界裡，你不能不作選擇時，只有兩條路可走。（T-26.V.1:5~9）

這一段引文可說是貫穿《奇蹟課程》的一條軸線：一切事情說到底都可歸於兩個基本選擇。套用看電視的比喻，我們只有兩個鍵可以選擇，即小我和聖靈的按鈕。正如〈正文〉所說（我們後面還會提到）：

> 每一天，每一時，每一分，甚至每一秒，你都在十字架與復活、小我與聖靈之間作選擇。小我代表你已選擇了罪咎，聖靈則代表你選擇了無罪。決定之權操之在你。選擇的對象早已限定，你只能在真相與幻相之間作選擇。兩者沒有任何交會，因為它們截然相反，毫無妥協的餘地，因此不可能同時真實存在。你不是有罪，就是無罪；你不是受縛，便是自由；你若非不幸，必是幸福之人。（T-14.III.4）

問題是，除了通往天堂之路以外，上主沒有造過其他的道路。你只能選擇天堂這一條，否則就會背道而馳，不知所終。你沒有其他選擇的餘地。（T-26.V.1:10~12）

〈正文〉在接近尾聲之處，又出現了同一主題：

真正的選擇不屬於幻相領域。世界無法為你提供那
種選擇。人間的道路只會將你導向失望、虛無與
死亡。它好似給你種種選項，其實你根本沒有選
擇的餘地。不要企圖逃避世上的問題。你當初就是
因為不想解決問題而造出世界的。切勿被名堂繁多
的人生途徑混淆了眼目，它們都指向同一終點。每
一條都是通達同一終點的不同途徑罷了；雖然它們
的起點和方向看似迥異，所有的道路最後都會把你
帶回這個世界。它們的終點既已註定，表示你沒有
選擇的餘地。它們全通向死亡。……世上沒有一條
路可能通達祂（上主）處，人間也沒有一個目標與
祂的目標一致。……（然而）沒有一條道路可能背
離上主。也沒有一種旅程可能背離你自己。……你
無法逃避自己的真相。因為上主是仁慈的，絕不會
任聖子棄祂而去。……你只可能從祂所在之處尋
回自己。所有的路最終都會止於上主之境。（T-31.
IV.2:1~11; 9:3; 10:4~5;11:3~4,6~7）

我們可以在天堂與世界之間作一選擇，但這一種選擇也
是幻相，因為兩種選項中只有一個是真的。也就是說，除了
天堂，我們其實沒有別的選擇。只不過，活在世界中的我們
卻覺得自己的確有兩種選擇，在憤怒與寬恕，分裂或結合之

間選來選去。這一段接著說:

> 世上所有選擇都基於這一信念:你必須在弟兄與自
> 己之間作選擇,他損失多少,你就獲益多少;你損
> 失多少,他就獲益多少。這與真理簡直是天壤之
> 別,真理給你的人生課題無非是教你明白:你弟兄
> 失落什麼,你也會失落什麼;他獲得什麼,那就是
> 上天賜你的禮物。(T-31.IV.8:4~5)

**除了時間,你不會失落任何東西,即便是時間,最後都會失
去存在的意義。**(T-26.V.2:1)

　　很清楚的,我們會失落小我,卻丟不掉天堂,我們永遠
失落不了上主創造我們的純潔本性。這正是《奇蹟課程》
的核心教誨,也是救贖的原則。耶穌在〈心理治療〉一文
說:「有誰能不為自己所失落的純潔本性而哭泣?」(P-2.
IV.1:7)意思是說,人間所有的哀傷都源自我們相信自己失
落了基督的純潔無罪(也就是我們的本來面目)。小我不斷
警告我們,我們永遠也無法恢復純潔本性了;聖靈則時時提
醒我們,縱然我們選擇了繼續沉睡、在時間之夢中遊蕩,把
我們純潔無罪的真相擋在意識之外,但這一切絲毫改變不了
「我們仍清醒地活在上主之境」這一真相。我們唯一可能失
落的只是時間,也就是我們選擇繼續沉睡,大作小我虛幻噩
夢的那一段時間。其實我們始終安居於上主的天家,清醒地

活在祂的愛中。我們可以選擇何時由夢中覺醒，卻無權選擇
生命的真正歸宿。

它（時間）成了通往永恆的小小障礙，對世界那位真正的導
師而言，它什麼都不是。既然你深信時間的存在，何不藉此
障礙來發揮學習的最高效用？你何苦坐失良機，漫無目的地
在人間遊蕩？切勿認定天堂之路必然崎嶇難行。只要你確定
目標，下定決心，快樂且自信地牽起弟兄的手，循著天堂的
歌聲前進，人間絕無難事。你若孑然一身在人間流浪，既
無目的，又不知所往，人生確是一條無比艱辛的路。（T-26.
V.2:2~6）

　　由於我們深信時間的存在，聖靈才會以它為教具，教我
們看出時間其實不存在。我們都聽說過「皺眉比微笑要難
得多」，因為皺眉比微笑時牽動的肌肉要多得多。《奇蹟
課程》也說「抵制聖靈而選擇小我，要比追隨聖靈困難多
了」。然而，我們的感受卻截然相反，我們感覺自己好像更
容易也更願意緊抓憤怒，放下它才是最難的事。但是話說回
來，我們其實都心知肚明，這不過是小我又一個顛倒是非的
把戲而已。

上主賜給你一位聖師（聖靈），取代你自己找來的老師，但
不會與它衝突。（T-26.V.3:1）

　　有些人總是感到聖靈好似在跟自己作對，其實，任何冥

冥中認同了小我思想體系的人（也就是這個世界上幾乎所有的人），必定都感受得到這種衝突，這是自認為罪該萬死的人必然的下場：「結局已經註定，必然死路一條。」（M-17.6:2）弗朗斯·湯姆遜（Francis Thompson）的基督教古典詩歌〈天堂來的捕快〉（*The Hound of Heaven*）把這種恐懼描寫得淋漓盡致。在詩文中，耶穌好似四處追捕著我們，直到我們回歸於他。這當然不是事實，耶穌只可能溫柔地呼喚我們回歸我們不曾離開過的天鄉。

凡是這位聖師想要取代之物，必然早已取代了。時間在你心中其實僅僅存在了一個剎那，它對永恆毫無影響。（T-26. V.3:2~3）

　　你看，我們又回到了《課程》的形上學（第一層次）。「這位聖師想要取代之物」，就是用上主的聖愛取代小我的罪咎與恐懼，也就是說，聖靈以「修正計畫」的全像圖取代了小我充滿憎恨的全像圖。我在圖表五用永恆直線上的小小陷坑來呈現這一過程，當初海倫在腦海中看到的正是這一點「時間」：從未真正發生過、短得不能再短的一瞬。

過去所有的時間也起不了任何作用，一切依舊是這不知所終的旅程出現以前的本然狀態。（T-26.V.3:4）

　　引文第二句，「一切依舊……」說的是天堂的一體境界，「不知所終的旅程」是指世界之夢。儘管世界熙熙攘

攘，熱鬧非常，仍然難掩其虛無本質。幸運的是，世界和它的幕後推手——小我思想體系——絲毫動搖不了天堂的完美。噩夢到頭來也只是噩夢一場而已。

在造出第一個錯誤以及由此孳生一切錯誤的那個剎那裡，就已含有第一個錯誤及其後一切錯誤所需的「修正」。因此，在那一剎那，時間其實已過去了，因為它只有那一點兒能耐。凡是上主答覆過的問題，必然解決了，而且已經過去了。（T-26.V.3:5~7）

在那一剎那，不僅我們的第一個錯誤，「相信我們有本事與上主分裂」好似發生了，它所孳生的一切也已發生了。那個錯誤剎那間投射出三千大千世界，以及隨之而來無休無止的分化過程。然而，「那一剎那」同樣也包含了第一個錯誤的修正，換句話說，在那一刻，一切都已被寬恕了。圖表二呈現的正是小我的劇本和聖靈的「修正方案」，也就是我們投射出去的罪咎以及寬恕化解罪咎這兩個過程。在圖表三的萬花筒中，時間和記憶之環中密密麻麻的小點代表小我的錯誤，以及這些錯誤的修正。一切全發生於那一刻。

關鍵在於，我們看著螢幕，在腦海中回首往事時，我們相信並且感受到往事真的發生了，眼前的問題方興未艾，未來仍會繼續上演……。這說明我們全都掉進了小我的陷阱，被它的時間戲法蒙蔽了。

縱然時間早已一逝不返，但因你不知時間已不復存在，依舊相信自己活在時間裡，聖靈只好將就這狀況，引領你穿越那渺小且無謂的時間迷宮。（T-26.V.4:1）

聖靈不僅引領我們穿越過去的經歷，連我們認為正在發生的事情也擋不住祂。這句話一語道出了整部《奇蹟課程》的宗旨所在。即便時間是幻相，世界從未存在過，活在我們分裂妄心中的聖靈之愛，仍能巧用我們既有的信念引領我們前進。雖然在感覺上，我們好像第一次聽到祂的聲音，第一次被寬恕，好像我們真的活在人間。換句話說，祂進入我們心中的幻相，藉此教導我們實相為何。我們又看到儘管時間是虛幻不實的，耶穌說話的口氣卻好像真有時間這麼回事似地。請容我再次提醒，千萬不要死抓著《課程》的某些說法，那些句子其實只是比喻而已。

你始終認為自己仍活在那個過去。你所見的一切，其實是許久以前，也就是幻相取代真相那短短一瞬間所發生的事。（T-26.V.4:2~3）

我們相信自己活在身體和時空世界中，所以才會有「活在世上」的感覺。我們的念頭賦予幻相以真實性。引文第二句反映出我們前面討論的〈教師指南〉和〈練習手冊〉那個觀念——儘管我們好像第一次看到眼前的事情，第一次經歷它們似的，實際上，我們只是「在腦海裡重溫一遍陳年舊事

而已」。請注意，這個「我們」，並不是有血有肉、心裡感受且體驗到這個世界的我們。《奇蹟課程》明白告訴我們，肉眼無法看見，我們的耳朵也聽不見，知見只會騙我們。那個「我們」指的是我們分裂的妄心，在超時間之境把自己二元分裂的念頭投射到身體，身體只是言聽計從，按它的指令行事而已。〈正文〉這樣描述：

> 莫讓你的眼睛矚目於夢境，也莫讓你的耳朵為幻相作證。它們原是為了去看那不存在的世界、去聽那不存在的聲音而造出的。……眼睛及耳朵是毫無覺知的知覺器官，它們只是向你報告自己的所見所聞而已。真正在聽、在看的是你，不是它們；是你把那些本無意義的片段，東一點、西一塊地拼湊成一個見證，證明你想要看到的世界是真的。……你要這個無法看見也無法聽到的身體為你所看到的景象與聽到的噪音負責，實在毫無道理。（T-28. V.5:3~4,6~7; T-28.VI.2:1）

你心裡沒有一個幻覺不曾得到上天的答覆。無常世界早已被恆常之境修正過來了，你實在不必把過去的故事當作眼前事件緊抓不放。（T-26.V.4:4~5）

無疑，這與我們的現實經驗不符。儘管時間的幻相早已被修正了，但我們依舊不惜卯盡全力也要保住虛幻時間的「真實性」。正因我們如此費勁去否認真相，妄想賦予不真

之物某種真實性，活在身體裡的我們才會感到疲累不堪，時時覺得欲振乏力。

你執意不放又想把它變成永恆的那一剎那，轉眼已逝，天堂根本不曾留意它的出現。轉眼即逝之物，怎麼影響得了上主之子的真知，你又怎能拜它為師？這個世界好似在過去出現過一次；那麼久遠，又那麼短暫的事，在造化面前根本不值得一提。如此短暫又如此久遠的小小剎那，讓你連天堂之歌的一個音符都不曾錯過。（T-26.V.5:1~4）

　　若從字面上看，這段引文好像暗示「分裂的一剎那」的確發生了，但這肯定不是耶穌的本意，否則他的話就跟聖靈的救贖原則互相衝突了。這段話真正的意思是，儘管我們認為這個世界如此壯觀偉大，其實，天堂渾然不知竟有世界這個東西存在。我們不妨再引用一次前面引文的比喻，它用「太陽和海洋」比擬上主，又用「最細微的光線和小得難以辨識的漣漪」比擬小我：

　　然而，太陽和海洋作夢都想不到居然有這般怪誕而荒謬的反應。它們只是依然故我，渾然不知自己內在極小的一部分竟會害怕且痛恨它們。（T-18.VIII.4:1~2）

　　他在另一段如詩如畫的句中說：

唯有上主所知之物，才可能存在。祂所知之物，不
只永遠存在，而且永遠不變。……上主的天心無
窮無盡，祂的聖念也無時不在，而且不受無常之
苦。……上主對你的聖念超越一切偶像之上。世界
的恐怖動盪與人間的生死大夢，以及你千奇百怪的
恐懼心態，絲毫影響不了上主對你的聖念，祂對你
的心意永恆不渝。（T-30.III.6:1~2,4;10:1~2）

請見圖表五，「永恆中的一瞬」或「永恆直線上的小小
陷坑」的意象非常實用。尤其當我們為著或大或小的事情而
心煩意亂時，這個意象會讓我們更容易釋懷。《課程》並非
要我們忽視或否認自己的感受，而是告訴我們還有另一種看
待事物的方式。我們已經明白，《課程》的目標不是把我們
從噩夢中突然喚醒，而是教我們先把噩夢轉為幸福美夢。

**但它卻會因你一個不寬恕的念頭或行為、一個判斷與罪的信
念而還魂，在時空世界裡顯得栩栩如生。**（T-26.V.5:5）

任何時候，我們只要覺得有理由不寬恕，等於在向那犯
下錯誤的遠古一刻招魂，然而，錯誤其實早已修正過來了。
表面上看來，我們的煩惱好像是別人此時此刻某些行為招惹
的，然而，這其實是我們「此時此刻」所作選擇的結果，表
示我們存心要把代表分裂假相的「遠古一刻」繼續弄假成真
下去。換句話說，我們又讓當初背叛自己以及造物主的那個

原始判斷還魂了。

只因你存心把那遠古記憶固守在眼前。執意活在記憶裡的人，不可能了知自己的真實處境的。（T-26.V.5:6~7）

寬恕是將人由時間解脫的無上法門。它是幫你認出「過去已經結束」的關鍵。瘋狂從此噤聲不語。人間沒有其他的老師，也沒有其他的路可走。凡已化解的，就已不復存在。誰會站在遙遠的彼岸，夢想自己越過千山萬水，造訪那一逝不返的時空？這種夢豈能對他的真實處境造成障礙？他的真相乃是一個事實，不會因他作的夢而改變。但他卻能繼續幻想自己活在另一時空裡，甚至欺騙自己這一切都是真的，使幻想轉為信念，最後陷入瘋狂，且還認定這是自己的選擇，也是自己的宿命。（T-26.V.6）

這對他安「心」立命之境又有何妨礙？此時此地，他還可能把迴響在他耳中的過去種種當真嗎？（T-26.V.7:1~2）

　　海倫曾經收到的一個訊息，為她解釋了上述的觀念。它說，我們陷入了昏睡，夢見自己越過千山萬水，落難於極其遙遠的他鄉。從此，我們相信那才是我們真正的家鄉，就像我們前面引用《課程》那句話：「你（我們）正安居於上主的家園，只是在作一個放逐之夢而已。」（T-10.I.2:1）我們其實一直活在天堂，只不過夢見自己流落到遙遠的彼岸，忘記了自己真正的家鄉。我們即將討論的「當下的記憶」一節

也使用了「遙遠彼岸」的比喻。

　　我們夢見自己流落到遙遠彼岸的這些經歷，絲毫影響不了我們仍在此岸的真相，即我們「正安居於上主的家園」，卻作著一個被放逐的噩夢。儘管我們認為自己活在這微不足道的時空世界，我們仍與上主安居於永恆之境，這一真相絲毫不受影響。我們相信發生於過去、此刻仍在持續、將來還會繼續的種種事件，對超越夢境之上的那個境界毫無影響，因而也不會帶來任何後果。「過去的陰魂」，也就是個人的一生經歷，影響不了我們的真實身分，它最多只是展現出我們某種特殊性而已。

他所發明的時空幻相，對他真正所在之境又可能造成什麼影響？（T-26.V.7:3）

凡是你不曾寬恕的，都會由已逝的過去頻頻呼喚你。你之所以把它當真，純粹是因為你存心將已經過去的事就地還魂，試圖取代真正存在於此時此地的真相。（T-26.V.8:1~2）

　　〈正文〉中「遺忘的歌曲」那一節（T-21.I）寫得極其動人，它說，我們聽到一首遠古的旋律，憶起了自己真正的家園。儘管我們夢見自己流落他鄉，耳邊終日縈繞著一首異樣的歌曲──小我刺耳的叫囂，但所有這些幻相改變不了我們「此時此地」與上主安居家鄉的真相。容我再說一次，我們的處境好像坐在螢幕前看電視，認為自己正在觀看真人真

事，而忘了我們其實只是在心中回首往事。因此，「此時此地」代表了我們心中體驗到上主之愛的神聖一刻；「此時此地」，我們活在其中的時空世界仍屬於幻相，是我們把那分裂的妄念投射成這個時空世界的。

已逝的過去怎能阻擋得了真理的重現？難道你真想繼續死守那可怕的一刻，不惜讓天堂消失於眼前，任上主變得可怕無比，甚至成為你怨恨的對象？（T-26.V.8:3~4）

　　從這裡一直到這一節結束，耶穌為我們娓娓講述那遠古的一瞬。就在那一瞬間，我們相信自己攻擊了上主，與祂分裂了，隨後開始害怕上主會回頭報復我們。這可怕的一瞬包藏著我們的罪、咎、懼，衍生出日後所有的經歷。每一個恐懼和怨恨的念頭都源自於此，而所有的寬恕與療癒之念也發端於這一刻。

　　問：圖表三的觀者與負責在某一世為我們選擇人生課題的主體有什麼關係？根據〈正文〉的說法，負責選擇的這一部分顯然既不屬於正見，也不屬於妄見。

　　肯恩：圖表三「分裂妄心」裡的觀者或抉擇者並不是坐在這兒發問的你，它不存在於時間領域內，也不在天堂裡，它不是基督，但它也不屬於那早已錄好的電視劇情的一部分。請記住，心靈不在身體裡。換言之，我們在世間忙著選擇住所、工作，決定攻擊或寬恕時，只不過像個電視觀眾在

選擇播放某個影集而已。

問：也就是說，雖然我意識不到這個觀者，但它爲我選擇了此時此地的處境。對嗎？

肯恩：是的。這就好比你的抉擇者選擇了某一影集，你在那部影集中披掛著這具與眾不同的身體和人格特質，活在二十世紀，但你的抉擇者的另一部分心靈也可能選擇去看過去或未來的某一世。

問：那麼，我在這一世爲自己所作的種種選擇，它們又代表什麼呢？

肯恩：你必須明白，你此刻所作的選擇，並非眞正的選擇。世間所謂的選擇其實只是換一部影集去看而已，它僅僅反映出我們的心靈在超時空之境所作的某個選擇而已。這些觀念之所以這麼費解，就是因爲它完全超乎我們的經驗。正因如此，《奇蹟課程》才針對我們自認爲的「自己」，也就是在世界中作出各種選擇的某一「身體／個性的組合體」而施教的。前面提過巴西利德斯所講那個耶穌在十字架旁的樹上開懷大笑的故事，耶穌知道自己不是釘在十字架上那具身體，他知道人們眼睛所見的只是夢中景象。耶穌這種覺悟（或說眞知），便是《奇蹟課程》所謂的「復活」。

問：那麼，是否可以說，觀者是指已療癒的心靈？

肯恩：不，不，絕對不是。如果觀者的心靈已然療癒，正見修正了妄見，或者說聖靈的影集修正了小我的影集，那時，它就無需觀看或選擇任何東西了。從此，我們跨入了真實世界，再也看不到其他影集了。再套用電視機的比喻，坐在螢幕前的我們有兩個選擇，我們可以選擇聆聽小我，經歷圖表二虛線上方的一切，即形形色色受害或迫害的劇本；或者，我們也可以選擇修正小我的劇本，即圖表二虛線下方的聖靈劇本。

總之，觀者既不屬於正見，也不屬於妄見，它只負責選擇自己究竟願與正見（聖靈）認同，或與妄見（小我）認同。因此，需要療癒的，只是觀者所作的錯誤選擇，需要修正的也只是它自己最初對小我分裂的思想體系之認同。

問：當我們觀看自己製作的電影時，能不能重新編導一下，改變我們不喜歡的情節？

肯恩：我們編不出新情節的，因為一切都已經發生了，你改變不了劇本，但你可以選擇重溫哪一段。說得更簡單一點，你只能選擇以寬恕或者怨憤的心態重溫某個夢境。圖表三右側萬花筒中的那個「你」並沒有選擇的餘地，只有左側

心靈內的觀者才有選擇的能力。因此，「改變你不喜歡的情節」這一說法其實表示你選擇了另一部電影，而它在最初的那一刻也已經上演過了。

「小小的障礙」這一節一開始就說，自始至終，我們只有兩種選擇；然而，從世界的觀點來看，我們的選擇卻俯拾皆是，這就是我們愈陷愈深，且難以自拔的原因。事實上，真正的選擇只可能出自另一截然不同的層次。《奇蹟課程》的不二法門「化解小我」，遲早會幫我們豁然醒悟，這一切全是一場夢，娑婆世界距離這個覺悟還遠著呢！為此，這部課程才會來到人間。

人們閱讀這部課程時，常以為「反正世界全是幻相，我做啥都沒關係」，因而掉進逃避世界的陷阱，這根本就誤解了《奇蹟課程》的宗旨。儘管《課程》說世界是幻相，人間的喜怒哀樂都是舊戲重演，但我們在世間所作的任何選擇絕非無關緊要，因為它反映出心靈裡那個觀者的抉擇──這些抉擇若非把我們從眼前的困境解脫出來，就是使我們在幻相世界愈陷愈深。

我曾說過，《奇蹟課程》雖非耶穌的終極教誨，但它完全契合當今世界的需求。它顧及我們的理解水平，又能逐漸深化我們的領悟，它的作用遠遠超越這部課程的訊息本身。我們知道，正因為世界深受小我的控制，《課程》才會集中

火力,針對小我層次開講。世界一旦學會了這部課程,我們就不需要它了,但這可能需要好幾個世紀才能完成。那時,耶穌可能會給我們一個「更高」的信息,而無需再針對小我的思想體系痛下針砭了。人們若把《課程》當作《聖經》看待,把它視為耶穌的最終啟示,那就大錯特錯了。

如果我們把視角從「凡事都有先後次序」的線性觀點切換到全像的視角,我們就可說,這「更高」信息其實一直都在那兒,每個人隨時都能接聽。因為聖靈之愛在我們心中始終圓滿如初,隨著恐懼與罪咎的紗幔逐層剝落,祂的聲音在我們心中也會愈來愈清晰。《聖經》的一句名言「有耳可聽的,就應當聽」(馬太福音 11:15)正是此意,遺憾的是,當前的世界尚未準備好聆聽更高層次的真理。

現在回到〈正文〉所強調的重點:我們在小我的指使下所做的任何事情,只是重新憶起遠古那唯一錯誤而已,也就是我們相信自己攻擊了上主,深信祂一定會反身報復的記憶。

把那段恐怖的時間拋諸腦後吧!它早已修正,也被化解了。罪豈能跟上主的旨意抗衡?你豈有這等本事把過去的事拉回眼前?你無法回到過去的。(T-26.V.9:1~4)

然而,我們卻想盡辦法「回到過去」。〈練習手冊〉第一百八十二課「我願安靜片刻,回歸家園」一針見血地指

出，我們徒勞地在世間尋找自己失落的家園，卻不遺餘力地抵制此刻就在我們心中的真正家園：

> 今天這番話是為所有遠離家鄉而在世間流浪的人而說的。他漫無目的地尋尋覓覓，想在黑暗中找出他不可能找到的東西，他甚至不清楚自己在找什麼。他造過千百個家，沒有一個安撫得下他動盪忐忑的心。他不了解，不論他建造什麼，最後都是白忙一場。他真正在找的家，不是他所造得出來的。沒有任何東西取代得了天堂。他自己營造的一切，結果都成了地獄。

> 你也許會認為，你遲早會尋回你兒時家園的。那曾經庇護過你童年身軀的家，如今只剩下一個失真的記憶；過去那一切其實不曾發生過。然而，你內卻有一個神聖小孩，正在尋找天父的家園，這小孩知道自己在此是個異鄉人。這一童年是永恆的，它永遠不可能失落自己的純真本質。這個神聖小孩所要去的地方，是個聖地。祂的神聖本質照亮了整個天堂，它純淨無染的天光又反射回人間，人間與天堂就這樣在它內合而為一了。（W-182.3~4）

「回不了家」這個主題使我們想起托馬斯‧伍爾夫（Thomas Wolfe）的著名小說《你再也回不了家》（*You*

Can't Go Home Again）。我們再也回不去的是小我的家。我們認為自己可以回去，其實我們在那裡只待過莫須有的一刻，而且那個錯誤的旅程已經被修正了。我們在世間的一切所作所為，無非是在腦海裡重溫小我各種層次的劇本，重申小我的根本信念：我「不是」上主所創造的我。難怪我們一直相信自己活在天堂之外。

凡是有意引你回到過去的，等於指派給你一個不可能真正完成的任務。那至愛的天父為你保全的正義便如此降臨於你。袘保護你不被自己的不公待遇所害。你不可能迷路的，因為除了袘的道路以外，沒有其他路可走；除了去袘那兒，你也別無他處可去。（T-26.V.9:5~8）

上主豈會任憑袘的聖子迷失於連時間的痕跡都已然不存在的路上？（T-26.V.10:1）

　　這兩段引文提醒我們，我們在世間不同的人生經歷，表面上看起來真實無比，其實，我們信以為真的世界，充其量只是一個早已被修正和化解的錯誤罷了。唯有在幻境中，我們的意願才可能與上主的旨意相反。因此，上主對我們的保護，並不像一個法力無邊的英雄武士，保護我們不受邪魔的侵害。毋寧說，上主將自己的生命延伸為我們的生命，即基督自性，那才是我們真正的護身符，確保我們對自己的不公不會產生任何結果，因為那種事根本就不曾發生。在袘之

外，什麼也不存在；除了上主的道路以外，沒有別的道路。因此，上主生命的一部分不可能離開它的源頭而「迷失」的。始終活在觀者心中的聖靈，為我們保存了上主生命的記憶，祂是終極真相的保護神，不「容許」聖子把不真之物弄假成真，或使不可能發生之事發生。

遠古那可怕的一刻已經完全修正過來了，不需要你操心，你也不必重視。安心地忘卻已逝的一切吧！復活已經取代了死亡。你如今進入了復活之境，再也不受死亡的束縛。（T-26. V.10:3~6）

這讓我們想起福音書那句名言：「任憑死人埋葬他們的死人！」（馬太福音 8:22）我們若矚目於不曾發生因而並不存在之事（此即死亡之意），結果只會把錯誤弄假成真，益發難以認出它的虛幻不實，而無法從夢中醒來。我再重申一次，《課程》所謂的「復活」乃是由死亡之夢覺醒，跟身體的復活毫無關係。我們只需在心中認出世界根本是一場夢，而我們只是在此重溫舊夢，如此，就「復活」了。由於聖靈，也就是反映上主聖愛的救贖之念，早已活在我們心中，而我們的存在本身也出自此一念頭，所以我們必定是那救贖或復活念頭的一部分。為此，《課程》說耶穌復活時，我們都跟他一起復活：

祂（聖靈）向你，同時也向他（耶穌）致謝，因為
你在他拯救世界之際，與他攜手並進。（C-6.5:5）

由此可見，復活早已發生於我們心中，此刻，只等著我
們接受這一事實。

過去的幻相再也無法將你困於死亡陰府；上主之子曾在那暗
室裡逗留過剎那光景，又在一瞬之間重歸天父完美的愛。過
去的鎖鏈早已卸除，並且永遠由他心中消逝，他已自由了。
（T-26.V.10:7~8）

上主所創造的聖子，仍如受造之初那般自由。他其實早在選
擇死亡而放棄生命的那一剎那即已重生了。縱使他曾經犯過
錯誤，上主一點也不記得，因此也未曾存在，為此，你能不
寬恕他嗎？（T-26.V.11:1~3）

「死亡陰府」和「暗室」，都是指分裂的信念。就在我
們進入暗室那一刻，上主已帶我們回歸天國。我們仍如上主
創造我們時一樣與祂在一起，這是《奇蹟課程》一再出現的
核心觀念。任何時候，我們開始攻擊他人或自己，不過表示
我們仍死守著「我們攻擊了上主，因而不配得到寬恕」那一
遠古記憶。

順便說一下，切勿把《課程》裡的「重生」（born
again）一詞與基督教基本教義派對該詞的定義混為一談。

正因線性時間並不存在，觀者心中的每一刻都為他提供了由過去的牢籠解脫的機會。真相中沒有過去，也沒有所謂的歷史，無論是個人還是集體的歷史，全都不存在。也因此，每一天，每一刻我們都在小我「你過去確實犯了罪，因而不可饒恕」的謊言，以及聖靈「根本沒有罪這回事，你已被寬恕了」的真理之間作選擇。

如今，你仍在過去與現在之間徘徊。過去有時顯得如現在一般真實。你一聽見過去的呼喚（即小我），就開始懷疑此刻的一切。（T-26.V.11:4~6）

這話聽起來好似精神病學教科書對幻聽病患的描述。的確，《課程》經常把我們比作精神病患，下面幾句說得更露骨。雖然我們並非醫學診斷出來的精神病患，但我們的確神智失常，只因我們如此聽信一個早已消逝的過去之音。很多精神病患確實會聽到過去的聲音，他可能正做著某件事，忽然聽到四五十年前父母、老師或朋友的無情喝斥，那種感覺簡直就是身臨其境而苦不堪言。雖然我們還沒有嚴重到那個地步，但從某一層次來講，我們其實跟他一樣，始終聽到那個遠古的聲音，宣佈我們攻擊上主的罪狀，而且還警告我們，上主一定會以牙還牙，無情反擊的。

問：你是說我們仍會聽到而且還聽信這些聲音，但我們可以質疑它們，因為我們明白還有另外一個「聲音」？

肯恩：是的。耶穌說我們一直在兩種聲音之間徘徊。〈正文〉在前面幾章反覆提醒，我們還沒到徹底神智不清的地步(T-16.VI.8:8; T-17.V.7:9; T-17.VII.10:2)，意思是，縱然我們仍會聽到這些過去的聲音，但我們可以開始質疑它們。然而，我們也不得不承認，過去的聲音有時顯得極其真實可信。

如同精神錯亂的人，不敢確定自己究竟看到了什麼。(T-26. V.11:7)

我在研究所的一位好友多年前突發妄想症，至今仍在住院治療。他的病情非常特殊，因為他通常知道自己陷入幻覺，妄想叢生，卻無力中止，這比不知不覺的妄想症痛苦多了。他明明知道自己是怎麼回事，那些想法有多麼瘋狂，卻無法抽離出來。我們的處境其實與他很相似，唯一不同的是，我們明白那些妄想妄聽純粹出自小我，而我們其實是可以不受它控制的。

〈正文〉用這些話提醒我們，我們隨時可以重新選擇。如今，我們慢慢聽懂《奇蹟課程》在講什麼，也漸漸明白那

些貌似眞實的東西並非眞實。這一關鍵性的了悟終會幫我們
明白萬事萬物未必是它們表面上看起來那樣。從此，我們待
人處世的心態也會隨之改變。比如說，即便我們火冒三丈之
時，心中仍有一部分「清明」，因而也不再像過去那樣氣得
理直氣壯。

**這是兩個世界之間的邊緣地帶，也是過去與現在之間的過渡
區塊。過去的陰影雖揮之不去，但現在的光明已依稀可見。
只要你曾驚鴻一瞥過那光明，你必永誌不忘。它會將你由過
去引入現在，這兒才是你真正安「心」立命的家園。**（T-26.
V.11:8~11）

　　在「兩個世界之間的邊緣地帶」，我們仍然聽得見小我
的聲音，還會以小我的方式待人處世，但我們同時也意識到
心中還有另外一個聲音，也就是聖靈的愛。我們已經準備好
領受它當下此刻的教誨了，不只理念上明白，而且眞正體會
到整個世界都是一場夢。我們只是看著螢幕上的自己如何度
過每一天：早上醒來、穿衣、吃飯、跟人爭吵，心情時而快
樂平靜，時而煩躁不安，每天忙著凡夫俗子的例行公事。我
們一旦體會到世界的虛幻本質，是不可能全然忘卻那種感覺
的。縱然我們日後可能百般否認，但只要一度看破了小我的
陰影世界，就再也不會像以往那樣信任小我了。生命眞相一
旦在我們心中露出曙光，它好似在小我的驚濤駭浪中拋下了
一個定心錨，使我們不致漂流得太遠。倘若用另一個與海有

關的比喻來說，生命真相就像在我們心中閃耀的燈塔，不時召喚我們駛離小我罪咎和恐懼的黑暗之海，回歸聖靈的寬恕與愛。

過去如陰魂一般的聲音，改變不了時間或永恆之律。它來自不復存在的過去，故妨礙不了此時此地的真實之境。在相信時間與死亡不只真實，而且具體切身的幻夢世界裡，真實世界屬於它的第二部分。上主答覆所有的時間與事件需要多少時間，祂也只需這一點時間便否決了時間的存在。從此以往，你再也感受不到時間的存在了。（T-26.V.12）

　　這個核心觀念已經反覆出現好幾次了。我們來看圖表五，那微不足道的剎那對永恆那一條堅實的直線毫無影響；存心干擾永恆之歌的小我雜音，對它也不起任何作用。真實世界仍然屬於幻相世界，但幻相世界的痛苦已無法側身其中——根本不存在的東西豈能帶給人痛苦？虛幻的罪咎無法在真實世界繼續投射下去。總而言之，幻相的第一部分是小我的思想體系，亦即把時間和死亡當真的錯誤信念。第二部分，雖然仍屬於幻相的範疇，卻已化解了「時間和死亡是真實」的信念。這跟《課程》說寬恕是唯一不會孳生更多幻相的幻相，是同樣的道理。正如〈詞彙解析〉所言：

> 因此，寬恕也屬於幻相的領域，只因它以聖靈的目的為目的，故能脫穎而出。寬恕能幫人遠離錯誤，不像其他的幻相反會導致錯誤。（C-3.1:3~4）

　　真實世界仍屬於夢境，我們會感到自己真的活在一個外在的世界裡。這個夢境並非實相，但我們心中只剩下覺醒之念幸福地在那兒蕩漾。它是上主對人生夢境的終極答覆，它早已化解了小我的整個思想體系。《課程》的目標就是把我們帶到這個真實世界，本書下篇還會繼續深入這一觀念。

每一天，每一分鐘，每一瞬間，你不斷重溫那恐怖的時間幻相取代愛的那一剎那。你每天都得這樣死去一回，然後又活過來，直到你穿越過去與現在的間隙為止；那其實稱不上什麼間隙。 （下面幾句好像明顯在說輪迴）**每個生命都是如此，從生到死、死又復生的那段時空幻相，其實都在重演那早已過去而且無法重生的一刻。** （我們卻相信自己可以不斷地重活那一刻）**所有的時間不過是在為你演出這個瘋狂的信念：就這樣，過去的一切依舊存於此時此地。**（T-26.V.13）

　　這段話重申了我們剛才講過的觀念——自己一生的每個經歷，都是在重活那遠古的一刻。順便說一下，上面引言的第一句在《課程》最早的版本中用錯了一個詞，這一句的結尾初版時寫為 terror was replaced by love（愛取代了恐懼），再版時，我們已更正為 terror took the place of love。初版的意思也說得通，只不過沒扣緊這一段想要強調的重點：的確好像有那麼一剎那，恐懼取代了愛，小我取代了天堂，但在同一刻，我們心中的聖靈又以愛取代了恐懼。

　　這一段說的正是先前引用的觀念：每一刻我們都在十字架與復活之間作一選擇（T-14.III.4:1）。「死亡」（dying）一詞在此不是指身體的死亡，而是小我心目中的死亡。也就是說，每一次我們選擇與小我思想體系的任一部分認同，無論是憤怒、內疚、特殊性，還是痛苦，我們等於死了一次，因為我們冥冥中知道，那個選擇等於再次謀殺了上主和基督，我們理應償命。但話說回來，每個剎那，我們也有能力選擇生命，只要我們願意與生命的代言人（聖靈）認同。

寬恕過去，讓它過去吧！因它已經過去了。如此，你便不會陷在兩個世界的夾縫中。你已經越過此境，且抵達那緊貼著天堂大門的世界了。（T-26.V.14:1~3）

　　耶穌說得非常樂觀，我們應牢記，神聖一刻超越了時空之境，那「終極答覆」早已存在於我們心內，為此，我們確實「緊貼著天堂大門了」。雖然我們未必體驗到這一點，但耶穌提醒我們，我們內心還有另一部影集等著我們去選擇，只要選擇了它，我們就已貼近天堂之門了。這個旅程其實早已走完了。

　　問：上述說法跟「每個心靈接受『天父與聖子是一個生命』這一啟示的時間已經註定了」如何銜接？

　　肯恩：我們其實已經領悟自己從未分裂過而且也覺醒

了，我們此刻只需選擇這個影集，重溫這一經歷就夠了。但觀者何時想要播放這一影集，完全操之於他自己。

問：如果覺醒的時辰已經設定，我也選擇了接受「天父與聖子是一個生命」這一啓示的時刻，那麼，我們這一生的靈修旅程還有何意義？

肯恩：靈修的目的不過是給我們一個機會，在腦海裡重溫一遍那已完成的境界，也就是體驗一下「正見之境」的全貌。這就是靈修的眞正意義。這條路看起來好像是直線式的旅程，但《課程》的途徑不僅訓練我們如何鬆開妄見的按鈕，選擇正見，它還不斷提醒我們，根本沒有「靈修之旅」這一回事，因爲我們並非眞的活在世間。我們在靈修道上的種種經驗，無非反映了觀者在心靈層次所作的一個決定而已。

我在第一章曾提過生理心理學家唐納德‧海布的理論，他認爲學習必須透過大腦中神經突觸的連接，同一行爲重複的次數愈多，大腦中與之相應的紋路就會愈深。如果你一再重複某個動作，比如繫鞋帶，漸漸地就會熟而生巧，形成一套習慣。壞習慣也是這樣養成的，比如一次又一次地繫錯鞋帶，不斷的重複，會使海布所說的「細胞結集」在大腦中生根，一旦定型，就很難打破這一習慣了。這一比擬深具意義，如果我們不斷選擇攻擊與分裂，它就會成爲我們眼前

的「現實」，那麼，我們放在妄見按鈕上的手就會愈來愈有力，愈來愈僵硬，也就愈來愈難鬆開妄見的按鈕了。所以，我們需要培養一些經驗，幫助我們打破總是按著妄見按鈕的習慣，加強我們對正見的選擇，隨之，我們愈來愈習慣重播寬恕與合一的影集，不再選擇分裂的影集。

問：這是否意味著，我內心有一部分最終會在某一特定時空作出全面接納「啟示」的選擇？我一旦選擇了寬恕，所有前世來生的時空經歷都會化為烏有，最後，只剩下我接納「啟示」的那一刻？

肯恩：是的，正是此意。奇蹟之路是操練寬恕的道路，它只是解除我們從前所學的一切，化解我們教給自己的一套觀念與經驗。過去的經驗已在我們腦中深深刻下分裂、焦慮、內疚和憤怒的溝痕。因此，我們需要改變這些習慣，不斷學習選擇較好的影集，多看幸福之夢的影集，多一點寬恕，少一點攻擊。

上主的旨意在此暢行無阻，你再也不必重複那已結束的旅程。（T-26.V.14:4）

我們常認為自己必須重複經歷那個旅程，其實並非如此。這正是《奇蹟課程》在「我什麼都不需要做」（T-18.VII）一節中所要傳達的觀念。因為救恩並不要求你修

出什麼功夫，你只需接受它就夠了。這也是《課程》所謂的「寬恕不是『做』什麼（doing），而是『不做』什麼（undoing）」。這讓我們頓時想起〈正文〉那句話：「那是當下即至的旅程，目標永遠不變。」（T-8.VI.9:7）

溫柔地望著你的弟兄，看吧！你怨恨之眼所見的世界終於轉化為愛的世界了。（T-26.V.14:5）

《課程》常會在精闢的解說之後，突然對我們說些溫暖而鼓舞的話，這一小段引文即是一個最好的例子。它與「邁向平安的障礙」一節的模式相近，那一節討論最後一個天人之間的障礙時，突然要我們寬恕一個特殊之愛或恨的對象（T-19.IV.四.8~21）。上面這句話也是如此，它要我們溫柔地看著有待寬恕的那個人，如此，才能療癒不斷在我們生命中反覆上演的恐怖一刻。本課程的實用性在此展露無遺：我們不需要去鑽奇蹟形上學的牛角尖，或設法了解時間的虛幻本質，我們真正該做的只是寬恕。在寬恕的一刻，我們的世界由恨轉為愛，一躍而成了人間最神聖的地方（T-26.IX.6:1）。只要我們徹底寬恕一個人，整個聖子奧體都獲得了療癒。這也是「你在他（耶穌）拯救世界之際，與他攜手並進」（C-6.5:5）這句話的意思。既然心靈是一體不分的，聖子奧體任何一部分只要生出一個療癒之念，便足以療癒整個奧體的生命。〈練習手冊〉說得好：「當我痊癒時，我不是獨自痊癒的。」（W-137）

第四章　「當下的記憶」

　　「當下的記憶」是〈正文〉第二十八章的第一節，它上承二十七章的最後兩節「作夢之人」和「夢中『英雄』」，下啓「顛倒因果」的一節。前後四節環環相扣，架構起《奇蹟課程》自成一家的因果論，揭示了小我如何顛倒因果，把本是「因」的夢者之心轉成了「果」，把實爲「果」的世界之夢轉爲「因」。爲此，本書中篇所強調的「奇蹟的功能」，就是反其道而行之，「把緣起作用由『果』收回，交還給『因』」（T-28.II.9:3）。要做到這一點，我們必須體認出事實眞相不在外面的世界，一切都發生在心靈內。鑒於「因果關係」在這一節的重要性，我還是再簡述一下《奇蹟課程》的形上觀念。〔原註〕

　　「因」（上主／造物主／天父）與「果」（基督／受造物／聖子）在天堂裡原是一體不分的，就像〈正文〉所說

〔原註〕若想深入理解這一因果原則，請聽我的演講錄音Cause and Effect，或參閱《寬恕與耶穌》一書第66~77頁。

「天堂中找不到天父的盡頭以及聖子獨立出去的那一點」。
儘管造物主與受造物，天父與聖子之間有因果之別，但天堂
中沒有二元意識作此分別，分裂的妄心與大腦的知見絲毫影
響不了上主與基督不可分割的一體生命。

　　在分裂好似發生的那一剎那，「果」好像與「因」一刀
兩斷，身為「果」的上主之子也好像由他的「存在之因」
（也就是上主的生命）獨立出去了。這一幻相拉開了小我
的死亡、罪、咎和懲罰之夢的序幕。而聖靈所給的「救贖原
則」就是為了解除這一夢境，告訴我們因與果是不可能分開
的，上主的一部分永遠不可能與上主分開，因此，分裂不可
能發生，也從未發生過。當然，我們一旦認同了小我的思想
體系，不可能不相信分裂的確發生了，小我為了維護自身虛
幻的存在，打造了一個三千大千世界，於是，瞞天過海的密
謀就這樣得逞了。

　　小我瞞天過海的密謀不外乎告訴聖子：「你擅自離棄了
上主，犯下了十惡不赦的大罪，你不只應該愧疚，還會遭到
天父的嚴厲懲罰！」就這樣，小我先把罪與咎弄假成真，接
著又說服聖子，如何築起防禦工事，抵擋那遲早臨頭的天
譴。小我的防禦工事，就是把分裂之念從心內投射出去，形
成一個分裂的物質世界（宇宙於焉誕生），聖子相信自己一
旦藏身於此，上主就別想找到他了：

世界是爲了攻擊上主而形成的。它是恐懼的象徵。
恐懼是什麼？不過是愛所缺席之處。爲此，世界成
了上主無法插足之地，聖子在此是可能與上主分庭
抗禮的。（W-PII.三.2:1~4）

最後，爲使聖子萬劫不復，聖子必須忘記世界是他自己
打造出來的，經此一忘，世界立即從聖子的心靈獨立出去，
既客觀又眞實地立於身外。小我「妄造」的詭計就此被「遺
忘」，被巧妙地壓抑下去，聖子從此感到外在世界（包括他
自己的身體）成了他的痛苦之源，卻無論如何也不願憶起那
令他痛苦的罪咎才是世界眞正的起源。

簡而言之，分裂的心靈是一切之因，物質世界乃是它的
果。無論天上或人間，因與果始終一體不分，投射出分裂世
界的那個念頭，從未離開過它分裂妄心的這個源頭；內在的
念頭與外在的顯相根本是一物的兩面，觀者和所觀之物也是
同一回事。小我卻瞞天過海，製造另一種因果律，它先把果
剝離因，把世界從心靈抽離出去，接著又顛倒了它們的因
果，從此，世界似乎成了我們內在痛苦的源頭。

唯有奇蹟才能撥亂反正，恢復原有的因果關係。它幫我
們看到，我們的痛苦絕非外在的事物所致，而是內心所作的
一個決定造成的；我們的心靈才是身體之痛的「因」，而我
們的痛苦乃是自己錯誤選擇的必然之「果」。

以此類推，無果之因不能算因，無因之果也稱不上果。上文已經詳述線性時間的虛幻性，由之，因與果同時並存即是不言自明的道理。由於因與果同生共存，不可分割，一個若存在，另一個必也存在；反之，其中之一若不存在，另一個也不可能存在。罪所衍生的後果絕不限於這一具身體，還有隨身體而來的痛苦和死亡的經驗。

進而言之，你若相信因（也就是罪）的存在，自然會相信它的果，而認為身體真實無比，能讓你痛苦或快樂；相信果的人，必然也相信造成它的因。因此，如果我們能夠憶起自己的真相（即基督），就不會把身體的因（也就是罪）當真，便可撤銷身體引發的喜怒哀樂。同理，倘若我們不把果（身體的痛苦或快感）當真，自然能化解我們對這個因（分裂之罪）的信念。

「當下的記憶」一節再次提醒我們，時間不是線性的，眼前的事情並非發生於此刻，也不會等到未來才發生。只要我們明白時間不是線性的，而是全像的，我們就能了解「一切事情都發生過了」這個核心觀念。「當下的記憶」代表聖靈使用記憶的方法，要我們此時此刻，在聖靈的幫助下，憶起自己從未離開天父的家這一事實。小我利用記憶的手法恰恰相反，它借記憶勾出過去的罪，強化我們的咎，激起我們對未來的恐懼。聖靈則利用我們的記憶，化解我們對過去的

信念，恢復心中的遠古記憶，就是上述那首「遺忘的歌曲」
（T-21.I）要我們憶起「我們從未離開過上主」這一眞相。
現在，我們一起來看「當下的記憶」這一節。

奇蹟本身一無所作，它只有化解的功能，旨在消除過去一切
妄作對你造成的干擾。它不增添任何東西，只有解除的作
用。而它所解除之物，其實早已不存在，唯有在你的記憶
中，好似仍然操控著你。這個世界早已過去了。構成這個世
界的念頭，雖一度被心靈想過，也珍惜過，如今已不復存於
心中。奇蹟不過讓你看到，過去的終於過去了；既然已經過
去，對你便無任何作用。即使你念念不忘那一起因，最多也
只能賦予它一個存在的幻相，對你依舊產生不了任何影響。
（T-28.I.1）

　　《奇蹟課程》再三強調，奇蹟（或稱救贖、寬恕、救
恩）並沒有做什麼，因爲我們不需要彌補什麼。它只不過修
正或化解了小我自認爲「我有問題，我罪孽深重，我的身
體和世界都需要保護，我需要有人把我從苦難中拯救出來」
的信念。小我須臾不敢忘卻自己已與上主分裂的遠古記憶，
就是那個分裂信念衍生出這個人影幢幢、充斥著痛苦和死亡
的幻相世界。生活中，只要我們感受到一點痛苦，或指責別
人傷害我們，我們等於在重活那遠古的一刻，高聲宣佈：
「瞧瞧我活得多苦，我冒犯了上主，果然天網恢恢，因果不
爽！」小我接著告訴我們，我們在世間所受的苦，無疑就是

上主對我們忤逆祂的懲罰，儘管這感覺都壓在潛意識下。

「而它所解除之物，其實早已不存在」，是指奇蹟切斷了小我的因果鏈。它教我們明白，原來我們信以為真的恐怖後果並不是真的；既然它不是真的，也不是必然的結果，那麼，它的因也就站不住腳了；而無因之物是不可能存在的。聖靈藉此原則教我們明白罪的虛幻不實，它從未真正發生過。我們一再強調，想要真心學習奇蹟的人不能不明白「世界徹頭徹尾只是一個幻相」。如果我們認為世界和身體是真實的，等於在說自己的罪受到了報應；如果我們相信身體是永恆的，認為它活過、死過，還會復活，等於重申了身體的真實性，表示那個罪確實產生了後果，而且真實無比。

《奇蹟課程》教導我們，世界既然是幻相，身體肯定也不是真的。它們之所以虛幻不實，是因為它們源自「我們冒犯了上主」這個虛妄的信念。「構成這個世界的念頭，雖一度被心靈想過，也珍惜過，如今已不復存於心中」，是指聖靈早已化解了投射出世界的虛幻妄念，那些錯誤早已修正過來了。

罪咎引發的一切後遺症也不復存在，因罪咎本身已經過去了。肇因一除，遺害自然隨之化解。（T-28.I.2:1~3）

這幾句引文再次重申上述的觀念：罪咎已不復存在，因為罪早已被化解了。罪咎之源頭，即分裂之妄心，在它出

現的那一刻就已化解，故不會引發任何後遺症。同理，罪咎引發的世界，還有它的難兄難弟，痛苦和死亡，也一併消失了。縱然如此，我們仍執意坐在螢幕前，播放那遠古的一幕，好像正發生在眼前，那些罪與咎如此真實不虛，為我們留下了種種不堪承受的後遺症。

你對它的後果避之猶恐不及，為什麼却對它的起因念念不忘？（T-28.I.2:4）

　　這句話十分符合心理學和心理治療的觀點。如果我們此刻還緊抓著過去，過去的經歷自然具有左右我們的能力。比如說，如果我念念不忘父母虐待過我，沒有愛過我，我就會把成年後的痛苦歸咎於小時候所受的虐待。我會理直氣壯地指責他們：「看我現在有多慘，都是你們害的，都怪小時候你們對我不好！」這種心態在小我的虛幻世界特別顯得天經地義，還會得到許多「性格心理學家」的認可。事實上，我此刻寧願緊抓著痛苦的記憶不放，才是我痛不欲生的真正原因。如果我當下改變了心態，不管我的父母有沒有做過那些事，都影響不了我當前的生活。我之所以抓著那些痛苦記憶不放，無異於表明此刻的我既想承受這一苦楚，又想推卸責任，否認痛苦是我自己的選擇，於是，我把責任推給過去的相關人物，為自己掛上一副「純潔無罪的面容」（T-31.V.2:6）。

　　這一原則也可套用在更大的生命藍圖上。我們相信自己所受的苦是人類冒犯神明必受的報應，因而片刻不敢忘記過去那件事，感覺它好似就發生在眼前。說穿了，那仍是因為我們「現在」選擇緊抓著那個記憶不放，由是，這一選擇導致的種種痛苦，便成了維繫小我存活的養料。我們的抉擇者寧可聆聽小我的聲音，播放小我的影集，重溫那些分裂、痛苦、磨難、焦慮、內疚、沮喪、疾病和死亡的劇情。我們這麼做的目的，只是為了重活分裂似曾發生的那一刻，渾然不覺眼前這番經歷並非問題之所在。真正的問題在抉擇者身上，是它選擇把那遠古一刻當真的，其實那一刻早已不復存在，我們只是用它來抵制當下真正存在的「神聖一刻」而已。正如〈正文〉所言：

> 世界似乎未經你同意或邀請就把一切強加於你，你始終想不透原因何在。但你十分肯定，在那些使你痛不欲生的各種原因當中，你從不把自己的罪咎計算在內。（T-27.VII.7:3~4）

記憶是知見的過去式，兩者都具有選擇性質。它雖屬於過去的知見，卻好似發生在當下且歷歷在目。（T-28.I.2:5~6）

　　你的所知所見出於你的選擇，這是《課程》不斷重複的觀念。〈正文〉第二十五章第三節「知見與抉擇」告訴我們，我們眼前出現什麼，乃是因為我們想要看到什麼；心

裡想看到什麼，外境就會顯現什麼。換言之，我們之所以看到某物，不是因爲它眞的存在，而是因爲我們想看到它。記憶的運作方式也是如此，它與知見的唯一區別來自我們的經驗，我「感到」所知所見之物發生於眼前，比如說，我此刻看到你正在做這事，而如果我「想起」你昨天做的某件事，顯然那已過去了，但對分裂的妄心而言，過去和現在都是同一個幻相，只是形式有所不同而已。

問：你怎麼看一個人做了缺乏愛心之事，事後悔恨不已，有人稱之爲「有益的罪惡感」，如果你想爲自己所做的事做些補償，那不也是緊抓著過去不放嗎？

肯恩：是的，這正是爲過去贖罪的一個例子，那麼做，確實把過去的事變得更眞了。

問：所以，眞正的療癒並不要求我們做任何補償，我們只需認出自己犯了錯，請聖靈修正我們的知見，就可以把此事拋諸腦後；相信只要我們自己放得下，那個「錯誤」就會獲得療癒？

肯恩：說得很對。即使我們感到聖靈好似要我們找對方談一談，這一交談也必須建立在「修正的知見」上；知見一經修正，你的心態才會轉變，這是療癒的必要條件。但我們大多因爲內疚而想做些什麼來補償對方，或者與對方一起否

認心中的罪惡感，裝作沒事似地繼續混在一起，結果反倒把過去的咎壓得更深了。不論小我補償或壓抑，這兩種反應都在幫小我「把過去當真」。

記憶和知見一樣，都是你後天學來的本事，企圖取代上主創造你時所賜的能力。但記憶與你所造出的其他東西一樣，隨時可以轉變用途，為另一目的（聖靈的）服務。只要你願意，便能讓它發揮療癒之效，而非成為害人的工具。（T-28. I.2:7~9）

我們之所以打造出「記憶」這個玩意兒，只因它肯定了過去和現在的線性時間，才能用時間取代永恆的當下，當下是人間最接近實相的境界。不過，儘管小我造出時間是為了打擊實相，聖靈仍能善用時間助我們一臂之力。《奇蹟課程》開導我們：

> 身體不是愛的產物。然而，愛不會詛咒身體，反而
> 慈愛地善用它，一邊尊重上主之子所造的身體，
> 一邊借用身體把他由種種幻相拯救出來。（T-18.
> VI.4:7~8）

這一段道出了《課程》的一個重要觀念，也是我們用「聖靈的影集」或「修正方案的全像圖」作為比喻的原因。我們為了分裂或攻擊而造出的東西，一到聖靈的手中，便成

了合一和療癒的工具。

問：這個觀念怎麼套用於童年的受虐記憶？正念之心會怎樣利用記憶？

肯恩：《課程》多次提到一個方法，就是想想那個人為你做過的正面事情，而不要只盯在負面的記憶上。〈正文〉有這樣一段話：

> 你是否也能始終如一地肯定他們的努力而忽視他們
> 的錯誤？或者，你的感激之情常因你眼中所見的錯
> 誤而搖擺不定，黯然無光？（T-17.V.11:7~8）

請注意，這只是一個起步。它等於說：「我的父母並非完全一無是處。」這一步並不能給人徹底的療癒，但當我們陷入負面記憶時，試著去看父母也做過一些好事，確實有所幫助。心理治療常用這個方法讓案主意識到自己已經陷入負面的記憶，其實，過去還是發生過一些好事的。這一步有助於案主慢慢改變自己對過去的心態。

更進一步的方法則是，每當你「憶起」過去的傷痛時，試著給它們一個不同的詮釋，比如說：「我父母這麼做，跟我一樣，都是在『求助』。」這小小的幾步會逐漸把我們帶向最高的境界，即上主的記憶，這也是「當下的記憶」這一節的主旨所在。

有一點需要提醒一下，在處理受虐童年的創傷時，人們總想跳過那些必經的過程，不去面對自己的特定功課，包括喚醒受虐的記憶，允許自己感受那些傷痛、羞辱和憤怒。不過，唯有充分面對那些歷程，案主才可能真正轉變心態，寬恕虐待過他的人。〈練習手冊〉有一課提到「上主的最後一步」時這樣說：

上主會親自踏出最後的一步。勿再拒絕祂要求你的
這一小步了。（W-193.13:6~7）

人們往往壓抑自己一直信以為真的痛苦記憶，自以為走過了寬恕的靈性旅程，釋放了那些記憶。其實，他們只是為痛苦加上了一層靈性封罩，像鴕鳥一樣，以為把頭鑽入土中，自己看不見（或感覺不到）危險，就會平安無事。《課程》的筆錄者海倫・舒曼，有天早上醒來時，聽見自己說：「切莫低估了壓抑的能耐！」應付這類童年受虐的痛苦記憶，最好的方法就是提醒自己，若非需要學習寬恕迫害者（成人）的課程，自己（小孩）就不會選擇播放這類影片了。一個人若真正需要學習這類人生課題，他必須先有心理準備，凡是痛苦的經驗一定會勾出痛苦的記憶，因而寬恕的過程一定也非常痛苦。在夢境世界中，這樣的過程必然需要一段時間。如果「放下」得太快，很有可能他並未真正釋出根深柢固的罪咎和憤怒，只是把它們壓抑下去而已。要知道，被壓抑的痛苦必會改頭換面，以其他形式發洩出來。

《課程》就是這樣描述罪的：

> 至於罪，則會一再重演，即使令人飽受痛苦，罪的
> 魅力始終不減。你一旦把罪「降格」為一種錯誤，
> 就不會舊戲重演了，你會當下打住，放棄那老戲
> 碼，除非罪咎依然在你心裡作祟。果真如此，你就
> 會設法改換罪的外形；即使承認那是一個錯誤，你
> 也無意修正過來。這表示你對罪的看法並未真正改
> 變；因為只有罪才會要求懲罰，錯誤則不致如此。
> （T-19.III.3:3~7）

為療癒服務的工具，不會逞一己之能。（T-28.I.3:1）

換句話說，正念中的我們什麼也不作，因為無需作任何
事；奇蹟什麼也沒作，它只是化解，這一節一開始就闡明了
這一點。任何時候，只要我們發現自己一反常態，過於投入
某件事，就知道小我又開始作祟了。第一百五十五課要我們
「退讓下來，讓祂指引前程」，就是《課程》所說的「解除
那些障礙」，好讓聖靈的愛和療癒得以透過我們延伸出去。
而療癒只可能在正念中發生；愛始終如如不動，一無所作。

**它只是幫你認清你其實無欲亦無求，更沒有什麼大事等待你
完成。**（T-28.I.3:2）

如果我感到自己有某種需求，我就不可能不做什麼，然
而奇蹟（或療癒）的前提正是「你什麼也無需作」。這當然

不是指我們的身體在世間什麼也不作爲，而是要認清一切都
是聖靈的愛透過我們而「作」出來的。也因此，我們只有一
個需要，就是憶起自己一無所需。針對這一點，《課程》說
得很清楚：

> 但只有祈求寬恕才算是有意義的祈禱，因爲已受寬
> 恕的人擁有一切。……祈求寬恕，不過是祈求認清
> 自己早已擁有的一切。（T-3.V.6:3,5）

說得更明白一點，奇蹟只是化解了錯誤的信念體系；妄
念一除，我們就會憶起自己只有一個需求，就是上主的愛。

**它屬於「非選擇性」的記憶，故沒有人可以妄用它來阻撓真
相。**（T-28.I.3:3）

保留過去的記憶並無妨，只要我不再妄自評判：「這件
事好，那件事壞，這是好人，那是壞人。」就像〈練習手
冊〉第四課要我們把「我的念頭不具任何意義」套用在當天
生起的所有念頭：

> 你一覺察到某個不悅的念頭，便可就地取材，加以
> 運用。但也不要只選擇你認爲「壞」的念頭。你若
> 訓練自己正視自己的念頭，便不難發現它們全都善
> 惡夾雜，很難斷定孰「好」孰「壞」。也正因如
> 此，它們才不具任何意義。……它們之中沒有一個

能代表你真正的念頭，你的真念頭都被它們掩蓋住
了。「好」念頭至多只能算是那更殊勝之境的一道
陰影而已，而陰影會模糊人的視線。「壞」念頭則
會擋住視線，讓人根本視而不見。兩者均非你之所
願。（W-4.1:4~7; 2:3~6）

總之，我不再評判自己想起的事情，而且明白它們是我
「自己」想要重溫的人生功課，唯有透過這一經驗，我才可
能完成此生最後的一課，也就是「接納救贖」。

**聖靈擁有療癒所需的一切工具，它們不受你原先造出那工具
時所賦予的內涵及目的所限。這些工具尚未發揮應有的功
能，正等著一展身手的機會。它們本身並沒有固定的效忠目
標和對象。**（T-28.I.3:4~7）

這一段回到了我們的二元世界，在這裡，聖靈所需的工
具都是眼前發生的事，尤其是最令你心痛的親密關係。你可
以把它交託給聖靈，但你必須放下自己當初建立這一關係所
預設的特殊目標，這個關係才可能變成救恩的工具。〈正
文〉還有一段描寫聖靈重新詮釋我們的特殊性，它這樣說：

這是聖靈的慈悲知見下的特殊性，祂會用你所造的
一切來發揮療癒的功能，不再傷人。……自從他
（聖子）選擇特殊性而傷害了自己的那一刻，上主
已把特殊性指定為救恩的工具了。（T-25.VI.4:1;6:6）

這一關係的外表並未改變,但它的內涵已經從充滿特殊性的罪咎、謀殺和分裂,聖化爲寬恕、愛和合一之心境。世間的萬物原本都是中性的,第二百九十四課說「我的身體是全然中性的」,等著我們賦予它目的。如〈正文〉所說:「世間萬事萬物只需要通過一道測驗,就是:『**它的目的何在**』。」(T-24.VII.6:1)也就是說,萬事萬物若不是爲小我賣命,就是爲聖靈服務,全憑心靈的選擇。

聖靈知道如何善用你的記憶,因上主就在你的記憶中。祂只記得你當前的狀態,而非過去發生的事。長久以來,你一直認爲記憶只能容納過去的事,故很難想像它是一種憶起當下的技巧。(T-28.I.4:1~3)

這一段爲「記憶」做了截然不同的詮釋,直接指向圖表三的「觀者」或「抉擇者」的位置。事實上,根本沒有「過去的記憶」這一回事,因爲過去那些事件已經不存在了,這純粹是抉擇者現在所作的決定,它緊抓著那早已過去的「分裂記憶」不放。其實,記憶是一種技巧或功夫,它最終的目的是幫我們憶起自己從未失落的眞相。

總之,小我把我們困在分裂之罪的回憶裡,而這一能力到了聖靈手裡則搖身一變,幫我們憶起「我們此刻與上主同在」的境界,只因「分裂之罪從未發生」。

你容許世界限制你到什麼地步,它對你的記憶就會限制到什

麼程度。記憶與過去其實毫不相干。除非你故意把它連接過去，過去才會出現於你的記憶。這一連線純粹出於你的主導，是你故意將它繫在某一段時間內，好讓罪咎的陰魂徘徊其間。（T-28.I.4:4~7）

由於我們已把線性時間視為天經地義的法則，所以很難想像還有另一種時間存在。然而，虛幻的世界沒有能力強制我們做任何事情，唯獨我們的心靈能用時間限制自己。

「記憶與過去其實毫不相干……」，是針對我們每每「緊緊抓住過去的痛苦記憶」而說的。我們此刻所記得的事與過去毫不相干，它只是我們此刻所作的一個選擇：絕不放下「罪咎和分裂的確發生了」的信念。例如想起父母三四十年前對我的傷害，不過是小我設法掩飾其生存根基（也就是分裂之念）的一個藉口罷了。

聖靈利用記憶的方式與時間毫不相干。祂不會用記憶為你挽回過去，而是幫你放下過去。記憶只是為你守住它接收到的訊息，去做它受命去做的事。這訊息並不是它寫出來的，目的也不是它指定的。它像身體一樣，本身毫無目的可言。（T-28.I.5:1~5）

這是《奇蹟課程》一再強調的觀念——「身體一無所能」，它只是如實顯示出心靈給它的指令。第十九章「罪咎的魅力」一節提到「訊息」和「信使」的關係，它強調，關

鍵在於我們派出哪一類的使者，而非他們帶回來什麼樣的訊息，因爲使者只會按照我們的指令行事。《課程》談到世界時，也說了類似的話：

> 你眼前的世界，只是一個企圖證明「自己是對的」
> 無聊見證而已。這種見證可說瘋狂至極。它的那些
> 證據全是你訓練出來的；當它以其道還治於你時，
> 你不只聆聽，還相信它所提出的一切證據。你就是
> 如此咎由自取的。若能看清這一點，便不難發現你
> 自以爲的「看見」，根本只是自編自導的循環論
> 證。（T-21.II.5:1~5）

這一原則也可套用在「記憶」上。我們可以利用記憶緊抓著過去的罪與咎，不斷重活遠古的一刻；也可利用記憶放下過去，讓上主的記憶在我們心內浮現。耶穌在〈正文〉第二章也提到「否認」的兩個用途：小我把罪咎當眞之後，又設法否定這個罪咎的存在；聖靈則相反，小我否定了眞相以後，聖靈則否定了小我的否定。也就是說，聖靈否定了小我那個充滿罪、咎、懼的故事之眞實性，否定小我具有改變上主之子眞相的能力：

> 它（平安）否認了任何不是來自上主之物具有左右
> 你的能力。這是使用「否認」最上乘的手法。因
> 你用它修正錯誤，而非隱瞞任何事情。……眞實
> 的「否認」，是一道有力的保護機制。你能夠也應

該否認任何要你相信「錯誤能傷害你」的信念。這
種否認無意隱瞞事實，它是一種修正。……否認
錯誤，是對真理的有力保護；否認真理，則會使
你扭曲了天賦的創造力而造成小我的投射。（T-2.
II.1:11~13; 2:1~3,5）

**如果記憶呈現給你種種不義景象因而激起你的憤怒，好似令
你更難放下心中的宿怨，其實那些景象是你向它索取的訊
息，它只是遵命照辦而已。**（T-28.I.5:6）

憶起什麼樣的舊痛並不是重點，問題在於我們「這一
刻」選擇了沉溺於那些舊痛宿怨。因此，我們的痛苦並非某
一個具體的人或事物所引起的，而是分裂的心靈（更準確地
說是抉擇者）存心自尋煩惱。一旦抉擇者想要煩惱，心靈立
刻投射出種種不公的現象，為這一情緒撐腰，如此，他就無
需為自己的情緒負責了。這種與人互動的方式，可謂既陰險
又惡毒，但我們往往矢口否認，只因罪咎從中作梗，它不敢
讓我們面對小我一直指責我們的那個醜陋「真相」。其實，
只要我們正視一下，終會明白它所說的一切就像「國王的新
衣」，那個醜陋的自我根本就不存在。《課程》說，每當小
我想向上主宣戰，它最怕聽到的一句話，就是：「上主的想
法則恰恰相反。」（T-23.I.2:7）

所有與身體有關的滄桑往事，都收藏在（小我）記憶的保險

櫃裡。它還會激起你各式各樣的古怪聯想，讓過去還魂而扼殺了現在，只要你一聲令下，那些念頭就會為你一一重生。（T-28.I.5:7~8）

我們把這段引文套用得更廣一點，可以說，整個小我的記憶庫就是圖表三右側的萬花筒。身體或頭腦並沒有記憶的能力，我們的滄桑經歷都藏在抉擇者的「心靈」裡。不妨再回想一下抉擇者手持遙控器坐在電視機前的比喻，它按哪個鍵，我們就看到哪種畫面，螢幕所播放的正是我們從影片館，也就是我們的「記憶庫」裡選取的影集。小我只能活在過去，因為在小我的心目中過去乃是罪藏身之處，只有小我才會把它奉為「生命」；然而，聖靈之愛仍懷有上主的記憶，它就在當下，絲毫不受小我的命根子——「罪、咎、懼」的影響。身體或頭腦無法體驗當下之境，那是心靈才有的本事。只要心靈決心憶起上主，進入《奇蹟課程》所說的神聖一刻，它就活在當下了。

它們衍生的後果便如此隨著時間而遞增，直到它們的肇因被撤除為止。（T-28.I.5:9）

所謂的「後果」指的就是身體，它的數目確實與日俱增。我們已完全認同的時空世界就這樣鬼斧神工地為我們掩蓋了世界的起因，使我們再也想不起埋在記憶庫的分裂之念。

　　這一非線性的形上觀念與我們的日常觀點大異其趣。大多數科學家眼中的世界也是線性的，儘管量子物理學家逐漸改變了他們的時間觀，但他們大概也難以接受《課程》如此激進的觀點。縱使愛因斯坦的相對論徹底扭轉了世人對時間的看法，但我不認為這些物理學家能夠理解《課程》的觀念：隱藏在時間宇宙之後的念頭才是宇宙的起因，然而，連這個起因都是虛幻的，因為罪咎之念本身即虛幻不實。

時間不過是代表了世界「一無所能」的另一寫照。它會與你設法隱瞞自己真相的其他伎倆聯手合作。（T-28.I.6:1~2）

　　「一無所能」是指小我，也就是罪的始作俑者——那個分裂念頭。這一念成不了任何事，也不曾造成任何後果。因此，這分裂之念什麼也不是，由它生出的一切，比如時間，也同樣虛幻無比，因為觀念離不開它的源頭。時間與死亡，空間和身體一樣，只是小我企圖隱藏我們真相的另一利器。其實，我們永遠都是「靈」，這才是我們的真相。小我卻能讓我們相信自己是這具被時空束縛的身體，它以身體為煙幕，成功地把我們的目光從真實的自己（心靈）轉移出去了。

時間其實掠奪不了你任何東西，也無法為你保存任何東西。是你把它變得撲朔迷離，用過去充當現在之因，又把現在變成了無法改變的果（因為它的起因已經一逝不返了）。（T-28.I.6:3~4）

引文最後一句顯然反映了傳統心理學的窘境。我們不妨再用一次前面的例子：一個成年人相信自己童年被父母遺棄的經歷造成了他今日的困擾。在這個前提下，所有改變的可能性都被排除了，因為造成他痛苦的原因已經不在眼前，故他毫無療癒的希望，那些事件已經發生了，沒有人改變得了過去。在他的人生大夢中，他的確被人拋棄過。既然他無法改變過去，只好永遠痛苦下去，成為一個陷於童年創傷、無辜又無助的成年人。面對這一處境，他根本束手無策，回天乏術。

所以說，心理分析療法本質上是悲觀的，因為誰也改變不了過去，故也無法為患者找到一條出路，我們最多只能讓患者盡量擺脫痛苦記憶的後遺症，卻難以徹底擺脫過去的控制，因為過去確實左右了這個人的未來。

這一心態也可套用於更廣的無意識宇宙中，在那一層次，我們認為自己真的背叛了上主，罪孽深重，無計可施。這一信念為小我打造了存在基礎：我們無法彌補自己的罪行，改變不了已被小我弄假成真的世界，更改變不了自己的身體、自然律，乃至世界的運作法則。無論我們立意多好，目標多高，一切都已回天乏術了。

這種絕望的處境正是〈教師指南〉所說「疲累不堪的世界」和「欲振乏力的時間」（M-1.4:4~5）。我們感覺自己好

像身陷大牢，所犯的罪行有如覆水難收。我們聽信小我的說詞，相信過去的種種造成今日的我，今日的我只是過去的因果報應。若再推向更高的形上領域——我們犯下的天人分裂之罪造成了眼前的世界、身體，以及所有問題。總之，這個世界是過去之罪的果，正由於它的肇因發生在過去，如今已然無可挽救了。

當《奇蹟課程》說肇因或過去已不存在時，它的意思與小我的看法截然不同。《課程》要說的是，過去之所以不存在，是因為它從未發生，故它從未存在過。小我與聖靈的觀點猶如天堂與地獄一樣，有著天壤之別。

改變一定要有一個持久不變的起因，否則，這個改變無法久存。如果現在只是過去之果，現在就沒有改變的餘地了。你只是用記憶來幫你保存過去，這種伎倆又使過去與現在對立了起來。（T-28.I.6:5~7）

如果真要有所改變的話，無疑只能求諸於心靈，只有那裡才有真實的改變可言，因為唯有進入因的層次，才有改變的可能。小我說：「那個因已是既定的事實，你無法改變已經發生的因，所以乖乖地承受後果的煎熬吧。」耶穌則教導我們：「改變的唯一途徑就是改變它的因，即『我們已與上主分裂』那個信念。」《課程》指向我們當初相信自己能與上主分裂的遠古一刻，協助我們作出另一個選擇，但這個選

擇必須透過我們的人際關係才能落實，因爲我們正是透過人
際關係，不斷重演那遠古的一刻。

**忘記你教給自己的一切吧！因你被自己誤導已深。你若能學
到一個更好也更持久的經驗，豈會戀戀不捨過去那些荒謬的
經歷？**（T-28.I.7:1~2）

　　這段引文不過再次重申本課程的宗旨，讓我們明白，痛
苦並非無緣無故落到我們頭上的，是我們自己選擇要受苦，
因而學了一堆自找苦吃的荒謬課程。幸好，我們心中還有另
一位老師，帶給我們截然不同的課程，提醒我們選擇「祂的
影集」。《課程》不時出現「另擇明師」的提醒。若把這
段引文裡的第二句與〈正文〉的一句話（T-12.V.8:3）連接起
來，就成了：「現在就辭去你自以爲師的角色吧，因你被自
己誤導已深。」

**當那古老的怨恨記憶重現心中時，請記住，它們的起因早已
不存在了。你不可能了解它們的目的。**（T-28.I.7:3~4）

　　耶穌在此告訴我們，任何時候，只要我們開始發怒，怒
氣都是由那千古之怨冒出來的，我們只是在人間反覆重溫那
一經驗而已。要化解這一怨恨，我們只需記得它其實已經不
存在了。它源自分裂之罪，這起因早已被化解了。倘若把這
一體悟落實於現實生活中，就是不再把你當成我的對頭，而
視你爲並肩同行的弟兄和朋友，恰如〈正文〉所說：

而你與弟兄的分裂，則是你對自己發動的第一次
攻擊。你在世上看到的都不外乎這類見證。（T-27.
VII.6:4~5）

總之，我們若能夠把心目中的死對頭視為弟兄，共享救
恩的利益，與他們合而為一，分裂之因就被化解了。

現在，可別再賦予它們那些屬於過去的原因，使它們變回過
去那種模樣了。你應慶幸，那些起因都已過去，它們代表的
正是你但願被原諒之事。（T-28.I.7:5~6）

引文中的「原因」是指那遠古的分裂一刻，「它們」則
是那些古老的記憶。換句話說，耶穌呼籲我們不要把分裂的
錯誤當真，分裂之罪便已獲得寬恕了；但只要一生氣，我們
又把那無因無由的古老記憶翻出來，其實，那個因在好似冒
出頭來的一刻就已被化解了。

你會看到自己所接受之因「當下」就為你帶來的嶄新結果，
以及它在「此地」一一呈現給你的具體效用。你會為那些美
好效益讚嘆不已。它們會給你一個亙古常新的觀念，也就是
終極之因的幸福之果；那千古不易之「因」遠遠超過了你認
知的能力與記憶的範圍。（T-28.I.7:7~9）

這一段筆錄於1967年，正是完形心理學「活在當下」的
觀念開始風行的時期。「當下接受之因」指的正是聖靈的救

贖原則，它會為你帶來喜悅平安之果，也就是《課程》所謂
的「被寬恕的世界」或「真實世界」，它的美妙，真實無
比，又無可言喻：

> 你豈能想像得出你所寬恕的人在你眼中將會何等美
> 麗？那種美妙是你在幻想世界前所未見的。你在世
> 上見到的一切，不論是夢是醒，都無法和這一美景
> 相比。……因為你看到了上主之子。你親眼見到那
> 令聖靈情不自禁地感謝天父的至愛美景。……這種
> 美妙不是一種幻覺。它是「真實世界」，光明聖
> 潔，在朗朗日照之下熠熠生輝。（T-17.II.1:1~3,6~7;
> 2:1~2）

莎士比亞在《暴風雨》中也有類似的描寫，他借米蘭達
（Miranda）之口讚美道：

> 神奇呀！
> 這兒的造物何其良善！
> 這兒的人類又何其美麗！
> 啊，大無畏的新世界，
> 盡是這麼美麗的人物！

> （第五幕第一場）

毋庸贅言，這種美妙感受，絕非任何外在形象所能引
發，它出自自性（基督）之美，因為基督自性才是我們與所

有弟兄共有的真面目。那種平安、喜悅和愛,其實一點也不「新」,它們相當古老,因為它們只是聖靈的救贖原則之倒影,早在分裂的一剎那就已誕生了,所以說,它們不過反映了天堂的永恆本質。說它們「新」,只因我們好似剛剛才經驗到,實際上,它們一直都在實相中,我們只是第一次憶起它們而已。

這就是聖靈在你選擇遺忘之際所為你記住的終極之因(即上主)。(T-28.I.8:1)

每當我們忘記上主而陷於煩惱之際,不妨邀請聖靈前來,祂會以我們感覺得到的方式與我們交流,我們會感到祂好似溫柔地拍著我們的肩膀說:「親愛的弟兄,重新選擇吧。你不必這樣與他人對立,不斷發動攻擊;你也無需藉由投射而助長自己的罪咎。罪的信念早已化解,你也毫無內疚的理由了。」我們就這樣放手,讓聖靈把我們從夢中喚醒,讓上主的聖愛重新回到我們失憶的心靈。藉著聖靈的幫助,我們終於回歸上主的聖愛,煩惱之因(與上主的分裂)隨之化解,所有的後遺症也煙消雲散了。

「它」永遠都不會過去,因為聖靈不會讓人遺忘「它」的。「它」始終不變,因聖靈每一刻都將「它」護守在你心中。「它」所帶來的後果看起來確實很新,只因你以為自己早已忘了那個終極之因。(T-28.I.8:2~4)

　　我們始終與上主同在，因為聖靈一直把這個記憶護守在我們心中。其實，祂本身就是我們對上主聖愛的記憶，為此，我們內心始終有一部分記得自己從未離開過天父的家。即便分裂的心靈不斷與聖愛切斷聯繫，反覆播放小我的影集，聖靈的劇本仍然始終活在我們心中。祂慈愛、耐心地等待我們接下祂早已為我們領受的天恩。當我們突然領受到上主的聖愛時，好似一個全新的經驗，實際上這只是我們突然鬆開了小我或妄念的按鈕，開始播放上主的「愛的故事」而已，聖靈一直為我們保存著它。〈正文〉前面也提到類似的觀念：我們所有的慈心善念，耶穌都為我們保存著，它們璀璨的光輝未損分毫（T-5.IV.8:1~4）。儘管在我們看來，聖愛的體驗如此新奇，其實它一點也不新──人間沒有任何新鮮事。

其實「它」從未在你心中消失過，只因聖子忘不了天父，這是天父的旨意。（T-28.I.8:5）

　　天父的旨意透過聖靈顯現於我們心中，這一連線確保我們終將回歸天父。因此，我們內心有一部分（即抉擇者）隨時可以選擇憶起聖靈為我們護守的天恩。所謂「天父的旨意」，不過指出上主的存在境界以及與祂一體不分的基督之生命真相：天父與聖子，上主與基督永遠不會分開，更不可能遺忘彼此的。

至於你所記得的那些事，則從未真正發生過。它純屬無中生有，只因你已混淆了無因與有因之別。你一旦獲悉自己記憶中的那些後果全是子虛烏有而且也沒有任何影響時，你真該開懷大笑才對。（T-28.I.9:1~3）

這幾句裡的「你」是指我們心中已經認同小我的那個「抉擇者」或「觀者」。小我不斷提醒我們過去所有的罪過，其實根本沒有那麼一回事。我們記憶中的痛苦、悲傷和不幸經歷都是那個子虛烏有之「罪」的後遺症。如今，耶穌讓我們看出，罪既然沒有存在之因，也不會引發任何後果。罪純粹出自我們心中一個「小小的瘋狂之念」，它好似冒出頭時就已被化解了。

簡言之，《奇蹟課程》的因果觀就是：非「果」之物必無「因」，無「因」之物不可能存在。我們在世間一切所做所見所聞，不斷顯示「罪」真的存在，令人痛徹心扉的苦果就是它最好的證明。但我們也可以隨手播放另一個幸福結局的影集，證明給自己看，罪不曾帶來任何後果；這等於聲明，世界也成了一個無因的幻相。罪的幻影一冒出來便已被化解和修正了。總而言之，以為自己能夠冒犯生命的根源，這觀念可說荒謬至極，我們只需一笑置之。讓我再引用一次下面這段重要的話：

只要我們（耶穌和我們）攜手同行，便不難對此一

笑置之了；我們知道時間是無法侵入永恆的。永恆
否定了時間的存在。認爲時間能干擾永恆的念頭，
實在可笑之至。（T-27.VIII.6:4~5）

在耶穌慈愛的陪伴下，我們終於懂得歡笑度日了。

**只有奇蹟讓你憶起的那個終極之因才是永恆的，「它」全然
不受制於時間和任何可能的干擾。「它」的真相始終不變。
你是「它」的終極之果，如「它」自身一般完美且永恆不
易。它的記憶不在過去，也不待未來。它也不靠奇蹟來啟示
你。奇蹟不過提醒你，「它」始終都在你心裡。只要你能爲
自己的罪而寬恕「它」，你就再也不會否定「它」了。（T-
28.I.9:4~10）**

我們再次看到，奇蹟本身一無所作；它帶不來上主的聖
愛，因爲聖愛早已在我們心中閃耀。奇蹟只是提醒我們，罪
絲毫干擾不了上主的聖愛，由聖愛延伸出來的我們，仍然擁
有基督生命的實相，千古不變。耶穌在〈正文〉第五章描寫
聖靈的角色時重申了同一觀點：

聖靈的天音，不是命令，因爲它不會如此傲慢或強
勢。它也絕不強求，因爲它沒有控制你的企圖。它
更無意征服你，因爲它從無攻擊之意。它只是在旁
提醒。是它所提醒的訊息本身讓你不得不信服。
（T-5.II.7:1~5）

你若還有審判自己的造物主那種居心，自然不可能了解造物主從不審判自己的聖子這一事實。（T-28.I.10:1）

這句話再度重申一個關鍵：正因爲我們的罪惡感極深，以至於難以理解「上主的旨意絕非要我們受苦」。〈正文〉在討論「特殊性」的結尾，一針見血地說：「寬恕你的天父吧！將你釘上十字架絕非祂的旨意。」（T-24.III.8:13）小我不可能相信上主無意懲罰我們，因這正是它排拒慈愛天父的藉口。我們寧可相信自己得罪了天父，再把這個信念投射成「上主必會以牙還牙，報復我們的」。從此，我們再也無法相信罪、咎與報應根本只是我們虛構出來的一場噩夢。就因爲我們在夢中審判了上主，必然認爲祂會反過來審判我們。

你想要剝奪祂的終極之果，但祂們可不是你能否定得了的。（T-28.I.10:2）

《奇蹟課程》指出上主是第一因，身爲基督的我們則是祂的終極之果。我們也已了解，天堂中找不到上主的盡頭以及我們獨立出去的分界點。儘管如此，那小小的、瘋狂的分裂念頭始終想要否定「上主是第一因，我們是祂的終極之果」這一事實。結果，上主之子與自己的生命源頭決裂，分裂出一個自我，充當自己的存在之因，於是，因與果變成了一個，上主之子好像自己創造了自己：

　　小我相信自己是完全獨立自主的生命，這不過是它

對自己的起源的另一種表述而已。……小我就是人
心中認定「自己是完全獨立自主」的那個信念。
（T-4.II.8:1,4）

**上主從未定過聖子的罪，因為那不只毫無道理，更是有違他
的旨意。你那些記憶不過影射出你的「上主恐懼症」罷了。
祂從未做過任何令你害怕的事，你也沒做出什麼可怕的事
情，因此你並未失去自己的純潔無罪。**（T-28.I.10:3~7）

一言以蔽之，《奇蹟課程》的救贖原則乃是「分裂不曾
發生過」，上主怎麼可能為一個分裂念頭而定我們的罪呢？
事實上，我們仍是上主所創造的聖子，他的旨意和我們的意
願沒有分別。那些分裂的戲碼和恐懼的情緒，純粹是分裂妄
心編造出來的。小我千方百計想要我們相信，我們真的脫離
了自己的終極源頭，做出了不可能的事，整套的小我思想體
系都在證明此事，我們若與小我認同，是不可能不怕上主前
來報仇的。下面這段話再次提醒我們的純潔無罪，小我的戲
碼全屬虛構，沒有什麼好怕的。

**你無需療癒，因你早已痊癒了。你只需靜下心來透過奇蹟來
看清你該學習的功課，讓終極之因得享它的終極之果，不再
從中阻撓便成了。**（T-28.I.10:8~9）

本節一開始就重申了《課程》最重要的一個觀念：奇蹟
本身一無所作，療癒、寬恕和救恩同樣也一無所作，它們只

是修正我們的分裂信念而已，使心靈再度意識到自始至終未
曾改變的真相。我們無需療癒，因為我們已經痊癒了。我們
心內沒有什麼可療癒的，我們信以為真的罪只是一場噩夢罷
了。只要我們不再從中阻撓，終極之因便能得享它的終極之
果，這意味著虛張聲勢的小我不曾也永不可能篡奪上主第一
因的地位。我們仍是上主所創造的樣子，是祂的終極之果，
永恆不易。心靈一旦寧靜下來，我們就會憶起自己的終極之
因，「唯有寧靜的心才可能憶起上主」（T-23.I.1:1）。我們不
再理睬小我的喧囂，再也沒有什麼能阻礙我們憶起自己的造
物主了，此刻，我們會看到：

心靈只要能靜止片刻，奇蹟便會悄悄來臨。（T-28.I.11:1）

　　這一節講到這裡，〈正文〉文風驟變，它開始描繪我們
決心寬恕，不再定罪之後所感到的平安寧靜，我們的目光從
小我硝煙瀰漫的戰場移開，轉向聖靈平安的淨土。我們只需
靜心片刻，不再重播小我的影集，選擇聖靈溫柔的修正劇
本，便能享此平安。容我再說一次，影集、萬花筒和全像圖
的比喻都只是象徵，實相境界當然沒有這些東西，它們只是
現實生活中最能反映心靈運作模式的象徵罷了。我們使用這
些比喻時，難免說得煞有其事，為此，〈教師指南〉提醒我
們：「不要忘了，語言只是象徵的象徵。因此，它離真相有
雙重之隔。」（M-21.1:9~10）

在這寧靜時分，它（奇蹟）會由那默默療癒了的心靈緩緩地
伸向其他心靈，欣然分享自己的安寧。於是，所有的心靈開
始同心協力，不再阻撓光輝燦爛的奇蹟重返天心，也就是一
切心靈之源。（T-28.I.11:2~3）

將奇蹟延伸或推恩出去，並不是我們的責任。我們只需
在自己心中選擇那唯有奇蹟能帶來的平安，聖靈（或耶穌）
自會接手，將奇蹟推恩到所有的心靈內，因為心靈是一體不
分的生命。〈正文〉告訴我們：

唯一的療癒之道，就是接受療癒。奇蹟無需靠你推
恩，它只要你幫它起一個頭。只要你自己接受了
療癒的奇蹟，基於奇蹟的本質，它就會自動向外
推恩。也基於奇蹟的天性，它在誕生的一刻便已開
始推恩了。奇蹟就誕生於你接受它和給出它的那一
刻。沒有人有權利要求別人接受療癒。他只能讓自
己療癒，然後與人分享自己領受到的禮物。……因
此，將那「放諸四海皆準」的課題，交給真正了解
世界運作法則的聖靈吧！唯有祂能保證那些法則不
受任何侵犯及限制。（T-27.V.1:1~7;10:1~2）

只要有一個心靈接受了療癒，整個聖子奧體都會共霑療
癒之恩，最後一起回歸上主的天心，也就是所有心靈的創造
者和終極之因。我們前面所提〈練習手冊〉「當我痊癒時，

我不是獨自痊癒的」的一課（W-137），以及〈正文〉中「救贖之圓」的意象（T-14.V），都在反覆重申這一道理。

在分享中誕生的奇蹟會刻不容緩地伸向所有不安的心靈，帶給他們片刻的寧靜，他們就會在這一刻憶起了上主。如今，他們自己的記憶開始靜止下來，此後，他們再也不可能全然遺忘這取代了舊有記憶的新經驗。（T-28.I.11:4~5）

〈正文〉在別的章節談到我們心中有一個很強的信念，認為心靈即使選擇了寬恕，仍需經過很長的時間才能徹底痊癒（T-15.I.2:1; T-26.VIII.1:1; 3:1~2）。為此，耶穌再三強調，奇蹟只需一剎那，它根本不需要時間，因為時間本來就不存在。我們之所以認為奇蹟有待時間來完成，只因我們仍困在時間幻相裡。其實，在我們寬恕的那一刻，所有的心靈都與我們一起痊癒了。心靈本來就是一體不分的，奇蹟只不過除去了讓我們意識不到真相的障礙而已。這就是為什麼抉擇者一旦重新選擇，奇蹟在那一剎那就發生了。

只要我們曾經經驗過停止攻擊而與人真正結合，是不可能徹底忘懷那種感受的。無論小我怎樣抗拒，也抹煞不了寬恕所帶給我們的平安心境，從此，就算我們仍然害怕上主的聖愛，也不會再那麼死心塌地與小我為伍了，只因你再也不可能「全然遺忘」祂的聖愛。

你若能把時間交託給聖靈，祂會因你獻出的片刻寧靜而感念

不已。因為唯有在那一刻，聖靈才能把上主記憶的一切恩典
賜給上主之子。祂是多麼高興能賜給聖子這些寶藏，當初祂
就是為了聖子而接下這份禮物的。造物主（上主）也會與聖
靈同聲感謝，因祂再也不會失落自己的終極之果了。（T-28.
I.12:1~4）

　　聖靈為我們護守著平安、喜悅、愛、永恆與一體生命等
等寶藏，默默等待著我們（即抉擇者）的選擇。本課程常用
「在彼此身上認出基督的聖容」來象徵寬恕的真諦，唯有寬
恕才清除得了我們心中所有的罪咎障礙，聖靈為我們護守的
上主記憶便會歷歷在目。總而言之，寬恕過程可以歸結為一
個公式：只要在弟兄身上看到基督聖容，上主的記憶便會浮
現於我們心中。

　　上面那段引文描述了聖靈是多麼樂於把上主所賜的禮物
交給我們，連上主也會同聲感謝。上主因為我們接受了「自
己永是祂的終極之果」這一真相而歡心感謝，這只是耶穌的
一個擬人化說法而已，因為上主沒有可以向他人致謝的二元
心靈。毋寧說，這是我們分裂的心靈意識到「上主並未因為
我們相信自己對祂做的那檔事而憤怒」所升起的感恩之情。
上主的「感謝」其實是說，因著我們接受祂永恆不渝的愛，
聖愛終於恢復了它原有的完整性。

上主之子每接受片刻的寧靜，都會表達出他對上主與永恆

的歡迎之意，如此，祂們才能進入自己心愛的居所。在那一刻，上主之子不論做什麼，都不再心生畏懼了。（T-28.I.12:5~6）

　　引文中的「祂們」是指基督（上主之子）和上主，因而原文使用了大寫的They 和 Them。第二十六章第十一節「祂們已經來臨」中的「祂們」也是同一用法。總之，上主的聖愛一出現，所有的恐懼自然煙消雲散。這讓我們想起〈正文〉曾引用的《聖經》之言：「完美的愛驅逐了恐懼。」（T-1.VI.5:4）

　　上面引文的「一刻」是指神聖一刻，但並不限於放下怨尤、選擇奇蹟的那一刻。這一段還有更廣的含意，亦即我們徹底寬恕之後，上主的記憶重回心中極其神聖的那一刻。它其實代表我們已經進入了「真實世界」，也就是當我們徹底放下令人恐懼的小我念頭那一刻。

只要心靈不再因恐懼而排斥上主的記憶，這記憶就會瞬間浮現。舊有的記憶從此一逝不返。（T-28.I.13:1~2）

　　這段話呈現了〈正文〉較少使用的「全像」時間觀，它要說的是整個小我世界會在一瞬間灰飛煙滅。我們一旦徹底寬恕，所有的幻相（也就是罪咎的層層紗幔）會在一瞬間統統消失。就在那一刻，上主的記憶翩然降臨我們心中。恐懼的目的無非是想防止這一記憶回歸我們的心靈；沒有恐

懼，小我的思想體系立刻瓦解。隱身於分裂妄心中的觀者一旦選擇認同聖靈，小我的分裂之念頓時失去了它的魅力，只因我們知道「分裂從未發生過」，那類想法就這樣消失了。如同〈教師指南〉所說的「隱沒於它所源自的虛無中」（M-13.1:2）。

過去那些可怕的意象再也阻撓不了心靈欣然覺醒於當下的平安。永恆之境的號角傳遍每一個角落，絲毫驚擾不了這片寂靜。心靈如今憶起的不再是恐懼，而是恐懼想要忘懷和消除的終極之因。上主之子會憶起那寂靜所散發的溫柔之愛，也就是他以前用記憶阻撓當下之際企圖驅逐的愛。（T-28. I.13:3~6）

　　恐懼一旦消失，我們心中就只剩下聖靈為我們保存的上主記憶，「永恆之境的號角」隨之在耳邊響起，這不正是榮歸故里的歡呼嗎？恐懼終於解除了，所有的痛苦記憶也已煙消雲散，只有上主的記憶在我們心中閃耀。我們終於明白了，恐懼和罪咎只是一種防衛、煙幕彈或調虎離山之計而已，它企圖將我們的終極之因（也就是上主）排除於記憶之外。小我告訴我們，它才是我們的存在之因。若非我們如此畏懼上主，豈會相信小我的謊言？小我利用記憶勾出我們的罪，為罪咎和恐懼撐腰，使我們對上主的聖愛敬而遠之。上主其實早已將聖靈安置於我們痛苦的記憶中，為我們護守那唯一真實的念頭，亦即「十字架下的救恩」(T-26.

VII.17:1)。如今，恐懼終於消逝了，我們心中只剩下聖靈為我們保留的上主記憶。

如今，上主之子終於意識到當下的終極之因，以及它的美善之「果」了。（T-28.I.14:1）

　　這是聖靈利用記憶的手法，祂只著眼於當下，與眼裡只有過去的小我形成了強烈的對比。「終極之因」，也就是我們的存在之因，就在當下。針對這一點，《奇蹟課程》多所著墨：

　　在永恆中，只有一種時間模式，就是當下。（T-5.III.6:5）

　　因此祂（聖靈）只會重視能夠延伸至永恆的時間，而「現在」可說是人間最貼近永恆的時間了。（T-13.IV.7:5）

　　如今，只有當下這一刻才是唯一存在的時間。世界只可能在當下此刻重獲自由。（W-132.3:1~2）

第三百零八課

當下此刻才是唯一存在的時間

我過去所持的時間觀，其實是我達成目標的一個絆腳石。如果我有心超越時間，進入超時空之境，我

必須先改變我對時間用途的看法。時間存在的目
的，就是要把過去與未來變成兩回事。唯一能將我
由時間領域救拔出來的一刻，就是當下此刻。寬恕
就是靠這一刻而釋放了我。基督也只可能誕生於沒
有過去與未來的這一刻。祂來，是為了帶給世界此
刻的祝福，使它重歸於愛以及超時空之境。愛始終
臨在，就在當下這一刻。

天父，我為這一刻而感謝祢。只有在此刻中，我才
可能得救。這一刻正是祢為聖子安排的時辰，不只
為了他自己的自由，更為了整個世界在他內獲得救
恩。

我們用過去的記憶替代或抵制當下一刻，只會衍生出惡
性的後果：罪咎、恐懼、懲罰、痛苦、犧牲和死亡。唯有以
上主為終極之因，才可能結出幸福之果，也就是平安、喜
悅、幸福以及永恆的生命。

**如今，他終於明白自己的一切妄作原來毫無緣由，故也不會
產生任何後果。他其實什麼也沒做！看清了這一點，他便明
白，自己根本無需做任何事情，也不曾做過任何事情。**（T-
28.I.14:2~4）

這一結論乃奠基於我們先前講過的因果原則上。如果我
相信自己所做的事並沒有發生任何作用，表示我根本沒做過

心目中的那件事。如果我犯的罪並沒有引來懲罰和死亡的恐懼這些後遺症，表示讓我感到罪孽深重的原因也根本無法立足。總之，小我只是白忙一場，因為它的後果，也就是我們感到的恐懼和憎恨，早已被聖靈化解了。果一旦撤除，因必然也已消失，因為無果之因稱不上真正的因。

我們一旦接受了這一因果原則，就會幡然大悟，原來我們無需憑自己解決任何問題。這一領悟用擬人化的說法就是，上主已經解決了所有的問題，祂透過聖靈告訴我們：「你沒有什麼問題有待解決。」反之，小我卻不斷提醒我們，問題很嚴重。它心目中的難題，說來說去，不是匱乏感就是罪惡感，它還再三警告我們，這個問題必須解決。於是，在它的唆使下，我們先營造出一個物質世界，接著造出自己和他人的身體，生生世世在人間忙個不停。小我這一策略底下的基本信念就是：罪是一切禍首，我們必須為它贖罪，罪才會消除。耶穌則告訴我們，什麼也不需要做，因為根本沒有問題有待解決。罪因既然不存在，我們當然無需戰戰兢兢地提防它的後果。

他的終極之因就是此「因」的終極之果。除了此「因」之外，沒有其他任何原因能夠帶給他不同的過去或未來。此「因」之「果」永恆不變，超越一切恐懼，就連罪的世界也望塵莫及。（T-28.I.14:5~7）

聖子的終極之因就是上主，上主的終極之果即祂的聖子。也可以這麼說，如果我們的終極之因（上主）是愛，那麼，祂的果，即上主之子，必然也是愛，愛才是上主之子的真相。如果說，我們的終極之因是真理，那麼真理之果就是我們的真相，我們的基督自性。換句話說，終極之果擁有終極之因的一切內涵。因此，聖子與天父在本質上並無不同，除了上主是我們的存在之因，而我們（基督自性）是祂的果。為此，〈正文〉引用了《聖經》的一句話：「我與父原為一體。」（T-1.II.4:7）

不幸的是，我們聽信了小我，認為除了上主之外，自己還有另一個存在之因，即小我。它用罪的信念確立了自己的存在。罪必然引發咎，令我們不能不擔心過去，恐懼未來。這一切都發端於一個因，即是「分裂信念」，或者說「罪的信念」。然而，這一節不斷提醒我們，小我的一切妄作早已消除了，因為除了上主，不可能還有其他的終極之因。如此，我們才可能領悟，上主真的沒有創造過這個世界，因為世上一切沒有一樣是永恆不變的；我們也明白了，在這充滿分裂與罪的世界裡，我們不可能活得無憂無慮的。

你若不再著眼於那些沒有存在之因之物，豈能算是一種損失？當上主的記憶取代了你失落的一切，那豈是一種犧牲？讓上主的記憶化為一座小橋，橫跨幻相與真相的小小間隙，一瞬之間領你抵達彼岸，除此之外，還有什麼更好

的彌合間隙的方法？上主以自己的生命彌合了天人之隔。
（T-28.I.15:1~4）

　　小我始終認定，我們失落了某個寶貝，而且完全無法挽
回，這一信念構成了人間的匱乏原則。實際上，我們只失去
了一樣東西，就是再也意識不到自己純潔無罪的基督自性，
這又成了我們罪孽深重的明證。從此，我們認為自己必須犧
牲受苦才能贖回我們因為罪而失落之物，於是犧牲成了我們
贖回上主聖愛的籌碼。等到寬恕洗去了心靈的重重塵埃，上
主的記憶便悄然來臨，所有的痛苦和失落之感瞬間消失於無
形，我們從此再也看不見那無因之物了。

　　《課程》最愛用橋樑這一象徵，有時候它指幻相世界與
真實世界之間的橋樑，而在這裡，它指的是連接知見與實相
的橋樑。聖靈會帶領我們跨過此橋，祂象徵著我們心中對聖
愛的記憶，在那虛幻的分裂之刻，為我們彌合了上主與聖子
之間的虛幻間隙，〈正文〉第二十九章第一節「彌合間隙」
對此有更詳盡的討論。現在，我們繼續第二十八章的引文：

祂的記憶不會與聖子擦身而過，任由聖子永遠擱淺於此世，
徒然遙望著彼岸而喟然興歎。他的天父一心想要舉起聖子，
將他輕輕送往彼岸。祂不只為聖子搭了一座橋樑，還要親自
護送過橋。切莫擔心上主完成不了自己的旨意。你不可能被
上主旨意遺忘的。（T-28.I.15:5~9）

我先前提過海倫在異象中「看」到的「此岸」，正是我
們的家園——天堂；我們卻夢見自己被放逐到彼岸。這個意
象清晰地表明，放逐之夢絲毫無損於我們真正的家園。上面
這段引文也使用了「岸」的意象，它只是反過來說：上主絕
不會把我們遺棄在沒有歸路的此岸，即世界。問題是，我們
始終認定自己深陷世界，歸家無門，就像《奇蹟課程》前文
所說：

> 每個人都有拒絕自己遺產的自由，卻沒有建立遺產
> 的自由。（T-3.VI.10:2）

唯有聖靈藉著奇蹟傳授給我們的寬恕功課，能夠帶領我
們跨越此橋，這是本書中篇的核心主題。當我們徹底寬恕了
每一個人，上主就會跨出最後一步，親自接我們返回天家。
「上主的最後一步」這一話題就此打住，留待下篇再深入討
論。

中　篇

救贖的計畫：奇蹟

導　言

　　本書中篇主要基於《奇蹟課程》的第二層次來闡論。如前所述，第二層次的時間觀與第一層次很不一樣，在第二層次，時間被賦予線性特質，我們會在下面論及「奇蹟」的章節中明顯看出這一特色。

　　我們知道，《課程》之所以如此闡述，絕不是因為時間真是線性的，而是為了配合我們的實際經驗。由於我們感覺時間是線性的，自然會認為聖靈必須「假以時日」才能完成祂的教學計畫。事實上，為了教我們看清真相，聖靈不得不遷就我們的現狀，循序漸進地教導我們。下面舉出的章節再三反映了這一特質。奇蹟學員閱讀這些章節的時候，經常因著這種第二層次的敘述手法，而誤解了《課程》真正要表達的意思。

　　《課程》討論第二層次的很多章節，暗示了時間的線性特質，好似含有過去、現在和未來之分，還再三強調「節省時間」。比如講到其他的靈修途徑時，它就曾說：

許多人耗盡畢生之力準備自己,這倒也會有一時的成就。本課程所要教你的,未必超過他們經年累月修出的境界,然而我們只有一個目的,就是爲你節省時間。……你的道路大不相同,但並非目的不同,而是方法不同。神聖關係只是爲你節省時間的一種途徑。……只要與弟兄同在,這個時間就省下來了。本課程用你們的關係當作幫你節省時間的特殊工具。……你若只練習這一法門,放下其他的修行途徑,就等於爲我節省了許多時間。「我什麼都不需要做」好似一種宣誓,顯示出忠貞不二之心。你若相信這句話,即使僅僅一刻的光景,你的成就會遠遠超過上百年的冥想或與誘惑奮戰的苦行。(T-18.VII.4:4~5;5:1~2; 6:3~4,6~8)

如此強調「節省時間」,似乎有違上篇論及「時間的虛幻性與非線性」的說法。不過,如前所言,《奇蹟課程》其實並沒有自相矛盾,這種說法純粹只是耶穌遷就我們而採取的教學手法罷了。稍後我們還會回頭探討這段話的深意。

本書中篇引用《課程》不少章節,闡明《課程》論及「奇蹟」和「救贖」時所影射的時間觀。這一次,我們只選取其中幾段,無法涵蓋整節內容。

第五章　《奇蹟課程》的救贖計畫

　　我們將由〈教師指南〉第一則「誰是上主之師？」的第二和第四段開始，然後轉入〈正文〉的一段話，藉此展現《課程》救贖計畫的全貌，拉開中篇的序幕。

這些老師來自世界各地。來自各種不同的宗教背景，甚至毫無宗教背景。（M-1.2:1~2）

　　「這些老師」是指上主之師，儘管《課程》在〈正文〉和〈練習手冊〉都間接提到了這個詞，但只有〈教師指南〉將這頭銜正式用在奇蹟學員身上：「**任何人只要決心成為上主之師，他就是。**」（M-1.1:1）《課程》還說，我們既是老師，也是學生。請注意，耶穌所說的「上主之師」並非那些課堂教學、開工作坊或寫書的「老師」；凡是決心傳授聖靈的寬恕功課，在示範中學習的人，都能成為「上主之師」。

　　這一段引文說得很明白，儘管這部課程的思想體系充滿了宗教氣息，但它既非宗教，也和當代的宗教組織大異

其趣。一個人可能具備了《課程》所說的道地的宗教情操，卻不屬於任何宗教組織，甚至不相信世俗的「神」的概念。〈心理治療〉一文在「宗教在心理治療所扮演的角色」一節裡說：「何況『相信上主』的概念其實沒有什麼意義……。」（P-2.II.4:4）無神論者、有神論者，甚至不可知論者等概念都只反映出某種思想體系，仍屬於形式層次，未必具備了真宗教的唯一內涵——愛，而愛在世間的化身即是寬恕。容我重複一下，《課程》所說的寬恕，不過是與他人共享救恩的福祉而已。

> 他（上主之師）只需具備一項資格，就是：他在某時某地，以某種形式下定決心，要把別人的福祉與自己的福祉視為同一回事。（M-1.1:2）

他們只是答覆了上主的召喚。這一召喚原是向普世眾生而發的。它一刻不息也無所不在。它召請教師們充當它的代言人，拯救世界。（M-1.2:3~6）

我們若把這一句與圖表三「觀者看著電視播放的往事，重溫舊『夢』」的意象聯想在一起，就可發現，那個「召喚」即代表聖靈（因此，原文才使用了大寫的 Call），他始終安住於我們心內，一刻不停地召喚自認為活在線性時空的我們。這一召喚催生了我們教導與學習的過程，向世人示範「罪並不存在，我們從未真正與上主分開，我們眼中的『現

實』其實只是一場夢而已」。當然，這種教學不在乎「形式」，重點在於我們如何透過日復一日的寬恕練習，向人傳達上述的精神或內涵。

聞其聲者頗眾，答覆者卻幾希。（M-1.2:7）

上面這句話乃是出自於福音書：「因為被召的人多，選上的人少。」（馬太福音 22:14）耶穌在〈正文〉中把它改爲：「所有的人都被召叫，只是願意聆聽者卻少。」（T-3.IV.7:12）請特別注意「答覆者卻幾希」這句話。奇蹟學員經常誤認爲，只要自己有心追求靈性境界，就眞的抵達那一境界了，其他靈修學派的修行者也常落入類似的陷阱。〈練習手冊〉第一百八十五課「我要的是上主的平安」一開頭就說：「只說這一句話，不算什麼。但眞心說出這一句話，則代表了一切。」（W-185.1:1~2）同樣地，人們可能以爲自己已經答覆了祂的召喚，實際上卻根本沒有聆聽。我經常說，奇蹟之路並不容易，奇蹟學員需要不斷提醒自己〈教師指南〉這句話「只有極少數的人聽得到上主的天音……」（M-12.3:3），給自己的傲慢心態降降溫。

然而，這是遲早的事。每個人最後都會答覆的，只是這個結局可能拖延了百千萬劫。為此之故，祂制訂了一個上主之師的計畫。他們的任務純粹是幫人節省時間。（M-1.2:8~11）

是的，每個人最後都會答覆的，不僅如此，前文已經解釋過，所有人在分裂發生的那一刻即已答覆了，分裂在那一刻也已被化解了。不過，在我們的經驗中，這一「結局」始終遙不可及，要等到每一個觀看著小我戲碼的人都恍然大悟「一切只是大夢一場」為止，這恐怕需要百千萬劫的光陰。小我的劇情就像塞西爾・B・戴米爾〔譯註〕的史詩片，在我們的人生不斷反覆上演著。可以說，「結局遙不可及」的觀念慢慢衍生出「最後審判」的觀念；這一議題，我們將在下篇討論。

前文說過，《課程》宣稱它可以為我們節省時間。「上主之師的計畫」旨在讓更多的人聽到聖靈的召喚，與其他弟兄結合，以回應祂的召喚，如此，方能真正化解分裂的信念。而人們在傳授這一寬恕課程之際，也必會加深自己內在的寬恕體驗。

每個人開始時都僅如一線光明，只因這光明以上主的感召為核心，故能遍照寰宇，無遠弗屆。若以世界的時間來衡量，每道光明都能省下千年的光陰。然而，時間對那神聖的召喚本身而言，其實毫無影響。（M-1.2:12~14）

〔譯註〕塞西爾・B・戴米爾（Cecil B.DeMille,1881~1959） 美國電影導演，執導十餘部影片，當中以《十誡》、《霸王妖姬》、《戲王之王》、《埃及艷后》，尤為世人矚目。

　　這段話再次表明《奇蹟課程》是從兩個不同層次開講的。上主之師的計畫可以爲我們省下數千年的光陰，那顯然是針對活在線性時間的我們而說的。下一章解讀「奇蹟」時，還會重申類似觀念。

　　儘管《奇蹟課程》的第二層次沿用了世界約定俗成的時間觀，但在實相中，時間根本不存在，當然也沒有節省的必要，引文最後一句說的就是這個道理。對於活在超時間之境的聖靈來說，節省時間並無任何意義可言。祂之所以不厭其煩地講解「過去、現在和未來」的問題，是因爲分裂的妄心只能在時間觀念下運作。

　　引文的第一句透露出人人好像都在孤身奮戰，但它接著指出，由於心靈是一體不分的，每個人所接納的光明都能遍照整個聖子奧體。這一線光明是從聖靈藉由我們的心靈延伸出去的，故它必然無遠弗屆。接下來，我們跳到第四段。

這是一部相當具體的教學指南，是爲那些各以不同形式傳授這一普世性課程的老師而編製的。世上還有成千上萬不同的課程，終將殊途而同歸。（M-1.4:1~2）

　　這一說明非常重要，因爲它可以杜防奇蹟學員妄自尊大，犯下「靈性特殊性」的錯誤。畢竟，《課程》只是世間種種靈修傳承中的一門，所有的法門都指向更高的普世性課程，也就是聖靈的核心教義：我們是一體不分的生命，從

未與上主分裂過。各種法門的修習方式極其不同，《奇蹟課程》只是其中一種而已。如果它的教誨能觸動我們的心，它就成了我們的靈修旅程；但如果我們對它興趣缺缺，也大可選擇別的法門。

這些課程全都能夠幫你節省時間。如今只有時間還欲振乏力地在人間徘徊，世界早已活得疲累不堪了。（M-1.4:3~4）

所有法門都想幫我們節省時間，而本課程「節省時間」的關鍵在於提醒身為觀者的我們，無需坐在螢幕前一味地「在腦海裡重溫往事」了(W-158.4:5)。因此，《課程》常說為我們省下數千年的光陰，省下的正是反覆重溫那些我們信以為真的老舊影集所耗費的時間。

在線性時間的次元裡，無論我們怎樣用特殊關係掩蓋痛苦，日子仍然愈來愈無望。人們只要願意敞開心扉面對現實，自會明白《奇蹟課程》所言不虛。世界的處境似乎愈來愈糟，問題愈來愈複雜，愈來愈難以解決。環視全球，所有政治、社會、經濟，乃至整個生存環境的狀況莫不如此，更遑論個人的生存問題了。世界好像始終在苦海裡打轉，絲毫看不到解脫的希望。

如果套用圖表三來解釋這句話，就好比我們（觀者）不停地重溫那些舊影集，劇情一部比一部悲苦。我們之所以不願停下來，只因我們心中有一部分不願從夢中醒來，存心用

夢境這一「現實」來抵制上主的聖愛。小我不時對我們耳提面命：「如果回歸上主的聖愛，你一定會被愛毀滅的。」

它的結局從來不是問題，試問有誰改變得了上主的旨意？但是，時間領域內生死無常的幻相卻能把世界及萬物折磨得奄奄一息。然而，時間終會走到它的盡頭；上主之師的使命則是讓這一天早日來臨。因為時間掌控在他們的手裡。這是他們的選擇，他們必會如願以償的。（M-1.4:6~10）

事實上，世界早已結束了，因此並不存在所謂的無望或絕望之境，但我們顯然並不作此想。為此，耶穌才會在〈正文〉不斷提醒我們：「你只需耐心堅持一下，隨時提醒自己，最後的結局會與上主本身一般屹立不搖的。」（T-4.II.5:8）這句話與上述引文一樣，也暗示了一個未來。事實上，我們只需從過去之夢覺醒，就進入了上主的永恆當下。引文中的「選擇」是指人們決心從夢中醒來的時間，或者說，人們選擇「何時」按下正念的按鈕，放下妄念，決心只觀看、體驗「幸福美夢」的那一刻。現在，不妨再引用〈正文〉導言的那句話，所謂隨自己的意願，「只表示在某段時間內你可以選擇自己所要學習的」（T-in.1:5）。

接下來，我們轉到〈正文〉第十八章第七節「我什麼都不需要做」，這一節再次聲明這部《課程》雖是各種靈修傳承中的一門，在形式與方法上卻與那些強調長年冥想靜坐的

法門顯然不同，兩者不可同日而語。耶穌無意貶低其他法門，但他確實聲明這部課程的效益會比其他法門更加快捷。

《奇蹟課程》認爲我們的根本問題在於潛意識的罪咎，也就是藏在人心底的罪的信念，《課程》還說，沒有什麼能比「另一個人」更快勾出我們的罪咎感了。我們知道，人際關係最容易刺到我們的要害，沉睡的罪咎一旦甦醒過來，就會被我們投射到他人身上，但也因而給了我們寬恕罪咎的機會。在他人身上看到自己的罪咎，成了我們處理潛意識裡的罪咎之良機。這也是《奇蹟課程》節省時間的理由。我們接下來還會繼續探討節省時間的另一層意義。

在進入逐段討論之前，我想先簡單談談《課程》對冥想的看法，因爲這一節提到了冥想的問題。《奇蹟課程》當然不反對冥想，何況〈練習手冊〉就可視爲一個修心的課程，幫助剛剛接觸本課程的學員進入冥想心態，正如它所說的，這些練習「只是一個起步，而非結束」（W-跋.1:1）。冥想並不是《課程》的重點，〈練習手冊〉的目的是讓我們意識並熟悉聖靈的臨在，教導我們如何從早到晚經驗到祂，尤其當我們因爲他人所做或沒做的事而心生煩惱，或身陷困境的時候。

當然，〈練習手冊〉提供了許多有效的靜心方法，比如每日之始即開始冥想或祈禱，晚上也以相同的方式結束一

天，其間盡可能常常想起上主。然而，如果我們的練習僅止於此，而不把聖靈或耶穌的臨在帶入現實生活，我們是不可能從自己作繭自縛的夢中醒來的。可以說，《課程》與其他法門的區別所在，乃是它們對冥想所賦予的意義迥然不同。

　　傳統的冥想要求人們從現實世界抽離出來，退隱到心內，結果，冥想反倒加深了內在與外在的分別。奉行這種冥想觀的人總希望尋找一個寧靜的地方，單獨與生命之主或生命之源同在，於是，世界自然被看成障礙或令人分心之物。更有甚者，有些人直接把世界視為萬惡之源，這樣一來，罪貫滿盈的世界反倒被人當真了。這一節的第四段從中間起直到結束，談的都是這個主題（T-18.VII.4:6~11）。

　　相對於傳統的冥想觀，《課程》的宗旨則是使我們領悟到，內心與外在世界並非互不相干的兩回事，人們並不需要遁入山林或閉門修煉才能接近上主或操練祂的課程。它的基本目標乃是幫我們感受到聖靈的臨在，從早到晚都記得祂的教誨。當然，這並不意味著你從此不該冥想，如果你覺得冥想確有幫助，放棄它絕非明智之舉。話說回來，《課程》雖不強調冥想，但也不反對它，只要冥想不致使人認為心念和世界是兩回事。究竟而言，人間任何事物或方法，凡是能使我們更接近聖靈，幫我們在人間活得更有愛心，更平安，就不該放棄。但如果冥想確實不合自己的胃口，操練完〈練習手冊〉為期一年的練習，《課程》並不要求我們持續定時冥

想。唯獨有一點，它要求我們把一切，包括自己「非常個人化」的人生歷練統統交給聖靈來引導，從此，任何選擇或決定均由祂的聖愛出發。

接下來，我們開始看「我什麼都不需要做」第六段，我們在中篇的導言已經引用過這一段。第一句裡的「解脫」，指的正是上一段最後一句「原來我什麼都不需要做」那個令人充滿法喜的領悟：

這才是終極的解脫，每一個人遲早都會以自己的方式、在自己的時刻覺悟到這一真相的。你連這些時刻都不需要。只要與弟兄同在，這個時間就省下來了。本課程用你們的關係當作幫你節省時間的特殊工具。（T-18.VII.6:1~4）

這正是《課程》的救贖計畫最為獨到之處——透過寬恕來療癒自己的人際關係。用人際關係作為我們的靈修課堂，遂成了節省時間的祕訣，這個原理我在前面已經約略點到了，等我們再度討論「奇蹟」時，還會繼續深入。簡言之，他人最容易勾出我們潛意識裡的重重罪咎，也因此，捨此途徑而想要掀出這些罪咎，還真不知要花費多長的時間！

如果你還堅持採用他人推薦的特效方法，漠視這專門為你打造的法門，表示你沒有善用我們的課程。（T-18.VII.6:5）

這正是海倫怒氣沖沖地數落某人時，耶穌跟她說的話：

「不要把別人的道路當成你自己的,但也無需評判人家的道路。」〔原註〕換句話說,不要以為這部課程對你有效,就認為自己比別人優秀,或認為《課程》優於其他法門。你的偏好僅僅表示這個法門適合你,而別人的道路很可能對他也同樣有幫助。

在此同時,耶穌也提醒我們:切勿同時追隨兩個法門。一點也沒有錯,同時修《奇蹟課程》和另一法門,在理論上即使看來可行,但這樣做,遲早會引發內在莫大的衝突。世間林林總總的靈修途徑,都是針對人們各式各樣的根器而出現的,所有法門並無高低優劣之分。然而,不可否認的,它們各自殊異,很多觀念還可能背道而馳。一個人要是虔誠精進地修煉一個法門,同時又以相同的熱情投入另一理念相反的法門,自然會衝突頻頻,矛盾叢生。最後為了調和兩種法門的矛盾,不得不重新詮釋《課程》和另一法門的某些觀念。結果,兩個法門都被搞成四不像,這個人也完全迷失了他修行的本意。

凡是同時操練《奇蹟課程》與另一法門的人,真正的原因很可能是他其實十分害怕《課程》所傳達的信息,才選擇另一法門來沖淡《課程》的信息,這是小我暗中抵制《課程》教誨最常見的手法。總之,如果我們感到《奇蹟課程》

〔原註〕請參閱《暫別永福》第430頁。

適合自己，就應該全心投入、切實操練；反之，如果操練一段時日後，感覺這個課程實在不適合自己，也大可另尋一個契合的法門。

你若只練習這一法門，放下其他的修行途徑，就等於為我（耶穌）節省了許多時間。（T-18.VII.6:6）

耶穌在此強調，修此法門的唯一先決條件，就是接受「我們什麼都不需要做」這一事實，此外，無需履行繁複的宗教儀式或摩頂放踵地苦修。其實，前面幾節已經指出，我們無需為神聖一刻做任何準備（T-18.IV.1~5; T-18.V.2~3）。綜觀整部課程，耶穌只要求我們準備一點，即認清「我什麼都不需要做」。當然，這一體悟並非意味著我們在行為層面什麼都不做。它的旨意乃是說，聖靈已經為我們解決了所有的問題，所以我們什麼都不必做。不僅如此，這一句同時也意味著，外面沒有任何問題有待解決，所有的問題都在我們心裡。

小我為了防止我們看出「問題只有一個，也就是我們心中的分裂信念」，才營造出一個問題叢生的世界，讓我們為那些其實並不存在的人生難題窮盡一生的精力。

「我什麼都不需要做」好似一種宣誓，顯示出忠貞不二之心。你若相信這句話，即使僅僅一刻的光景，你的成就會遠遠超過上百年的冥想或與誘惑奮戰的苦行。（T-18.VII.6:7~8）

　　這一小段是指我們對《課程》的「精神內涵」一種忠貞不二之心，也是我們對耶穌的忠心，表示我們真心接納了他的愛，以及他為我們指出的道路。本節第四段也已說過，我們無需與罪奮戰，戰戰兢兢地抵禦外在誘惑。既然罪只是我們內心一個虛幻的妄念，根本沒有嚴重問題有待修正，那麼，我們只需改變心念，認出自己什麼也不需要做，就大功告成了。

　　這兩節引文將我們導向《奇蹟課程》的一個主要目標：療癒我們的人際關係才是節省時間之道。至於它何以能節省時間，乃是本書下一章主題「奇蹟」所要切入的重點──它在救贖計畫中的任務。

第六章　奇　蹟

　　我要借用圖表六的螺旋圖來介紹「奇蹟」的概念。該圖出自海倫接收到的一則私人訊息〔原註〕，耶穌從另一個角度為海倫講解時間與永恆的關係。圖表六與圖表五其實大同小異，唯一的不同，圖表五的小陷坑在圖表六變成了螺旋線。耶穌告訴海倫，時間宛如一條向下延伸的螺旋線，表面上看，好似切斷了象徵永恆的那條實線。螺旋線代表著我們的分裂之念，我們認為它已破壞了天堂的永恆性。其實，那條永恆實線從未出現任何缺口，天堂與聖子也不曾改變分毫，造物主與造化一體無間的關係依然完好無損。這條螺旋線象徵著我們自以為在人間打造出來的傑作。如果把時間看作一條螺旋線，而非小凹陷，更加符合我們感到綿延不絕的時間經驗。

　　如果我們站在「時間螺旋線」的不同位置看那條「永恆

〔原註〕讀者如欲詳細了解這一訊息，請參看《暫別永福》第117頁。

直線」，不難想像，我們在每一處所看到的「直線」都不一樣，這意味著，我們對天堂和上主的看法，會不斷隨著自我的界定而改變。「投射形成知見」，這是時間領域內顛撲不破的定律。螺旋線上的紛紜萬象其實只是對那唯一真相的扭曲，這正是小我無明亂世的第一條法則：真理是相對的，是因人而異的（T-23.II.2:1~2）。因此可以說，所謂「奇蹟」，不過是聖靈把我們在螺旋線上的所見所聞重新加以詮釋而已。

只要想想人腦如何自動修正感官獲取的扭曲訊息，就不難了解奇蹟在另一層次的功能了。根據生理學者的研究，大腦能夠自動修正「客觀世界」所提供的扭曲訊息。比如說，物體投射在視網膜上的圖像明明是上下顛倒的，大腦在生命發展的早期就自動糾正了那個錯覺，把外界的圖像轉正，我們才不至於看到顛倒的世界。身體確實有自動修正錯覺的能力。

著名的「知覺封閉律」實驗（perceptual experiments on closure）也為我們提供了不少實例。實驗人員讓受試者看一組圓環，其中一個上面有一個很小的缺口，結果大部分受試者都看不到缺口，認為那個環是完整的。又如一頁書的最後一個字是 the，下一頁的第一個字也是 the，大多數人都不會看到兩個 the，因為大腦已經下意識地糾正了眼睛所見之物。親身經歷過《奇蹟課程》「艱苦」的校對工作後，我對

此說法更是心有戚戚。也就是這幾天吧，有人指出了一個錯誤，而我竟從未「看見」過：我們漏掉了某處 search 中一個字母 r，顯然，過去每一次讀到這個字的時候，大腦都自動為我補上了 r。

大腦會自動修正視覺上的錯覺，這與聖靈在螺旋線上教我們如何去看，是同一道理。正由於我們頻頻「錯看」天堂和上主，硬把小我期待天譴的心態往祂身上套，聖靈才諄諄教導我們寬恕的功夫，藉此修正我們對上主及弟兄的誤判。

現在，言歸正傳，讓我們一起探索「奇蹟」與「救贖計畫」的奧祕。首先，簡單回顧一下〈練習手冊〉對「奇蹟」簡潔生動的描述（W-PII.十三）。閱讀這幾段引文時，不妨配合圖表六「螺旋線時間」的意象，以及它跟完好無損的「永恆直線」的關係，我們才能理解奇蹟的深意。

奇蹟只代表一種修正。它既不創造，也改變不了任何事情。它只是一邊面對人生慘境，一邊提醒人心：它所看到的景象全都虛妄不實。（W-PII.十三.1:1~3）

這段話指出奇蹟屬於《課程》的第二層次，它與天堂無關，只在時間的螺旋線上運作。奇蹟旨在修正我們的看法，《課程》的一大目標就是訓練心靈自發地修正肉眼所見的一切。

　　這段話還包含了另一個重要觀念「奇蹟一無所作」，因為時間領域內沒有什麼可做（do）的，我們只需**化解**（undo）小我的妄作。因此，奇蹟不過讓我們的心靈與聖靈結合，一道靜靜觀看小我營造的慘境，同時提醒我們，我們完全有能力另作選擇，我們是可能放下小我虛妄不實的幻相而認同聖靈眼中的真相的。

奇蹟能化解錯誤，但只限於知見的領域，它也無法超越寬恕的任務。所以，它只能在時間的限制下運作。為心靈「回歸永恆」及「覺醒於愛」的大業鋪路，因為恐懼在它溫柔的藥方下已不再興風作浪。（W-PII.十三.1:4~6）

　　〈正文〉也提過類似的觀念，奇蹟只會在時間中運作；它無法廢除時間，卻能瓦解時間，為我們節省了無量劫的時間。奇蹟一旦修正或化解了累生累世所有的時間，時間便不復存在，我們會再度憶起自己原是上主之子的永恆生命。奇蹟能夠化解小我的所有錯誤，洗清分裂妄心的一切罪念，進入《課程》所說的「真實世界」（這一觀念留待下篇專題討論）；進入真實世界的心靈，已然徹底化解自己的小我世界，再也看不到分裂和攻擊了。

奇蹟充滿了天賜的恩典，因為施與受在它內成了同一回事。這是真理之律的最好寫照；世界卻與此背道而馳，完全不了解奇蹟的運作方式。奇蹟會把眼中顛倒的知見翻轉過來，消

弭世間種種怪異扭曲的現象。（W-PII.十三.2:1~3）

奇蹟能夠扭轉我們妄心內的妄見，這正是《奇蹟課程》的目的。它在其他兩處也闡明了這一點：

此書是一部訓練你起心動念的課程。（T-1.VII.4:1）

本〈練習手冊〉的目的是按部就班地訓練你的起心動念，給你另一種知見去看待世上的一切人與事。（W-in.4:1）

現在回到「螺旋線時間」，它的不同面向反映日常經驗的多樣性，因此，我們對萬物的體驗也隨之變化萬千。《奇蹟課程》的目標就是修正我們的妄見，把螺旋線捋直；也就是說，教我們用同一種眼光看待萬物。這也是〈正文〉第十五章結尾的新年祈禱所表達的意思，它說：

「讓我們以『同等』的心對待一切，而使這一年有所『不同』。」（T-15.XI.10:11）

如今，知見已經能向真理開放。如今，寬恕終於被視為天經地義了。（W-PII.十三.2:4~5）

寬恕是奇蹟的搖籃。基督的慧眼能為所有受它仁慈及關愛眼神祝福的人帶來奇蹟。知見受到祂慧見的修正以後，原先意在詛咒的，如今變成了祝福。（W-PII.十三.3:1~3）

奇蹟會撤銷我們對小我妄見的認同，不再把他人視為迫害我們的敵人，或者被我們傷害的受害者，所有人在我們眼裡都成了共同蒙受聖靈祝福的弟兄。奇蹟雖不能把我們從夢中喚醒，但它修正了我們仍在沉睡卻自認為清醒的錯誤信念。奇蹟只能影響或改變幻相世界，為我們鋪就覺醒的道路。至於幻相之上的境界，則非它能力之所及。

寬恕乃是奇蹟最上乘的工具，它改變了我們對彼此的看法；在它的慧眼下，原本為了詛咒而造出的特殊性，此刻成了我們學習祝福彼此的課堂。〈正文〉第二十六章「祂們已經來臨」那一節有一段動人的描寫：

> 復活的基督翩然降臨於十字架的廢墟，古老的傷痕也在祂的慈目下獲得了療癒。遠古的奇蹟終於能以祝福取代那蓄意傷人的千古宿怨。（T-26.IX.8:4~5）

每一朵寬恕的百合都悄然無聲為全世界帶來愛的奇蹟。獻給上主聖言的百合，安放在供奉造物主及其造化的普世祭壇上，閃爍著完美、聖潔及無窮喜悅的光輝。（W-PII.十三.3:4~5）

這一段文意清晰，幾乎無需解釋，它一語道出了奇蹟與寬恕的功用。百合在《奇蹟課程》中象徵寬恕，而「祭壇」通常象徵著心靈負責選擇上主或小我的那部分，但在這段引文中，祭壇象徵著上主與基督的一體生命。

奇蹟首要的憑據即是信心，因為祈求奇蹟的心靈，應該多少
都準備好接受自己無法看見也不可能了解的事情。（W-PII.
十三.4:1）

　　每當我們祈求奇蹟，請聖靈幫我們以另一種眼光看待我
們想要攻擊的人與物，就表示我們內心必定有一部分已經決
定不與小我同流合污了。我把這一部分稱為抉擇者，它在分
裂的妄心中負責選擇與聖靈或小我認同。儘管我們對小我之
外的境界知之甚少，至少我們還能感受到我們並不喜歡此刻
的衝突和痛苦。我們真正渴望的，其實正是比爾和海倫當年
決定聯手尋找的「另一條出路」。

　　若以圖表三為例，祈求奇蹟，意味著我們想要看到另一
種人生情境，我們已厭倦了受害、不幸、內疚和焦慮的生
活，終於想開始追尋另一種人生了。

然而，信心會帶來自己的見證，讓你看到它所仰賴的力量
確實存在。奇蹟會這樣為你對它的信心提供具體證據，顯
示它所憑據的世界遠比你過去所見的世界真實得多，而且
這個世界已由你心目中的那個世界救拔出來了。（W-PII.十
三.4:2~3）

　　只要我們選擇了奇蹟，它自會帶來自己的見證，證明奇
蹟之「源」確實存在。即便我們並不了解、也沒經驗過天
堂的平安，至少我們開始明白，人間是可以活出某種程度

的平安的。請注意結尾的一句，奇蹟把世界由我們心目中的
罪惡深淵救拔出來，換句話說，世界本身並沒有改變（或獲
救），而是我們對它的看法改變了。正如〈正文〉所言：

> 爲此，不要設法去改變世界，而應決心改變你對世
> 界的看法。知見是果，不是因。這就是「奇蹟沒有
> 難易之分」的道理所在。慧見之下的一切，不只已
> 獲療癒，而且神聖無比。（T-21.in.1:7~10）

**奇蹟像是由天而降的甘霖，落在有如荒漠的人間，這人間已
到了饑渴交迫、奄奄一息的地步。如今，它們喜獲甘霖。如
今，世界青翠欲滴。處處充滿了生機，你便會明白：真正誕
生的永遠不死，因為凡有生命的，必然永恆不朽。**（W-PII.
十三.5:1~4）

第一句呼應了我在前面引用〈教師指南〉的那句話：世
界毫無指望地撐在那兒（M-1.4:4~5）。然而，在這陰沉苦悶
的人間，希望之光仍在閃耀著。世界當然不會改變（這一點
值得再三強調），但我們能夠學習以另一種眼光去看世界。
真正饑渴交迫的不是身體，而是我們的心靈，它如此渴望上
主的聖愛，因為只有愛才能「養活」它。奇蹟會幫我們逐漸
覺醒於自己的真實生命，也就是基督永恆不朽的生命。

這段引文的「荒漠」和下一段所引「花園」兩個比喻，
生動地描繪出「分裂和攻擊」的心態轉向「結合與愛」時所

發生的變化：

> 你那小小的王國如此貧乏，……看看你擁爲重鎮的
> 那片沙漠吧，它如此的乾涸、貧瘠、焦熱，了無歡
> 樂的氣息，你才體會得出愛所帶給你的喜悅與生
> 命，愛來自何處，也願與你同歸何處。
>
> 上主的聖念環繞著你的小小王國，它正在你築起的
> 藩籬之外等著你讓它照耀這一片荒土。看哪，大地
> 的生命即將欣欣向榮！沙漠轉眼變爲花園，青翠、
> 深邃而寧靜，爲迷失於荒野塵沙的流浪者提供了一
> 處安歇之地。愛就這樣在原有的荒漠爲他們打造出
> 一處庇身之所。……這小小花園會在你的慈心善意
> 下不斷延伸，伸向所有渴望生命之泉卻感到舉步維
> 艱的人。（T-18.VIII.8:4,6~7; 9:1~4,8）

　　接下來，讓我們回到〈正文〉的「奇蹟原則」，尤其
是專門談到「奇蹟」與時間之關係那幾條原則（T-1.I）〔原
註〕：

**奇蹟既是開始，也是終結，因此它能夠調整世界的時間律。
奇蹟始終在爲重生的可能性背書；重生狀似回歸，其實它是**

〔原註〕我的《奇蹟原則50》（*The Fifty Miracle Principles of A course in Miracles*）
一書更深入細緻地解讀了《奇蹟課程》五十條原則。（編按：此書中
文版，奇蹟資訊中心於2012年出版）

向前。它能在「現在」化解「過去」的一切，因而也解放了「未來」。(T-1.I.13)

　　我們若不先了解圖表二的理念，就無法領會這些奇蹟原則的深意。在這條原則中，《課程》好像又說奇蹟是在線性時間領域中運作的。當然，它並非肯定線性時間的真實性，而是因為我們相信時間是線性的，所以這個錯誤也只有在線性時間領域才修正得過來。

　　圖表二的時間長毯顯示出，雖然我們都陷在某個時間點上，奇蹟卻能將我們領回長毯左側。左側象徵著天堂、上主和基督的境界。在時間領域或幻相世界中，這一過程可能顯得極其漫長；想要化解我們的罪咎，好似需要無可丈量的漫長時間。為此，《課程》才會說它要幫我們「節省」人間這一虛幻旅程所需的時間。耶穌在後文要我們留意自己的恐懼之念時，曾詼諧地說：「你也許感到此刻『只有奇蹟救得了我』，確實如此。」(T-2.VII.1:8)

　　再舉個例子，假設有一事件勾起我們內在極深的罪咎，讓我們感到深受某人之害，因而自己對那人的憤怒也顯得情有可原似的。若按時間長毯的人間常理來處理，恐怕得花上好幾輩子的時間，才化解得了這一問題或關係。然而，只要我們允許奇蹟一展身手，它會幫我們在這一世，在這一關係中就化解所有的罪咎，徹底寬恕那個人，也徹底寬恕壓在我

們心中的那一堆罪咎。這正是奇蹟爲我們節省時間的祕訣，因爲它在化解過去之際，也釋放了未來。

我們感到自己罪孽深重，只因我們相信自己做了或沒做某件事。這個罪咎不但藏身於過去，還伺機投射到未來，使我們相信自己總有一天會受到懲罰。不僅如此，我們隨後又把投射罪咎的責任忘得一乾二淨，反而認爲他人待我們不公，傷害了我們。

爲此，奇蹟不過反映出心態上的轉變，這一轉變會讓我們放下罪咎，不再相信自己的過去罪孽深重。放下罪咎，等於爲聖靈掃清了障礙，使祂的愛得以延伸進來。用〈練習手冊〉第一百九十四課的話來說，這一轉變就是「我把未來交到上主的手中」。如果我們死守著小我的罪咎不放，是不可能交託的；除非我們放下罪咎，才可能釋放未來。

所謂「開始和終結」，可以理解爲某段人際關係的開始和終結。這段人際關係「始」於小我營造出來的特殊關係，「終」於我們對這段關係的寬恕；而也唯有寬恕，才能把這段關係變得神聖無比。接下來請看第十五條奇蹟原則：

我們應把每一天都獻給奇蹟。時間的目的原是爲了教你如何善用時間。因此它是一種教具，只是完成目的的一種手段而已。當時間一旦無助於學習時，便沒有存在的必要了。
（T-1.I.15）

　　這一原則指出，小我發明時間，就是爲了將我們困鎖在人間。時間讓我們不能不相信分裂和罪咎的存在，同時還證明了我們對懲罰的恐懼並不是空穴來風。然而，即使在幻相中，聖靈仍能利用時間，指點我們超乎時間的事情。

　　爲了釐清這一觀念，讓我們看看〈正文〉第二章的一段，它提出一個重要的概念，幫我們理解爲什麼耶穌在某個層次上說時間是虛幻的，世界早已不存在；而在另一層次（即我們的人世經驗），好像又認同時間的眞實性。下面幾段話探討的雖是醫療問題，卻涉及了怪力亂神（magic）的觀念。順便一提，《課程》所說的「怪力亂神」，是指任何「只企圖改變外在的症狀而不敢觸碰問題的核心（也就是人心中的罪咎）的解決方案」。不過，它同時也說，使用怪力亂神並非邪惡或有罪之事；我們應該反躬自問的是，這種解決辦法的目的究竟何在？

　　救贖的價值是無法靠它所呈現的形式來衡量的。事實上，若要眞正發揮大用，它必須以最有利於領受者的形式出現才對。也就是說，奇蹟必須按照領受者所能了解而且不害怕的方式呈現，才可能功德圓滿。但這並不表示這種奇蹟就是他與上主交流的最高層次了。而是說，他「目前」所能接受的最高交流層次僅止於此。奇蹟的整個目標不外乎提昇人的交流層次，它絕不會加深人的恐懼而降低了交流層

次的。（T-2.IV.5）

這與我在上篇說過的話可謂不謀而合：《課程》出現於人間，乃是爲了答覆我們在世的具體需求，但奇蹟並不是我們所能達到的最高交流層次。然而，毋庸置疑，對於深陷小我的我們而言，這可能是人類現階段所能領受最高層次的交流了，只因我們仍活在自我中心、貪得無厭、感官享樂，以及無孔不入的特殊性等種種陷阱。針對這種情況，耶穌對症下藥，開出了寬恕的藥方，溫柔地修正我們的錯誤，讓我們安心地重返家鄉。

我們的確把時間看得極其眞實，只要看看當代社會如此重視「節省時間」之道，就可見一斑了。比如速食、高鐵、各種速戰速決的政策方案、追求療效迅速的藥、更快的性高潮、一夜致富，不一而足。正因如此，我們亟需一個迎合這種心態的思想體系，亟需爲我們節省時間的「奇蹟」。《奇蹟課程》應運而生，告訴我們奇蹟如何撤銷過去，釋放未來。究竟說來，這趟時間之旅其實只是虛晃一招，因爲一切早已發生，也早已解決了。本書上篇已經充分說明，我們其實是時間領域之外的觀者，正在腦海裡重活過去的經歷（請看圖表三）。爲此，以節省時間爲特色的奇蹟雖不是天人交流的最高境界，但它的確是**人間目前**所能達到的最高層次。

我們還可以這樣說，世界之所以能把我們牢牢困住，只

因我們混淆了因與果的關係，低估了心靈的能力，忘了整個
世界都是它一手打造出來的。我們把物質世界看得眞實無
比，因爲我們已把自己造出世界這一事實壓到潛意識之下，
《課程》就是要教導心靈憶起自己的能力，它才是一切幻相
的始作俑者。不妨再回顧前面引用過的一句話：

> 因此，奇蹟的第一步即是把緣起作用由「果」收
> 回，交還給「因」。（T-28.II.9:3）

　　現在回到第十五原則：聖靈把時間作爲祂的「教具」，
不是因爲時間眞的存在，而是因爲我們不能不藉助時間來學
習。我們一旦學會了自己的功課，時間就會功成身退。時間
既然不是上主所造，故不具永恆的特質，只能隨著造出它來
的夢境同生同滅。接著我們來看第四十八條奇蹟原則：

**你若想掌控時間，唯一操之於你的學習教具便是奇蹟。唯有
啟示能夠全然超越時間，它與時間毫不相干。**（T-1.I.48）

　　也就是說，唯有奇蹟才能掌控和化解時間，因而爲我們
節省了時間。爲此，奇蹟成了奇蹟學員學習本課程的得力助
手。啓示則能瞬間將心靈提昇到一體心識，讓天人直接相
通，徹底超越了時間領域；而奇蹟只會把妄念轉爲正念，它
只能節省時間，無法廢除時間。總之，奇蹟只能修正我們的
錯誤；啓示才能帶領我們超越一切錯誤，直通圓滿之境。

接下來我們要讀的是〈正文〉第一章第二節第六段，這一段總結了許多奇蹟原則，特別針對「奇蹟能節省時間」的特質。它其實是第四十七條奇蹟原則的延伸。

研讀這一段的時候，如果能把它與圖表二「時間長毯」的意象聯繫起來，會很有幫助。這幅圖的中間有一條虛線，線上有A,B兩點。A代表我們的現狀，也就是正爲某個人際關係而煩惱的自己。在「正常」的時間觀念下，若想化解這個關係所引發的罪咎可能需要上千年的光陰。也就是說，我們勢必不斷重複經歷這類影集中的關係模式。

奇蹟則把我們垂直提昇到時間長毯的上方，將我們帶到距離時間起始之處更近的B點，再輕輕落回時間長毯。這種比喻性的說法可以詮釋奇蹟節省時間的原理。只要我們選擇了奇蹟和寬恕，就會一舉化解本需上千年才能化解的不平與怨恨。

再用圖表三來解釋「節省時間」的觀念，我們可以這樣說，奇蹟爲我們省下了無盡的時間，幫助我們提早鬆開小我噩夢的按鈕，改按聖靈幸福美夢的按鈕，只選擇觀看療癒與寬恕的影集。容我再強調一下，奇蹟是超越時間的，在一種「無例可循的時間流」中運作著，卻不受時間律之限制。因此，奇蹟可說是發生於時間律之外，儘管我們是在時空世界裡經驗到它的。這正是奇蹟令人費解之處，第四十七條原則

說的正是這一點：

奇蹟是一種學習教材，能逐漸降低人對時間的仰賴。它打破了一般的時間律，為你建立一種無例可循的時間序列。為此，它可說是超越時間性的。（T-1.I.47）

　　現在，我們開始讀第一章第二節的第六段：

奇蹟把時間的需求降到了最低的程度。不論由縱向或是橫向（即線性的時間觀）來說，若想認出聖子奧體所有生命的平等性，好似得歷經百千萬劫。（T-1.II.6:1~2）

　　由於聖靈賦予時間一個「化解罪咎」的新目的，大大加快了罪咎的化解速度，從而降低了我們對時間的需求。人類要在時間幻相中領悟「天父與聖子純然一體，聖子奧體本身也純然一體」的境界，可能得耗去百千萬劫的時間，簡直遙不可期。〈正文〉第二章第八節第二段也說了，這個過程可能需要幾百萬年的時間，因為無論我們的特殊關係，還是這個紛紜世界，都包藏了深不可測的罪咎和恐懼。

奇蹟卻能使人的知見瞬間由橫向一躍而為縱向。這一躍，為施者與受者引進另一種時間序列，使他們加速超前，跳過原本需要歷經的人生劫數。因此，奇蹟具有廢除時間的特殊功能，讓人不再浮沉於時間的洪流裡。（T-1.II.6:3~5）

　　我們無需在長毯上一步步地往天堂的方向挪近，奇蹟可

以把我們「縱向」提昇到時間長毯的上方。藉此，奇蹟（也就是寬恕）的施者與受者從A飛到B，跳過了上千年的人生劫數，因爲我們一旦學到了那段時間所承載的人生功課，時間就沒有存在的必要了。當時間完成了聖靈賦予它的化解罪咎之目的後，再也沒有存在的意義了。

行一個奇蹟的時間與它的影響所及的時間毫不相干。（T-1.Ⅱ.6:6）

　　奇蹟是在瞬間完成的，《奇蹟課程》把這瞬間稱之爲「神聖一刻」，而奇蹟的影響所涵蓋的時間，就如圖表二所顯示的，可能達到千年以上。這話聽起來似乎匪夷所思，只因人間的邏輯是以線性時間爲前提的。如果我們懂得時間不過是小我所玩的一個「把戲」（本書第一章已經詳細討論過），就不難理解奇蹟的運作方式了。總之，《課程》給我們一個截然不同的時間觀，它會在一瞬之間徹底瓦解，只需一瞬。我們知道，《課程》並不要求我們眞正了解時間的形上學，它只期待我們明白，選擇奇蹟是何等的重要。

奇蹟足以取代千百年的學習過程。這是因為奇蹟凸顯了施者與受者之間完美的平等性。（T-1.Ⅱ.6:7~8）

　　施者與受者無二無別，是奇蹟的一個基本特質，〈練習手冊〉也說：「施與受在眞理內是同一回事。」（W-108）是的，在實相中，我們並非分立的個體，我們全都一樣。若站

在圖表六的螺旋線上，我們看到的一切彷彿非常不同，扭曲變形，幻化無常。其實，在真相內，世間萬物全是同一回事，因為幻相只存在形式上的區別，內涵其實都一樣。

奇蹟之所以能幫你縮減時間，在於它有摧毀時間的能力，故能為你消除某些人生劫數。然而，它必須在更廣闊的時間序列中成就此事。（T-1.II.6:9~10）

　　換言之，奇蹟免除了從A點到B點這一段的人生經歷（圖表二），所以說它有瓦解時間的能力。然而，奇蹟並未廢除時間，因為我們只能在虛幻的時間洪流中經驗奇蹟。因此，奇蹟以及《奇蹟課程》的整個目標，只是為我們節省時間而已。

　　問：「奇蹟足以取代千百年的學習過程」這一句好似說，如果所有的事情都是在一瞬間同時出現的，奇蹟可以幫我們在一個關係中學完所有的功課，而不必一個關係接一個關係地修正。一個奇蹟足以瓦解「千百年」的時間，好像在說，生生世世的受害模式所累積的罪咎，會在瞬間徹底崩潰。

　　肯恩：是的。如果用電腦做比喻，一台電腦內有各式各樣的受害程式，你若想消除這個隱患，只需要按下刪除鍵，剎那間，所有此類程式便全被刪除了。所以說，「長毯」的

意象有助於我們的體會，是因為它符合我們視為天經地義的
線性時間觀。然而，要想真正理解奇蹟的運作，電腦的比喻
所呈現的全像觀更為貼切。下面這一段話充分說明了寬恕為
我們節省時間的道理：

> 在所有的見證中，你最先看到的就是那位弟兄，
> 在他身後還有成千上萬的人，而這些人後面又有
> 成千上萬的人。每一個人都好似懷有與眾不同的
> 問題。但是，所有的問題都會同時解決的。（T-27.
> V.10:4~6）

接下來，請看看第一章第五節的第二段：

**以奇蹟為志之人作了一個基本的決定：若非必要，絕不蹉跎
光陰。時間可以耗損，也可以浪擲。因此，奇蹟志工欣然接
受人生的時間因素。**（T-1.V.2:1~3）

第二句顯然是雙關語，《奇蹟課程》的譯者都曾為這
一句絞盡腦汁。wasting time在英語裡有它特別的含意（意
為故意拖延時間）。這一句的本意是我們可以善用時間，
把線性時間的世界當做課堂，慢慢領悟出「時間其實並不
存在」。〈正文〉第二章也提到「時間因素」（time-control
factor），耶穌建議我們把那些無關緊要的事交給他來處
理，把我們的小我交給他來管理，唯有這樣，他才能在真正

重要的事情上為我們指點迷津（T-2.VI.1:3）。隨後，他又提醒我們：「時間與空間都操縱在我的手裡。」（T-2.VII.7:9）只要我們決心跟隨他，他的愛就能在虛幻的時空世界裡，教我們如何透過奇蹟完成寬恕的功課，省下反覆觀看舊片的時間，因為耶穌已取代小我的角色，教我們播放哪一種影集。

問：可不可以這樣說，拖延的習性只是小我想耗去我們的能力的詭計，意圖讓我們感到欲振乏力？

肯恩：是的。我們看到那句話故意將主詞和述語倒置了。我們一般說 wasting time（耗損時間），而這一句卻說 time wastes（時間可以浪擲）。

他（奇蹟志工）體會到，時間每崩潰一次，便能讓每一個人與那超越時間的終極境界更接近一點，更接近聖子與天父的一體生命。（T-1.V.2:4）

這一段可說是〈練習手冊〉第一百五十八課的先聲，它說「上主與聖子是一體生命」的啟示早已來臨了。本段主要是告訴我們，所有的心靈都是一體相通的。因此，〈教師指南〉答覆「拯救世界需要多少位上主之師」時，答案竟然是「一位」（M-12.1:1）。因為耶穌的心靈既已徹底療癒了，聖子奧體的心靈必定也已痊癒，證明了救贖原則所言不虛。但《課程》又提醒我們，在我們接受療癒，也就是接受天國的

愛之前，聖靈始終爲我們妥善保管這一療癒之念(T-6.V.三.1;
T-9.II.3; T-11.VIII.2)。我們推卸不了接納眞相的責任，它一
直在我們心裡等候著我們。因此，只要我們還相信這場人生
大夢是眞實的，我們的心靈就有待療癒。但若由另一層次來
說，心靈是相通的，耶穌的心靈既已痊癒，每個人的心靈當
然也已痊癒了。

所謂的平等，並不是此時此刻的平等。(T-1.V.2:5)

讓我用圖表二的長毯來解釋這一句。在時空幻相中，有
的人似乎比其他人離「家」更近一點。我們不難在世上看
到，有的人確實具有更高的靈性能力，這在世間是有目共睹
的現象，《課程》也不否認這點。因此，〈教師指南〉才把
上主之師分爲上主之師、資深上主之師、眾師之師。耶穌自
然屬於最後一類，在時空的領域內，他的境界遠超過我們，
但這也只是時空領域的一種幻相而已。如他所說：

> 我所有的一切，沒有一樣你不能得到。我所有的一
> 切，也無一不是來自上主。此外，我一無所有，這
> 是我們目前不同之處。就是這一點使我的境界對你
> 而言仍是有待開發的潛能。
>
> 「除非經過我，誰也不能到父那裡去」，這句話
> 並非表示我與你之間，除了時間之隔以外，還有
> 任何不同或差別；何況時間根本就不存在。(T-1.
> II.3:10~4:1)

耶穌隨後又在〈正文〉提醒我們，切莫否認我們在時空幻夢裡所經驗到的罪咎：

你是在永恆境界裡清白無罪，而非時空世界。（T-13.I.3:2）

接下來要討論的是第二章第二節第五段。

「救贖」早已潛入了人類的時空信念，這一內在預設為人們對時空的信賴與需求設置了上限，一切學習最後是靠它而完成的。救贖是人生最後的一課。這一學習歷程就像上課的教室一般，只是暫時的施設。（T-2.II.5:1~3）

在小我好似出現的那一刻，我們造出了時間和空間，而在同一刻，上主已把聖靈「賜給」我們，為我們帶來了修正和救贖原則。這一預設等於為小我的時空世界設了限，證明所有的錯誤都已修正了。耶穌接著在第二章指出，上主已用救贖或聖靈為我們的妄造能力設了限（T-2.III.3:3），這一點，我們前面已經引用過了。

《奇蹟課程》通篇採用了課堂的比喻為我們解說真相，就連書名也套上「課程」一詞。因此，它把時空世界比作課堂。我們上大學的時候，一門課只要過關了，就無需再修了。寬恕的功課也是如此，救贖屬於最後一堂課，當一個人全面接納了救贖，必會頓時醒悟自己原來不曾離開過上主與

天堂之境。一旦學完這門功課，課堂就沒有存在的必要了，它會跟著造出它的小我一併銷聲匿跡。

當你進入無需改變的境界時，學習能力便沒有存在的價值了。在生生不已的永恆裡，無事可學也無道可修。在世上，你仍需學習改進自己的知見，成為一位虛心就教的好學生。這會使你的頻率與聖子奧體愈來愈相應，然而，聖子奧體原是完美的創造，而完美是沒有程度之分的。只要你還相信萬物有別的話，學習便成了一件深具意義的事。（T-2.II.5:4~8）

天堂不需要學習，因為那裡的一切都完美無瑕。世間的人才需要學習。若以圖表六來解釋這段話，它的意思是，由於我們相信自己活在那條螺旋線上，只有通過學習，我們才可能領悟螺旋線並非我們真正的家。如上文所言，我們一旦學完了該學的課程，螺旋線就會消失。我們之所以能夠順利畢業，是因為聖靈親自進入了螺旋線，幫助我們釐清並修正了所有的錯誤知見。

「聖子奧體」是指基督自性那一體生命，而我們是其中一份子。在圖表二的長毯中，基督自性的一體生命位於生命線的左端。當我們從右往左，或者說從A點移動到B點，自然會與聖子奧體的一體生命愈來愈相應。本段最後那幾句是說明，唯有在妄造出來且充滿瑕疵的時空世界才有程度之分，正是這一錯誤信念使我們不得不從頭學起。一旦徹底學

完了自己的功課，我們會在自心內經驗到與基督和上主一體不分的生命。然而，在那之前，為了化解小我「萬物有別」的思想體系，我們不能不從頭學起。

進化是一種過程，你好似一級一級地推進。每向前邁出一步，便修正了前一步的錯誤。（T-2.II.6:1~2）

　　進化是一個線性演進過程，在此前提下，上述的說法就不難理解了。其實，幾乎所有人都認為自己的靈修之路是一個日積月累的線性旅程。《奇蹟課程》沿用了這一意象，儘管如此，它仍提醒我們另一層次的時間，它說，這一「無程」之旅早已結束了，而且，根本就沒有所謂的旅程這一回事。圖表二時間長毯的觀念無法套用於這一層次。這個旅程的「路線」其實是向後倒退的，從右到左溯回，而非一般人心目中的從左到右前進。針對這點，下一句表達得很清楚：

因此你的前進其實是一種回歸，這由時間的角度來講，確實難以理解。（T-2.II.6:3）

　　我們感到自己不斷前進，其實是在一步步回歸自以為遠離了的天堂。圖表六把時間描繪成一條向下旋轉的螺旋線，這一縱向模型比橫向的長毯更為貼切。《課程》把分裂過程描繪為階梯，我們處於最底下的一層，聖靈帶領我們沿著分裂的軌跡一級一級地向上回溯（T-28.III.1:2），回歸分裂的起點，其實，我們從未離開過那兒。

　　順便說一下，這一觀點與法國耶穌會士德日進（Pierre Teilhard de Chardin）的學說有所不同。德日進認為生物的進化已經完成，我們正在向精神層次，也就是一體的悟境邁進，他稱之為歐米茄點（Omega Point）。他純粹由古生物學家的視角，將人類進化的過程放在時間的洪流中。《奇蹟課程》的觀點與之迥然不同，它主張心靈早已療癒，療癒的過程其實只是接納已經完成的救贖而已。

救贖的功能即是幫你在前進之際，擺脫過去的束縛。它化解了過去的錯誤，使你無需重蹈覆轍而延誤了歸程。（T-2. II.6:4~5）

　　圖表二清晰地顯示出奇蹟（或救贖）是如何把我們垂直提昇至時間之上，為我們節省時間，一邊向家鄉前進，一邊釋放過去的束縛，不必重蹈覆轍。如果藉助圖表三的意象，這句話只是說，我們不必一再重播同一影集或者重溫同一受害的噩夢。救贖可為我們一筆勾銷過去種種的錯誤，也就是根深柢固的罪咎所引發的一切錯誤。

從這一方面來講，救贖確實能為我們節省不少時間，但它像奇蹟一樣，是為時間服務的，而非廢除時間。凡是需要救贖之處，就需要時間。整個救贖計畫從頭到尾都與時間建立了極為特別的關係。在救贖完成以前，每一階段都有賴時間才能進行，但整個救贖本身卻立於時間的盡頭。它由那一盡頭

為我們架起了一座回歸的橋樑。（T-2.II.6:6~10）

如果聖靈代表救贖，我們就會看到聖靈正與我們（觀者）立於時間之外，等著我們做出覺醒的決定。為此，《奇蹟課程》才說「救贖……有賴時間才能進行，但整個救贖本身卻立於時間的盡頭」。〈練習手冊〉所描寫的聖靈，與此相互輝映：

> 在我們邁向祂之際，聖愛等候著與我們同行，且在前指點迷津。祂絕不會有任何閃失。祂是我們追尋的終點，也是我們邁向祂的途徑。（W-PII.302.2）

接下來的幾段引文都在討論時間與永恆的分野，以及兩者是如何在我們心中運作的。若套用圖表三「觀者」的意象，小我代表時間，聖靈代表永恆，兩種思維模式都在我們心中，我們可以選擇與哪一個認同。現在，我們先看〈正文〉第十章的導言：

沒有任何大於你之物能使你害怕或讓你更有愛心，因為沒有一物大於你。（T-10.in.1:1）

分裂的妄心裡包藏了所有的幻相，由於「觀念離不開它的源頭」，即使心靈（觀者）已把心中的幻相投射出去，它們也不曾離開觀者的心。因此，一切仍在我們心中，心外沒有任何東西；心內之念與心外之境其實是同一回事。〈練習

手冊〉第七十課「我的救恩來自於我自己」也重申了這一觀
念：

> 你可能認為，若接受今天的觀念，你得付出一個代
> 價，即是：外在沒有一物救得了你，也沒有一物能
> 帶給你平安。但它同樣意味著，外在沒有一物傷害
> 得了你，也沒有一物騷擾得了你的平安，或帶給你
> 任何煩惱。（W-70.2:1~2）

〈正文〉還說：

> 沒有一物傷害得了你，除非你賦予它這個能力。
> （T-20.IV.1:1）

> 你打造的世界並沒有控制你的能力，除非你想繼續
> 與造物主分裂下去，存心與祂的旨意對抗到底。
> （T-22.II.10:2）

**時間與永恆都存於你心靈內，兩者勢必會衝突迭起，直到
有朝一日你能夠認出時間只是重獲永恆的工具為止。**（T-10.
in.1:2）

　　人心深處都認定自己與上主勢不兩立，這正是小我最基
本的信念，「無明亂世的法則」一節對此多所著墨。我們
若不讓聖靈為我們重新詮釋時間的意義，便化解不了這一
衝突，因為我們打造時間的目的即是攻擊上主。只有聖靈可

以幫我們把時間轉變為學習教具，讓我們看清上主從未遭受攻擊。唯有如此，時間在我們心目中才不會與永恆衝突；或者說，時間的螺旋線拉成了一條直線，因為一切在我們眼裡都成了同一回事。知見一經修正，頓時縮短了我們回家的距離。

只要還相信任何外在因素支配著你的人生經歷，你是不可能認出上述事實的。（T-10.in.1:3）

是的，只要我們還認為自己是上主所造世界的受害者，或認同「人在江湖，身不由己」那套說法，我們不可能不把眼前的時空世界當真。在那種信念下，我們勢必相信小我真的攻擊了上主；根據投射的原理，我們必然相信上主定會反身報復，把我們逐出天堂。《課程》在下面兩段話中道出了小我眼中的上主，描繪之犀利生動，力透紙背：

上主也不會放過你們兩個；祂跟你們一樣瘋狂地想佔有這冒牌的愛，以除掉你們兩人為快。（T-23.II.13:3）

果真如此（罪真存在的話），天堂就出現了一個對手（即小我），與它自身一樣真實。上主的旨意從此一分為二，所有的造化都得臣服於兩種相斥的法則及力量，直到上主忍無可忍，把冒犯天條的世界放逐出去。（T-26.VII.7:3~4）

秉持這種信念，我們不可能認為時間是仁慈的，世界在我們心目中必然顯得十分無情，因它代表了上主對人類的天譴。

你必須學會看出，時間完全操縱在你手裡，世上沒有一物撤銷得了你這一責任。（T-10.in.1:4）

這句話反映了《課程》的一個基本觀念：因為我們賦予時間和世界某種力量，它才有左右我們的能力。我們先賦予他人傷害我們的能力，又把時間視為自己的死對頭，而非聖靈為我們重新詮釋的「朋友」。因此，《課程》要我們看清，在幻相世界中**如何善用時間**，責任完全操之在己。除非我們甘願受控制，否則時間影響不到我們，時間根本是在我們的掌控下。這與小我的教唆正好相反；娑婆世界，無論從它的起源，還是本質而言，都是小我用來防止心靈為自己的投射負責的障眼法。心靈如果想要療癒，必須為自己的投射負責，把時間當作救贖道上的盟友才行。

接著，我們來看第十章第五節的最後一段：

傲慢即是否認愛，因為愛是共有共享的，而傲慢則有所保留。只要這兩種可能性對你都有吸引力，選擇的概念便由此而生了，它絕非來自上主。（T-10.V.14:1~2）

只要我們還相信自己活在世上，能在上主和小我之間選

來選去，**而且兩者我們都想要**，有時寧選小我的傲慢，有時又想要上主的聖愛，我們心中一定會激起莫大衝突的。〈練習手冊〉有三課提醒我們這一點：

> 眼前的世界沒有我真正想要的東西。（W-128）

> 我所渴望的世界，超乎塵世之上。（W-129）

> 我不可能同時看見兩個世界。（W-130）

總之，一切又歸結到「選擇」上。我們知道，選擇也是虛幻的，因為在天堂的一體之境中，沒有五花八門的選項；只有在分裂的妄心內，選擇才勢所不免。對於依舊活在小我夢境中，且認為自己有選擇上主和小我之自由的人，則不能不學習如何在聖靈和小我的救贖方案之間慎加選擇：

> 學習是你賦予自己的一種能力。不是為了實現上主
> 旨意，……但你遲早會學到真理（聖靈所教的課
> 程）的；因為在聖靈的眼中，那才是你的學習能力
> 在世間的唯一目的。（T-31.I.5:1,5）

這一概念只存於時間領域，不存於永恆之境；為此，只要你心中還有時間的觀念，你就有選擇的餘地。（T-10.V.14:3）

《課程》再次重申了時間與永恆之間的區別。天堂中沒有選擇的餘地；常人心目中的自由意志，在天堂裡毫無意義可言。因為同屬上主一部分的我們不可能持有與祂不同的意

願，所以我們不可能真正作出離開祂的選擇。只有在「上主與聖子已經分裂」的二元夢境裡，自由意志才有立足之地。請記住，天堂不是二元的，上主與基督一體不分，兩者共享同一旨意。正如〈練習手冊〉所說：

> 你是祂的聖子，祂讓你分享祂的天父身分，祂從不在「祂自己的生命」以及「仍是祂自己的生命」之間作任何區分。祂所創造的一切，從未離開過祂，你絕對找不到天父的盡頭以及聖子獨立出去的那一點。（W-132.12:3~4）

前面的一百二十九課也表達了類似的觀點：

> 然後閉起眼睛，不再著眼於眼前世界；在寧靜的黑暗中，你會看到一種超乎塵世的光明，一個一個地亮起，直到它們不再明滅閃爍而融為一個光明為止。（W-129.7:5）

然而，如果換個角度看自由意志，自由意志的概念就有意義了，因為它強調意志確實是自由的，只不過它指的不是「選擇的自由」，因為上主之子沒有能力成為「非上主所創造的樣子」。可以說，《課程》所謂的自由意志，純粹表示小我世界的種種幻相囚禁不了上主和聖子的意志而已。誠如〈正文〉所說：

天堂是完美的一體，徹底安全無虞，小我永遠侵犯
不了它。阿們！（T-4.III.1:12~13）

另在第三十章更進一步闡述：

天堂所代表的其實就是你這大願，天堂裡的一切都
是爲你而造的。……完成你的大願，是多麼美妙的
事！那才是眞正的自由。此外沒有自由可言。除非
你能實現自己的意願，否則你不是自由的。上主豈
會讓自己的聖子無法擁有他決心想要之物？……上
主絕不樂見自己的聖子受困於他並不想要之物。祂
會與你同心協力，爭取你的自由。……你的願力
廣大無邊，不受任何限制。你內在的一切早在創造
之初就已結合於上主了。……不要認爲上主有意控
制你，祂已把你造成整個宇宙的「創造同工」了。
祂願你的願力和祂一樣永恆而無窮無盡。（T-30.
II.1:8;2:1~5,8~9;3:4~5; 4:4~5）

　　因此，只有在這似乎存在於上主之外的世界裡，選擇與
決定才有意義。在人間，我們確實老是在小我和聖靈之間選
來選去；然而在眞實世界裡，已無選擇可言，因爲除了天堂
的倒影，也就是聖靈的愛之外，別無他物可選。

**連時間都是出自你的選擇。如果你願憶起永恆，你必須僅僅
矚目於永恆。**（T-10.V.14:4）

　　我們在人間所矚目的永恆，並非上主或靈性眼中的永恆，因為那是無法用肉眼看見的。我們所矚目的乃是聖靈轉譯的「永恆境界」，也就是矚目於基督聖容，用全然寬恕的眼光看待弟兄，認出萬事萬物的同一本質。這就是《課程》所說的「神聖性的倒影」和「永恆境界的先驅」。〈練習手冊〉是這樣說的：

> 上主其實沒有名字。然而，祂的聖名卻成了「萬物皆為一體」的最後一課，所有的學習階段到此結束。所有的名字在此合而為一，所有的空間都反映出真理的倒影。……你必會得到某種經驗，與祂的聖言相呼應。但你必須先為一切眾生接受這個聖名，而且心知肚明，你強加在它每個部分的不同名目，只會扭曲你之所見，卻絲毫無損於真相。……即使我們得用不同的名字，指稱上主之子內的每個分別意識，我們心中了了分明，他們只有一個名字，就是上主所賜的聖名。（W-184.12:1~3; 13:2~3; 14:1）

你若容許自己為無常事物操心，你便落入了時空。你的選擇必會受你的價值判斷所操縱。時間與永恆不可能同時存在，因為它們相互牴觸。如果你只接受「超時空」為真實的境界，表示你終於了解了永恆之境，且納為己有了。（T-10. V.14:6~9）

　　小我利用時間使我們緊盯著過去的「罪」不放，接著用「咎」放大罪的身影，直到我們不堪重負，便把罪投射到未來，讓我們相信有朝一日必受懲罰。小我這一陰謀顯然想把我們困在它的世界裡，使我們無視於聖靈眼中的寬恕之境，也就是天堂永恆聖愛的化身。既然我們相信自己活在世間，表示我們已經選擇了時間，所幸聖靈已將時空世界重新詮釋為天堂永恆境界之倒影，就看我們如何選擇而已。

　　以上幾段的引文，擺在我們面前的選項均是時間或永恆，而在《課程》的其他章節，選項通常是小我或聖靈，奇蹟或怨尤。顯然，活在世間的我們不可能真正選擇超時空之境，因為那對我們是不可思議的。所以，耶穌只能指向超時空之境在世間的倒影，比如寬恕，因「它反映出上主對世人的愛」（W-60.1:5）。

　　接下來我們看看〈正文〉第十三章的第一節，我就是從中獲得靈感，繪製出「時間長毯」的模型的。這是《課程》唯一以「毯」作比喻的章節。先來讀第三段：

只要你能誠實地反省一下自己的所作所為，就會忍不住懷疑自己怎麼可能清白無罪！（T-13.I.3:1）

　　我們一旦面對自己內心波濤洶湧的匱乏感和無價值感，必然質疑自己怎麼可能清白無罪。這不僅是小我慫恿我們作

出的判斷，其實，根本就是小我對我們所下的第一個判斷。
若非「我罪孽深重」的信念在背後作祟，我們不會為了掩飾
自己的罪行去抵禦上主的懲罰，進而營造這麼一個世界。它
說：「你所做的一切已經覆水難收了。斑斑血跡是永遠清洗
不掉的。」（M-17.7:12~13）

　　下面這句話我們已經引用過，耶穌告訴我們，我們不必
期待自己變得清白無罪才可能獲得療癒：

**你不妨這樣想：你是在永恆境界裡清白無罪，而非時空世
界。**（T-13.I.3:2）

　　這一提醒非常重要，許多奇蹟學員千方百計想要放下所
有的特殊關係，卻不自覺地愈陷愈深，且為此內疚不已。耶
穌明確指出，活在時空二元世界，我們必然感到罪孽深重，
飽受憤怒、憂鬱、焦慮和疾病的煎熬。然而，正是因為這一
罪惡感，我們才會躲到世間來的。〈正文〉隨後解釋道：

　　把你的精力集中在這一願心上吧！拒絕四周魅影
　　（即罪咎）的干擾。這才是你來到世上的功課。如
　　果你這一生不需經歷那些魅影的糾纏，表示你也無
　　需神聖一刻。（T-18.IV.2:4~6）

　　〈教師指南〉也教導我們：

　　因此，不要為生活中的種種束縛（即身體）而感到

沮喪。你的任務乃是擺脫束縛，而不是逃避束縛。
（M-26.4:1~2）

　　總之，我們在永恆境界永遠清白無罪，但只要我們還認
為自己活在時間領域，我們肯定自覺有罪，因為時間本身就
是罪咎孕育出來的產物。為此，我們無需在世間修出「完美
之身」，只需懷著回歸本來完美之境的願心，學習寬恕作繭
自縛的習氣，不再受制於「罪、咎、懼」那一套思想體系。

**你過去確實「犯了罪」，問題是「過去」根本不存在。「永
遠如此」之境哪有方向或座標？**（T-13.I.3:3~4）

　　這麼簡短凝鍊的兩個句子卻融合了第一層次和第二層次
的時間觀，「方向或座標」無疑是指此刻所在之地與目的地
的對比，這種說法只有在形相世界裡才具意義。「永遠如此
之境」屬於永恆境界，既非二元，自然沒有對比或來去。

**時間只是看起來朝著某一方向推進，但當你抵達盡頭時，過
去的時間會像你身後那條漫長的地毯，瞬間捲起而消失於無
形。只要你相信上主之子是有罪的，表示你仍在這地毯上徘
徊，並且相信它正一步一步地將你導向死亡。這旅程顯得如
此無情、漫長又了無意義；它確實如此。**（T-13.I.3:5~7）

　　「無情、漫長又了無意義」是指我們在時空世界的旅
程，這是一條罪咎之路，時間長毯的每一條線都是罪咎織成

的。一旦我們爲了自己之故，全面接受救贖，擺脫罪咎的信念，就不再需要時間了，此時，時間就像漫長的地毯，瞬間捲起，隨即消失於無形。

上述引文中，耶穌使用了他在《課程》慣用的三段論證：

A. 如果我有罪惡感，表示我活在時空中。
B. 我有罪惡感。
C. 所以，我活在時空中（或至少會感到時空的眞實性）。

以及：

A. 如果我活在時空中，我肯定有罪。
B. 我活在時空中（或者我相信自己身在其中）。
C. 因此，我肯定有罪。

我們若想從時間的牢籠脫身，必須質疑自己深信不疑的時間與空間，才有可能化解內心的罪咎。寬恕正是爲此而設的，《奇蹟課程》的目標就是教我們作出寬恕的選擇。

上主之子爲自己設定的旅程只是虛度一生而已，天父爲聖子安排的才是解脫與喜樂之道。（T-13.I.4:1）

耶穌在〈正文〉中說過：「通往十字架的道路可算是最後一條『無用之旅』了。」（T-4.in.3:1）這顯然是藉著他

自己經歷的十字架苦刑，用來象徵小我充滿痛苦、犧牲和死亡的思想體系。小我之路必然導向虛無，只會讓我們虛度光陰；反之，聖靈的旅程才能喚醒我們，讓我們從死亡之夢（十字架的象徵）脫身。這個過程其實稱不上旅程，因為它不只當下即至（T-8.VI.9:7），而且已經結束了。然而，在我們心中，這確實是一趟耗費時日的旅程，因為我們認定自己是時空世界的產物。為此，這一旅程不過象徵我們逐步放下對小我的認同，喜悅地憶起自己真相的過程而已。

天父絕非不仁，聖子也傷害不了自己。他眼中所見的可怕報應其實不曾傷他分毫；不論他多麼相信因果不爽，聖靈知道那不是真的。聖靈就立於時間的盡頭，那也是你真正所在之地，因為聖靈必然與你同在。（T-13.I.4:2~4）

我們心中有一個天音，時時刻刻都在提醒我們：「上主不可能懲罰我們，我們實在沒有害怕的必要。」不幸的是，小我的聲音卻常常蓋住聖靈，它不時在我們耳邊叫囂：「上主必會懲罰你，即使不是當下的報應，你終究難逃此劫！」

聖靈既與我們同立於時間的盡頭，又與我們同行於這一旅程。這個說法好像自相矛盾，但我們若明白前面所說「儘管我們感覺自己在時空之內，但時間其實已經結束」的道理，就不難理解此中意涵。書中另一處也說，我們與耶穌一起攜手並進（C-6.5:5），意思是他從夢中醒來，站在時間盡

頭之際,我們已經與他同在了;與此同時,他也在夢中與我
們同行。就因爲心靈都是相通的,聖子奧體又是不可分割的
整體,我們自然不可能不跟耶穌在一起。儘管如此,我們仍
可能繼續相信自己不屬於那個一體的生命。

**祂會幫聖子解除所有與他不配之物,這是天父賦予聖靈的任
務。只要是出自上主之願,必然永遠如此。**(T-13.I.4:5~6)

　　聖靈之所以有此能耐,是因爲祂站在時間的盡頭,把上
主的愛照進我們心中。基督不只是我們的生命眞相,更重要
的是,我們仍舊「安居於上主的家園,只是在作一個放逐
之夢而已」(T-10.I.2:1)。分裂之境早已療癒了,長毯已然捲
起,問題是,我們依舊冥頑不靈地坐在螢幕前,緊緊盯著自
己信以爲眞的那些景象。

　　上述引文的最後一句「只要是出自上主之願,必然永遠
如此」,表面上看,似乎與基督教「聖靈始終與上主同在」
的神學觀相吻合,其實不然。《奇蹟課程》主張:上主創造
了聖靈,作爲祂對分裂的答覆(即是救贖)。這個觀念也可
以從兩個層次來理解,聖靈既是上主的一部分,是聖愛的延
伸,故始終如是;但他又負有爲分裂的聖子傳遞天國訊息的
任務,祂成了天人狀似分裂之後上主與聖子之間的唯一交流
管道,就此功能而論,祂仍屬於夢境。請注意,前文已經提
醒過,這類有關聖靈的說法都只是一種比喻而已,切莫拘泥

文字表相，好像上主眞的爲一個不存在的問題**賜**下了答覆。

只要你學會認出上主之子的清白無罪，你就會看到我。（T-13.I.5:1）

「我」當然是指耶穌自己，我們心中的罪咎使我們意識不到他的臨在。當耶穌說他已進入我們的神聖關係（T-19. IV.二.5:3~4; 8:3），並不意味著他不在我們的特殊關係裡。他一直活在我們心中，他的愛始終陪伴著我們。只因特殊關係是罪咎的淵藪，而罪咎會使我們感受不到代表清白無罪的聖靈。罪咎就像一道紗縵，遮蔽了耶穌爲我們高舉的清白無罪的光芒。我還得提醒一下，切莫把這句話理解爲我們的肉眼會「看見」耶穌的臨在。耶穌象徵著慧見，指的是一種心靈境界，而非感官之見。用哈姆雷特的話來說，我們只能用「心靈之眼」看到耶穌。

上主之子一直都在尋找自己的清白，其實他已經找到了。每個人都千方百計想要逃離自己打造的監獄，他遲早會找到脫身的途徑的。因爲脫身之途就在他的心內，爲此他其實已經找到了。至於何時找到，只是遲早的問題；幸好，時間只是幻相而已。（T-13.I.5:2~5）

有了「似曾發生的分裂其實已經結束」爲前提，這段引文就容易理解了，分裂妄心的正念部分始終知道分裂已經結束，而仍有一部分心靈尚未接納這一事實。但只要相信自己

所犯的錯早已解除，我們便找到了從牢獄脫身的途徑，最後就看我們是否接受那永恆如是的境界，而那只是遲早的問題，我們必會作此選擇的。

聖靈在分裂的妄心中不時提醒我們「夢境已經結束」，我們卻因認同了小我而棄幸福美夢於不顧，一味選擇噩夢，再怎麼苦，我們也要證明自己是對的，而不願選擇幸福之路（T-29.VII.1:9）。雖然說，改變心態不是一朝一夕的事，但別忘了，時間只是幻相。當然，如果我們對《課程》的形上理論一無所知，必會覺得這一說法荒謬無比。時間確實是虛幻的，更確切地說，時間已經結束，我們只是在重溫過去的一段經歷罷了。

上主之子在當下這一刻已經清白無罪了，他純潔無染的光明在上主天心內光華四射。上主之子永遠不會失落他受造之初的本來面目。否認你的世界吧！不要評判你的弟兄，因他在天父心中永遠清白無罪，這才是聖子永恆的護身符。（T-13.I.5:6~8）

第一句顯然與第三段的「上主之子現在有罪」互相矛盾，但那一段的 now（現在）指的是時空世界，而這兒的 now 則是超乎時間的當下，也就是永恆的窗口。上主之子當下這一刻之所以清白無罪，是因為時間已經結束了；清白無罪乃是針對我們是基督這一真相而言的。當觀者在螢幕前只

聆聽聖靈的聲音時，我們就是無罪無咎的生命；但我們若選擇觀看罪咎之劇，往日的舊夢就會再度在眼前重演。

　　天父之心若是無罪無咎的，我們的心靈必也如此，因為聖靈的愛已將所有的心靈結合為一。然而，我們一旦開始判斷他人或自己，便再也無法意識到自己的無罪本質了，因為評判意味著分裂。難怪小我最怕結合，因它斷絕了所有的分裂之念。小我往往藉著評判來「保護」自己，抵制聖靈的合一之愛（即是人間的寬恕）。這也正是為什麼「放下評判」如此重要，否則，我們的心靈根本無法找到平安。我們來讀讀《課程》是何等強調這一點的：

> 你若不以評判的心態對待自己及你的弟兄，那種如釋重負的平安絕對超乎你的想像。你一旦認出自己及弟兄的本來面目，便不難明白，不論你對他們作何評判，都沒有任何實質的意義。事實上，因著你對他們的判斷，反倒使你無從認出他們對你的意義了。（T-3.VI.3:1~3）

　　接下來我們跳到第七段：

你若能認出自己的同行伙伴是何方神聖，便會瞬間了悟根本沒有所謂的「旅程」，只有覺醒才是真的。（T-13.I.7:1）

　　「神聖伙伴」可以有多種解釋，比如說，可以視之為我

們「造出」的一切，永遠陰魂不散地尾隨身後；但把它理解成所有與我們同行的弟兄姊妹，就更貼切了。如上文所說，這一「旅程」實質上是不存在的，我們只需「從夢中醒來」。也就是說，只要我們與聖靈一起觀看人生，便已由夢中醒來，分裂或二元的景象也隨即消逝了。此處的「神聖伙伴」相當於〈教師指南〉「信賴的形成」第四個階段提到的「強而有力的弟兄」（M-4.I.6:11），當我們準備好前行時，他們就會與我們一同啓程。

那從不入睡的上主之子，一直在為你向天父表達忠貞。這根本就是一趟無「程」之旅，也沒有所謂的「時光隧道」。上主不會在時間裡等待他的聖子的，因為他從來不願離開聖子而活。故他不曾離開聖子一步。讓上主之子的神聖光輝驅散那籠罩你心頭的罪咎之雲吧！你只需把他的純潔納為己有，便能從他身上學到原來那一切本來就是你的。（T-13.I.7:2~6）

引文中的「上主之子」是指我們內在的基督，也可以把它視爲耶穌，因爲耶穌代表了所有人的眞實面目。此外，也可以把「上主之子」理解爲我們在弟兄內「看到」的聖靈，代表著我們生爲基督或上主之子的眞相。

這段引文所提到的時間，不宜採用「長毯」的比喻；「萬花筒」的意象則頗爲適用，它不但凸顯了時間的非線性特質，更襯托出小我言之鑿鑿的時空和分裂之荒誕無稽，只

因我們從未離開過上主。

「驅散罪咎之雲」一句乃是《奇蹟課程》對「寬恕」的生動寫照。當我們開始用基督的慧眼看世界，著眼於弟兄內的神聖光輝而非黑暗的罪咎時，等於為自己接納了同一慧見。其實，不論我們在他人身上看到的是罪咎或是神聖性，都不過反映自心把哪一個當真而已。只因我們已把二元分裂的世界當真了，我們才不能不透過二元形式的寬恕來接納弟兄的純潔無罪，從而認出自己的清白無罪。

你是百害不侵的，因為你清白無罪。（T-13.I.8:1）

這個觀念非常重要，不過它超出了本書的主題「時間」，在此只能簡單解釋一下：如果我是清白無罪的，心內沒有一絲一毫的罪咎作祟，自然就不會渴求懲罰而受到傷害。我的身體可能會受傷，但只要沒有罪咎從中作梗，我肯定會記得自己是靈性而不是這一具身體。耶穌透過自己的十字架為我們顯示「痛苦是不存在的」，意義即在於此。由此可見，我們的「百害不侵」和「清白無罪」，乃是寬恕的兩大基石。

只有罪咎才會使你飽受過去的糾纏。因為罪咎相信你該為自己所作的一切受罰，將你打入從過去到未來的「一次元」時空世界。凡是相信時間的人，不可能了解「永遠」的含義，罪咎便如此奪走了你對永恆的嚮往。你是不朽的，因為你有

永恆生命，「永遠」必然就在此刻。由此可知，罪咎不過想把過去與未來的觀念打入你的心內，確保小我的生存。（T-13.I.8:2~6）

正是這個罪咎，讓我們陷身世界，萬劫不復，它就這樣把我們牢牢釘在時間長毯上。它不斷提醒我們：「你的過去確實罪孽深重，將來必會受到懲罰！」這一邏輯造就了小我的線性時間，它是「一次元」的，因為它只往一個方向推進：由過去到現在，再到未來；罪導致咎，咎導致懲罰。

這段話同時也說明了《課程》的時間觀為什麼這麼難以理解，原因就在於罪咎將我們打入「一次元」的時間裡，使我們看不出時間的虛幻，更不可能明白這一切不只已經發生，而且也結束了，再說，我們根本不是真的活在這兒。

如果你會為過去一切受到懲罰，小我的續存便得到了保證。問題是，只有上主（而非小我）才能保證生命的永續性。不朽是時間觀念的反面，時間轉眼即逝，唯有不朽之境恆常不變。（T-13.I.8:7~9）

唯有接受救贖，才能教你認出什麼是不朽的；唯有接受了自己的無罪，你才會明瞭過去確實不存在，未來也沒有存在的必要。（T-13.I.9:1）

我們暫時放下「延續性」的話題，留待後文對比小我與上主（或聖靈）的延續性時再深入。目前，我們至少已經知

道：小我是藉著罪咎來延續自己的存在，而上主是用愛來延續生命，透過始終臨在於分裂妄心的聖靈，確保了愛的永存不替。

　　引文最後的幾句話再次凸顯了《課程》的論述每每從第二層次跳回第一層次之特質。這幾句話是說，藉著寬恕他人，我們才能明白自己的清白無罪；必先認出他人清白無罪，才可能了解「我們」全都無罪。如果罪咎不存在，罪就失去了存在的基礎；罪既然不存在，過去不就是虛幻的嗎？因為離開過去，罪就失去了意義。罪正是將我們的心靈鎖在過去的兇手。由此可見，心理分析或心理治療無法帶給人真正的療癒，因為它們只著眼於過去，而過去一被當真，罪和咎也隨之變得真實無比。我們一旦把小我當真，哪還能化解得了它？

未來的時間觀念常與補償心態互通聲息，唯有罪咎心念才會衍生出贖罪心態。因此，接受上主之子的無罪作為自己的生命本質，這是上主幫你憶起聖子真相的途徑。既然上主從未定過聖子的罪，他的清白無罪必是永恆的。（T-13.I.9:2~4）

　　第一句話就已巧妙地修正了基督教的贖罪說，其他宗教也有類似的贖罪觀念。我們一旦相信自己必須贖罪，罪就被弄假成真了。這樣一來，過去犯的錯，必須等到未來方可補償，線性的時間觀在此找到了落腳點。真正的救贖之道只需

穿越罪咎，直探罪咎下面的清白無罪之本質。《奇蹟課程》所說的「罔顧錯誤，直指真理」，正是此意。〈正文〉第二章解釋「慧見」時說：

> 靈心慧眼確實看不到錯誤，在它眼中只有救贖。肉眼所寄望的一切解決方案從此徹底銷聲匿跡。靈心慧眼只會往心內看去，一眼看出自己的祭壇已經蒙塵，亟需整修和保護。它徹底明瞭了正確的防衛途徑，故能罔顧其他伎倆，也能罔顧任何過錯，它的眼光直指真理。（T-2.III.4:1~4）

總之，我們唯有寬恕彼此，才可能認出「我們都是上主清白無罪的孩子」。聖靈的救贖計畫可以總結為這幾句話：我承認你內在上主之子的無罪本質，只要我能在心裡與你共享這一領悟，我便會明白，我跟你一樣清白無罪。

接下來我們跳到第六節「尋找當下」的第四段：

時間能夠釋放人，也能禁錮人，端看你接納哪一種詮釋而定。過去、現在與未來本非延續的，是你硬把它們串連起來的。（T-13.VI.4:1~2）

這一小段引文重申了先前的觀念：小我利用時間把我們繼續關在「罪咎懼」的牢獄中，而時間一到聖靈手中，便成了人間教室，供我們學習「罪咎懼」的虛幻不實。在幻相世

界中，過去、現在和未來環環相扣，綿延不斷；過去的罪咎
決定了我現在的行為，每一個行為下面都挾帶著對未來的恐
懼。其實，時間不是連續的，所有事件都是在那一刻中產生
的。時間的存在，純粹是為了迷惑我們，使我們看不到上述
的事實。《國家地理雜誌》曾出現一則未署名的引言：

> 時間乃是大自然阻止萬物瞬間整體畢現的手法。
> （1990年3月，第109頁）

你把它們（過去、現在與未來）**看成是延續的時間，它們對
你自然便成了時間之「流」。切莫甘受蒙蔽而相信它們原本
如此！**（T-13.VI.4:3~4）

　　然而，我們全都被它蒙蔽了。先是誤判了真相，然後
費盡心機為自己的妄見尋找證據。我們創發了各式各樣的
哲學、心理學和神學流派，就是想把這一妄見弄假成真。以
《課程》經常提到的傳統基督教神學為例，它先確立「我們
過去真的犯了罪，現在理應感到罪孽深重」這一前提，沒有
罪惡感的人反倒顯得不正常了。若想洗清罪孽，除非畢生受
苦、犧牲，否則未來必遭天譴。這種神學思想，顯然建立在
「罪是天經地義的，必然客觀而真實」這一信念上，成了我
們真的罪孽深重的明證。可惜，世人從未質疑過這種循環論
證，任其貽害千年而不察。〈正文〉談到這一錯誤時說：

> 十字架的事件在顛倒妄見之下，顯得好像上主真

的允許此事發生，還不惜利用其中一位聖子的善良，慫恿他接受十字架的苦難。……眞實的基督徒不妨捫心自問一下：「這怎麼可能呢？」……任何觀念如果需要你費盡心機，甚至不惜顛倒整個人生座標來爲它辯護，它實在不值得你去接受。在辯護的過程中，小則帶來苦惱，大則招致悲劇之下場。（T-3.I.1:5,8; 2:2~3）

你若按自己的需要，一廂情願地把一物當成自己想要看到的模樣，這就是精神錯亂的徵兆。（T-13.VI.4:5）

「精神錯亂」一詞用在此處有其深意，原指有妄想症的精神病人，總把世界想成他們想要的樣子。其實，我們也在做同樣的事情，把眞正存在的天堂當成幻相，把虛幻的世界視爲眞實，《奇蹟課程》才反覆說我們全都瘋了。小我從「罪、咎、懼」這個信念起家，營造出時空大幻相來鞏固這個信念，再倒轉回來「證明」罪咎懼確實存在。雖說按照世間的判斷標準，精神病人和我們這些非精神病人的妄想症狀畢竟不同，但兩種妄想症的運作原理其實如出一轍。就像精神病院的工作人員常說的一句話：「病患與醫護人員唯一的區別在於，後者擁有病房的鑰匙。」

你爲了自己的目的而把時間之「流」切爲過去、現在及未來三段。（T-13.VI.4:6）

時間的眞相其實是全像式的，但我們卻把它切割爲過去、現在和未來。唯一眞實的次元是「超時間」之境，世間最接近此境界的則是「神聖一刻」。如果用圖表二來解釋這一觀念，就是我們選擇奇蹟的一刻，藉著聖靈的幫助，將自己提昇到非次元性的時空世界。

問：問題是，從未有人體驗過時間的「非次元性」或「渾然一體性」，也沒有嚴謹的科學資料記錄下這類經驗。儘管有些神祕主義者，或者使用迷幻藥的人談過這些不尋常的意識層次，但從未有人用嚴謹客觀的科學態度描述這類經驗。如果有這樣的資料，是不是更能幫助我們理解《課程》的時間觀？

肯恩：有可能。其實，現代人的時間觀正面臨急遽的轉變，新物理學已經打破了我們舊有的線性時間觀，新的時間觀已經呼之欲出了。我曾經說過，《奇蹟課程》出現得太早了，世人還需要一段相當的時間才能完全接受它的思想，人類的認知體系必得發展到某一地步，才消化得了上述的概念，《聖經》也經歷了類似的過程。

你自然會根據過去的經驗而預期未來或計畫未來。如此，過去與未來就被你串連起來了，這使得奇蹟毫無插手的餘地，完全無法給你一個重生的機會。（T-13.VI.4:7~8）

很明顯，此處的「重生」並非基督教基本教義派所說的「耶穌重生為我們的救世主」。它的意思是，我們只要選擇了幸福美夢，放下小我的噩夢，就切斷了小我的命根，恢復我們生為基督的真相，在真實世界中重生了。簡而言之，「重生」乃是我們從分裂之夢覺醒，重溫「我們『生為』上主造化」的先決條件。

「計畫未來」這一主題等到第八章再深入討論，屆時我們會從〈練習手冊〉選讀一些章句。這個主題十分重要，因為我們無時無刻不在計畫，而且總是依據過去的經驗計畫未來，這是狡詐小我的另一高招，讓「過去、現在和未來」織就的世界變得真實無比。〈練習手冊〉一開始就反映出我們多麼在意過去的經歷，可以說，《課程》通篇都在強調這一點。我們所見到的一切，無一不是過去經驗的投射。我們讓未來重複過去，而驅逐了現在；奇蹟則為我們打開了小我用時間營造的牢籠，使我們得以活在當下。套用在實際生活中，這意味著我們得以著眼於他人的真相，視他們為基督自性中的弟兄姊妹，而不是他在我們心目中的樣子。

奇蹟一旦幫你放下弟兄的過去而看到現在的他，他便在你心目中重生了。他的過錯早已過去，只要你不由那些錯誤去看他，你等於還他自由。（T-13.VI.5:1~2）

這正是《課程》所謂的「看到基督聖容」之意，即不再

著眼於他人的罪過。我們原先責怪自己或別人過去所做的事情，此刻在我們眼裡都變成了愛的呼求。同時，這也反映出我們自己心中對愛的呼求，這種呼求只可能發生於當下此刻。「他的過錯早已過去」一語，說明那些過錯之所以不存在，是因為我們已能罔顧過錯，而正視對方的真相。這也等於示範給自己看，那些錯誤不曾構成任何後果。如果他人的過錯或罪行沒有造成任何「果」，那麼就不能成為任何問題之「因」，所以說它並不存在。我們若能親身示範這一救贖的過程，證明對方的罪已被修正、化解，就無需費心補償了，我們等於為他們卸下了罪咎的重擔，使他們重獲自由，而且，就像下一段引文所說的，我們同時也釋放了自己：

既然他的過去也是你的過去，你必會與他一起重獲自由的。不要讓自己過去的烏雲遮蔽了你對他的眼界，因真相只存於當下此刻，只要你願往當下去尋，必會找到真相的。以前你習慣往真相不在之處去找，難怪遍尋不得。（T-13.VI.5:3~5）

　　《課程》經常使用「烏雲」的意象來代表罪咎。我把自己的罪咎之雲投射到你身上，然後相信那是你的烏雲，便再也看不清你的真相。換句話說，我之所以看不到你內在的光輝，只因我自己的罪咎之雲把它遮住了。

　　這一段又提到了《課程》最常用的兩個概念：「尋求」與「尋獲」。如果我尋求罪咎，尋獲的必是罪咎。如果我根

據你的過去來認識你的眞相，必會做出你罪惡昭彰的結論，
因爲你不可能沒有傷害過我或其他任何人。這麼找，我必然
永遠看不出你的眞相。事實上，就在我認定過去的一切代表
你的眞相時，我已經否定了你的眞相。這正是小我的陰謀所
在，它故意誤導我們，讓我們找錯地方，而看不到眞相。它
讓我們把自己「心中」的問題投射到「外人」身上，然後不
能不在「外面」尋求解決。無怪乎，我們不斷尋求眞相，卻
怎麼也找不到，只因我們找錯了地方。唯有奇蹟，方能讓我
們「尋獲」自己想要「尋求」之物，一如下文所言：

**爲此，學習往真相所在之地下手吧！它就會出現於你眼前。
你的過去是在憤怒的心態下編織出來的，你若用它來攻擊現
在，當然看不見「現在」所要給你的自由。**（T-13.VI.5:6~7）

奇蹟的妙用即在於此：它不管弟兄與自己過去犯了什麼
罪，它只要我們看清自己此刻仍死抓著那些罪過不放，就是
這個決定，不只把那些罪弄假成眞了，連整個過去以及所有
的時間都會顯得眞實無比，我們便陷入了時間的牢房，永不
見天日。而打開這座牢房的鑰匙正在奇蹟手中，只有它才能
釋放我們，領我們回到當下的自由。話說回來，我們得先正
視自己寧願有罪的選擇，方能看破這選擇的虛幻。如此，我
們才有機會重新選擇，接納始終存於心中的眞相，這就是所
謂的「重生」。

放下評判與定罪的心態吧！只要你不再與它們為伍，必會看到它們對你也無計可施。用愛的眼神去看當下此刻吧！因為永恆真實之物只可能存於這一刻。一切療癒能力都蘊含其中，因只有它才具有真實的延續性。（T-13.VI.6:1~3）

　　光明在每個人內心閃耀，只要我們透過寬恕的奇蹟，解除評判與定罪的鎖鏈，當下便會喜見這一光明。耶穌在這一段把聖靈眼中的連續性時間與小我的時間觀作一對比。連續的時間只存於當下此刻，也就是我們共有的「現在」，因為我們都屬於同一心靈。小我則把當下此刻切分為過去、現在和將來，企圖讓我們繼續分裂下去。為此，小我把過去、現在、未來串連起來的伎倆，其實是抵制聖靈療癒的防衛措施，因為療癒只可能發生於當下此刻。

它（療癒）還會推恩於聖子奧體的每一部分，且使他們彼此相通。在時間存在之前，「現在」即已存在；當時間消失以後，它依舊存在。在它內，所有的生命不只是永恆的，還是一體的。他們的延續性超越了時間的範疇，他們的相通性也永不間斷，「過去」無法分割他們。雖然只有「過去」才有分裂的能力，所幸，過去早已無跡可尋了。（T-13.VI.6:4~8）

　　這就是「當我痊癒時，我不是獨自痊癒的」之意。所有的心靈在當下都是一體的；當下這一刻是瞭望永恆的窗口，它才是真正的時間。當下這一刻盈滿上主的愛，它在那錯誤

發生之前就已存在，錯誤修正之後，它仍然存在。圖表五所表示者，即是此意，實線代表永恆，在小凹陷狀似出現以前，它已存在，小凹陷消失以後，它依然存在。只有在時間領域內，小我的分裂信念以及聖子奧體分化出去的芸芸眾生才能找到藏身之處。總之，時間屬於幻相領域，它是我們的心靈所作的一場夢，實相絲毫不受小我時間幻夢所影響。過去的確有分化的作用，但它只能在夢中逞能，永恆的境界依然延續不輟。

　　現在，我們來看第十五章第一節「時間的兩種用途」，這一節詳述了小我利用時間的伎倆，我們要讀其中的兩段。

你想像得出那種平安寧靜又無憂無慮的心境嗎？時間沒有其他用途，純粹是供你學習如此生活而已。除非上主的聖師能把祂的教誨融入你的每個人生課題裡，否則祂是不會心滿意足的。直到你能鍥而不捨地獨尊聖靈為師，祂的教學任務才算功德圓滿。此後，你再也無需老師或時間這類學習工具了。（T-15.I.1）

　　不妨再想像一下我們是坐在螢幕前的觀眾，當我們只選擇聖靈的影集，只聆聽祂的天音時，我們就不再需要聖靈了，因為我們已經學成畢業了。那時，時間對我們再也沒有任何用處了。

引文第一句道出了《奇蹟課程》的宗旨，即心靈的平安；它的目標不是眞知或天堂，而是眞實世界。當我們到達眞實世界之境時，人生功課就結束了，聖靈到此也可功成身退，因祂已徹底修正且化解了小我的影集，所有的戲也都結束了。此時此刻，聖子心中只剩下上主的愛，無論他的想法還是行動，無一不散發出聖愛的光芒。「選擇」的功課也已完成，因爲他已作出唯一且眞實的選擇，其他所有的選擇都沒有存在的必要了。

你竊自認為聖靈的課程一定要求你投入大量時間，成效又遙遙無期，難免會心生挫折。事實絕非如此。（T-15.2:1~2）

《課程》不止一次作此聲明。前文就曾說：「讓我再提醒你一次，時間與空間都操縱在我的手裡。」（T-2.VII.7:9）耶穌的意思很清楚，時間並非線性的，空間也不存在，只要我們肯接受他的教導，必會進步神速。時間就這樣瓦解了，前文論及奇蹟時也有相同的說法，不過，這不是活在時空二元意識之人所能理解的。

我們若以小我的眼光去看罪咎和時間的問題，化解罪咎的過程肯定顯得無比漫長，因爲我們的罪咎實在深不可測；然而，這種想法只是小我存心困住我們的另一計謀而已。本書上篇曾提到〈練習手冊〉的一句反問：「你爲什麼還在等待天堂？」（W-188.1:1）這句反問在我們選擇地獄之時，

有如一記醒鐘,在憤怒、不安、沮喪或內疚盤據心頭之際,
它提醒我們,我們是有選擇的,我們只需重新選擇即可。這
一轉折聽起來似乎很簡單,做起來卻相當不易。縱然如此,
我們只需記得自己心內還有一個神聖的聲音,時時呼喚著我
們:「我的弟兄,重新選擇吧!」

因為聖靈利用時間的方式極其特別,且不受時間的約束。時
間成了祂的教學良伴。時間會消耗你的生命,卻消耗不了
祂。唯有當你認同小我之時,時間才有消耗你的能耐,因為
時間是支持小我毀滅信念的利器。小我會和聖靈一樣用時間
來說服你,讓你相信它要教你的目標與必然結局。小我的目
標既是死亡,死亡便是它的結局。聖靈的目標則是生命,故
它永恆不朽。(T-15.2:3~9)

　　小我想傳授給我們的不外乎:我們是有罪的、分裂的,
我們是受害者,身體是真實的,我們必死無疑,世界也是真
實的,活在人間註定受苦、毫無意義,最後,兩手空空,鬱
鬱而終。聖靈和小我都同樣利用「時間」進行教學,但兩者
的目標截然相反,教學方式也大相逕庭;小我只知攻擊,聖
靈只會寬恕。

　　問:「死亡是小我的必然結局」,這句話是什麼意思?

　　肯恩:在小我的思想體系中,感到罪孽深重或自我憎恨
的人必遭毀滅,難逃一死。不只如此,這一段還說,既然罪

咎要求懲罰，那麼罪的化身（也就是我們的身體），所受最嚴重的懲罰莫過於死亡了。小我的目的在此昭然若揭，它要置你於死地，因為死亡最能證明小我的真實性。這正是亞當和夏娃的故事所傳遞的訊息：上帝判處這兩個罪人終生受苦受難，直至形銷骨滅：「你本是塵土，仍要歸於塵土。」（創世紀 3:19）然而，《課程》為我們指出聖靈眼中的死亡大不相同：

> 當它（身體）的用途已盡，便可棄置一旁，如此而已。心靈才是真正的抉擇者，身體的狀況全都出自它的決定。（M-12.5:6~7）

〈頌禱〉一文也把死亡描述得非常透徹：

> 然而，還有另一種死亡的形式，它的源頭卻大相逕庭。它不是源自某種有害的意念或是對宇宙的無明怒火。它只不過表明身體的功用已盡，可以功成身退了。因此他拋棄了身體，是出於自願的，猶如拋棄一件破舊的外衣。

> 死亡本應如此，它是出自平心靜氣的決定，在平安喜悅中作出的選擇，因為這具身體一直體貼地扶持著上主之子走在上主的道上。因此，我們十分感激身體所提供的一切服務。（S-3.II.1:8~2:2）

接著，我們要跳到第十五章第一節的最後一段，它重申
了上述的觀點：

**只要你肯把時間交給聖靈使用，時間就成了你的朋友。祂
只需些許時間便能為你恢復上主賜你的一切能力。**（T-15.
I.15:1~2）

我們已經習慣把時間當成敵人。無疑，時間的確是人類
的公敵，我們一天比一天衰老，一日比一日羸弱，最後難逃
一死。佛洛依德說過，我們出生之際，就已踏上死亡之途。
這在小我眼中乃是天經地義之事，我們的生命自出生之日起
就註定了死亡的結局。

問：也就是說，萬物每時每刻都在瓦解、腐朽的過程
中？

肯恩：是的，整個宇宙也難逃這一宿命。難怪歲月成了
人類眼中的頭號公敵，因為它把身體推向死亡，而我們認為
身體就是自己。正如〈練習手冊〉所說：

身體是上主之子為自己幻想出來的一道圍牆，把他
自性的某一部分與其他部分隔絕開來。然後自以為
活在這座牆內；當它腐朽崩塌時，他就認為自己死
了。他還認為這座牆能使他安全地逃離愛的控制。

為了與自己的安全堡壘認同，他不惜把這身體當成
自己。（W-PII.五.1:1~4）

準此而言，時間成了小我的盟友，卻是我們無法克勝的
強敵。我們只有一個可憐的希望，在那註定的敗局來臨之前
得以苟延殘喘片刻。然而，我們若把時間交給聖靈，時間就
成了我們的朋友，成了我們學習看出時間本即虛幻的課堂，
為聖靈的神聖目標效力。

**祂了解時間的意義，故能幫你超越時間。你的神聖本質不存
在時間裡，它屬於永恆之境。上主之子不曾一刻失落自己的
純潔本性。他恆常不變的存在境界超越時間之上，因這一聖
潔生命必然千古不易，而且凜然不可侵犯。時間在他的神聖
本質之前寂然不動，也不再變化無常。因此它已經不算是一
種時間。它只需驚鴻一瞥上主造化那神聖而永恆的境界，便
永遠脫胎換骨了。**（T-15.I.15:3~9）

罪咎寄身於時間領域，神聖性則常駐永恆之境。時間一
旦改變了目標，便可帶領我們回歸永恆，為聖靈的寬恕大業
效力，它自身也會變得無比神聖。當我們加入這一大業，即
是所謂的「神聖一刻」，因我們賦予了時間嶄新的任務，讓
它喚醒我們，而非把我們困在夢裡，我們就這樣躍身於時間
之上了。〈正文〉有一句「身體連一刻都不曾存在過」（T-
18.VII.3:1），說的正是神聖一刻，它反映出永恆境界的超時

間性。那一刻，沒有時間，身體也無法存在，罪和死亡亦無
寄身之處。那一刻，攻擊毫無用武之地，因為沒有身體可以
發動攻擊或承受攻擊，變化也失去了意義，因為聖靈在愛中
為上主之子保存了純淨無染且永恆不易的基督生命。正如圖
表五那條橫線上的小凹陷，它對永恆無一絲一毫的影響，基
督自性始終活在永恆之境。

　　上面那段引文摘自第十五章「神聖的一刻」第一節，首
次詳述了「神聖一刻」的真正意涵。神聖一刻也可說是我們
選擇了奇蹟的一刻，它會將我們提昇至時間領域之上。因
此，神聖一刻成了永恆境界的先聲（或說窗口），反映出我
們在天堂中的神聖生命。於是，時間的目的搖身一變，由禁
錮我們的獄卒變成解放我們的救主，我們的心靈終於重獲自
由而融入上主之境了。

**請與人分享那永恆的一瞬吧！你就會在徹底解脫的光明一瞬
憶起永恆。只要你願透過聖靈獻出那神聖一刻的奇蹟，祂就
能把這一刻回贈於你。**（T-15.I.15:10~11）

　　耶穌懇求我們隨時向聖靈求助，選擇奇蹟，放下怨尤；
選擇結合，停止攻擊；播放幸福美夢的影片，別再重播那些
噩夢了。事實上，他要我們把一切都交給聖靈，我們的任務
只是讓奇蹟發生於自己身上而已。至於把奇蹟推恩出去，前
文已經說過，那是聖靈的任務。耶穌談到推恩時說：

把寬恕推恩出去，乃是聖靈的任務。讓祂完成自己
的使命吧！你只需操心一事，就是你該給祂什麼，
好讓祂推恩出去。不要向祂隱瞞任何不可告人的祕
密，倘若如此，祂便無法為你發揮大用；你只需給
祂能夠推恩的小小禮物。（T-22.VI.9:2~5）

　　接下來，我們來看第二十二章第二節「弟兄的無罪本
質」第八段的幾句話：

**肩負拯救任務的聖靈，也只可能救人。至於祂如何拯救，不
是你所能了解的；但你何時讓祂拯救，則完全操之於你。**
（T-22.II.8:5~6）

　　這是直接承續上文而說的。我們的責任只是選擇奇蹟，
至於聖靈如何將奇蹟推恩出去，不需我們操心。切記，我們
只需選擇奇蹟。前面說過，奇蹟的故事早已演過了，也就是
說，那一段影集已經拍好，正存在心靈「電腦」的記憶庫
裡，我們唯一需要做的是**學習**選擇它。因此，何時按下奇蹟
影片的按鈕，完全操之於我們。

**因時間既是你發明的，你就有調度的權利。你不必作時間的
奴隸，也無需受制於你自己打造的世界。**（T-22.II.8:7~8）

　　世界給我們一種「人類必受制於某種外力」的錯覺，例
如我們擋不住身體老化的腳步，控制不了別人對待我們的態

度。在此信念的驅使下，我們不可能不視自己爲一個徹底無
辜的受害者。「平安的障礙」一節說過，「不寬恕」橫亙在
我們與上主聖愛之間，在我們揭開它的最後一道紗縵之前，
我們必須重新正視小我的廬山眞面目：

> 你也許以爲自己一旦抬高眼界，整個世界就會跟你
> 不告而別。事實不然，其實是你永遠揮別了那個世
> 界。至此，你才算是壯志重伸了。張開你的眼睛，
> 正視那聖容吧！你便再也不會相信外面有任何力量
> 控制得了你的生活，讓你身不由己地生出與自己心
> 願相違的念頭。（T-19.IV.四.7:1~4）

耶穌告訴我們，我們可以選擇「改變心念」，選擇另一
種人生經驗。他要我們明白，自己的選擇才是構成受苦的因
素，它是此生受害**經歷**的始作俑者。也就是說，我們根本是
自作自受——受到自己所作決定的奴役。

問：「時間既是你發明的，你就有調度的權利」，說得
太輕鬆了吧？世上有多少人擁有調度時間的能力？

肯恩：少之又少。這些話眞正的用意在於教我們看出，
眞相常常與我們的經驗相反。由此可見《奇蹟課程》的超時
代性，它甚至說整個世界都是一個大幻相！

由於時空裡的所有經歷都發生在我們心中，爲此，我們

擁有轉變這些經歷的能力。這句話其實暗含一個更深的形上理念，它說我們確實具有改變時間的能力。如何才能做到這一點？只要我們在日常瑣事不斷選擇奇蹟就夠了。

接下來，我們跳到第二十五章第三節第六段：

世人全都活在黑暗之中，然而沒有一個是單獨來到這裡的。他片刻也無需在此繼續蹉跎。因為天堂的那位「大救助者」（即聖靈）就在他內，且和他一起來到人間，隨時準備領他走出黑暗，進入光明。（T-25.III.6:1~3）

這段話顯然是針對活在線性時間的我們而言的。我們誕生時，一個有形的自我好像突然被逐出家門，離開母親的子宮，掉到一個黑暗陰森的世界裡，但我們並不是孤零零來到此地的。聖靈仍在我們心內。為此，儘管我們感覺自己獨自來到了人間，被迫與母體分開，不得不學習照料自己；事實上，我們從未落單過，聖靈的愛一直都在我們心中。

時間任他選擇（走出黑暗），**因「助緣」始終就在他內，等著他的揀選。只要他肯善用天賜的「助緣」，就會在自己以前認為理當生氣的事上，清楚認出那其實是他該去愛的對象。**（T-25.III.6:4~5）

《課程》不斷重申這一觀念：我們不必等到未來才能幸福，幸福就在當下此刻。這一說法呈現出《課程》最具體實

用的一面——任何時候，我們都可以放下小我，選擇聖靈，是的，任何時候！原先被小我詮釋爲迫害與受害的事件，在聖靈的眼光下，我們體驗到彼此都是平等的上主之子，每個人都在呼求被自己否認了的愛。無論外在發生了什麼事，內在都是同一眞相。這個眞相等待著我們的心靈認出，原來一切都是自作自受。下面這一段說得更露骨：

> 救恩的祕訣就在於此：你所做的一切全都是對你自己做的。不論你以何種形式發動攻擊，此言不虛。不論哪一方扮演壞人或兇手，此言不虛。不論什麼表面原因使你飽受痛苦，此言不虛。你若知道自己在作夢，自然不會跟著夢中角色起舞。你一旦認清了那原是你自己作的夢，不論夢中角色顯得何等可恨或何等兇暴，都再也影響不到你了。(T-27. VIII.10)

接下來看第六節「特殊的任務」，我們從第五段中間讀起：

在時空世界裡，只有一個任務是有意義的，就是寬恕。聖靈正是借用這一工具而把特殊性由罪轉成救恩的。寬恕是為所有人而設的。直到所有的人同蒙此恩，它才算大功告成，世界也因之功德圓滿。那時，時間便沒有存在的必要了。但當我們還活在時空之內，仍有許多可為之處。每個人都需負起

被指定的任務，因整個救恩計畫有賴於他那一部分才能完成。（T-25.VI.5:3~9）

這段話顯然是指時間的盡頭，也就是每個人完成了他在救贖計畫的任務那一刻。本書下篇還會深入這一主題。

耶穌在〈練習手冊〉第一百六十九課也提過「在世間，我們仍有很多可為之處」的觀念，在那一課中，他剛論及時間之形上意義便點到為止，說我們不可能真正理解這些觀念，接著就把話題轉向我們所能理解的寬恕。所謂「仍有很多事需要做」，指的正是寬恕我們的特殊關係。唯有完成了自己這一部分任務，救贖計畫才算完成。為此，第一百八十六課才會說「世界的救恩操之於我」。

他（每一個上主之子）在時空世界確有一個特殊任務，他必須作此選擇，且不改其志，這才會成為他的任務。上天從不否定他的夢想，只會幫他改變形式，純然為了弟兄與他自己的益處，如此，他的夢想才能成為拯救而非淪喪的工具。（T-25.VI.5:10~11）

就在我們選擇恐懼來替代愛的一刻，人間的長毯展開了，在同一刻，我們已經選擇了所有特殊的愛和恨的對象，演盡了無始以來「受害與迫害」的小我戲碼。為此，我們說，內涵與形式是同步發生的，因為前因後果的線性時間只是虛晃一招而已。但就在那虛幻的一刻，聖靈已經從內涵到

形式，一舉化解了所有的錯誤。於是，原本愛恨交織的特殊關係搖身一變，成了我們在人間的特殊任務。換句話說，在我們心中，除了小我那一串憎恨、邪惡、分裂和死亡的影集之外，同時存有與它對應的另一套劇本，也就是聖靈慧眼下的世界。

　　小我渴望特殊性，這一原始渴望透過我們的特殊關係展露無遺。然而，我們一旦選用聖靈的眼光，原有的渴望便成了「求助」的呼籲，在這個新的內涵下，聖靈便可透過這特殊的形式，給我們一個慈愛的答覆——寬恕。

　　在此附帶一提，上述引文中的「形式」一詞其實是指「內涵」，這個例子再次顯現出，耶穌在用詞上未必一致，中心思想（內涵）卻始終如一。

　　最後，我們再選讀〈正文〉第二十六章第八節的「近在眼前的救恩」，從第一段讀起：

你目前只剩下一個問題了，即是從你寬恕了弟兄到你因信任弟兄而獲益之間，你會看到一段青黃不接的過渡期。（T-26. VIII.1:1）

　　這個觀念對我們毫不陌生。我們始終相信時間真的存在，因而化解罪咎的過程必得披荊斬棘，從選擇寬恕到得享聖靈許諾的祝福，需要一個漫長的過程，我們才可能逐漸享

有放下罪咎的善果，以及信任弟兄所帶來的平安。容我再引
用一次前文：

> 你若不以評判的心態對待自己及你的弟兄，那種如
> 釋重負的平安絕對超乎你的想像。（T-3.VI.3:1）

我們相信自己必須犧牲眼前的幸福，才能贖清舊日的罪
過，換取來日的幸福保證。這一信念無疑源自「罪咎要求懲
罰」的心理機制，受此信念蒙蔽的我們，無法意識到幸福就
在當下此刻。儘管表面看來，寬恕的過程需要時間，實際上
它發生於一瞬，也就是神聖的一刻，我們接受聖靈的愛和寬
恕的指引，決心把小我的罪咎和恐懼棄之腦後。這一刻根本
不費時間，因為它發生於超時間的層次。

**這不過影射出你內心還有所保留，企圖與弟兄保持一些距
離**（亦即前文所說的「分裂的小小間隙」）。**因時間與
空間是同一幻相**（即分裂），**只是形式不同罷了。**（T-26.
VIII.1:2~3）

正因我們深信「你我是兩個互不相干的個體生命」，那
個被時空分割的世界在我們眼中也變得真實無比。時間與空
間其實源自同一個分裂幻相，說到底，它們只是同一信念的
兩種表達形式而已。接著，耶穌開始解釋分裂幻相中時間與
空間兩種不同的形式，它們構成了我們存在的兩個基本要
素。

當它被投射到心靈之外，就成了你的時間觀念。（T-26.
VIII.1:4）

　　「它」是指分裂的幻相，所以這句話可以讀作「當分裂
被投射到心靈之外，就成了你的時間觀念」，構成了「過
去、現在與未來」這一幻覺，以為千年以前的事件與眼前事
件是兩回事，千年之後的事件又是另一回事。我們就這樣把
時間肢解，扭曲了神聖一刻所揭示的一體無間的時間真相，
把分裂幻相愈演愈「真」了。

當它（分裂）離你愈近，在你心目中就會轉為空間觀念。
（T-26.VIII.1:5）

　　這句話道出了另一種分裂感：即使活在同一時間的我
們，仍是毫不相干的兩個生命，因為我們居住在不同的地
方。由此可見，同一個「分裂」之念衍生出兩種變體。其中
之一認為時間隔開了我們，所以我們與古希臘人、史前人
類，還有恐龍是不同的生命，與未來演化出來的新生命也截
然不同。另一個變體即是：雖然我們活在同一時間領域，但
我們仍是兩個不同的生命，因為我們活在兩個不同的身體
內。其實，身體的分立與時代的分立並沒有區別，僅僅是同
一觀念的不同形式罷了。總之，由於我們已深中分裂之毒，
很難相信「當下」的療癒是可能的，如同第三段所說：

救恩其實近在眼前。除非認出這一事實，否則你必會害怕救

恩，因你堅信從獻身於救恩到得享救恩之果的期間，你得承擔極大的風險。（T-26.VIII.3:1~2）

　　除非我們欣然接納「當下」的神聖一刻，否則等於繼續擁護小我那一套虛幻的思想體系。它一直唆使我們提防上主聖愛的報復和懲罰，若想得救，現在必須受苦和犧牲，撫平祂的義怒，將來才有獲得赦免的希望。我們再跳過幾行，來讀下面這一句：

時間就如身體一樣，是中性的，你怎麼看它，它就成了什麼。（T-26.VIII.3:7）

　　這類說法我們早已耳熟能詳了，雖然小我是為了攻擊永恆之境而營造出時間的，但在人間夢境裡，時間仍然可能成為中性的。也就是說，它可以繼續為小我所用，維繫「我們過去犯了罪，現在罪孽深重，未來必受懲罰」這一幻相；然而，它也可為聖靈效力，藉著寬恕，化解上述的瘋狂信念。可見，「用心」或「目的」才是評論物質世界每一件事情有無意義的唯一指標。

　　接下來我們轉到第六段：

完成整個修正任務其實無需任何時間。但接受修正的這段時間卻給人永不見天日之感。（T-26.VIII.6:1~2）

　　這句話同時表達了形上與經驗兩種層次。請看圖表三，

在觀者的位置上，我們只需按另一個按鈕，即可完成修正的功課，認清時空的虛幻而不再蹉跎其間。如前所言，完成這一步根本無需時間，因爲它已經發生了。當初我們相信小我只花了虛幻的一瞬，因此，化解這一錯誤當然也只需虛幻的神聖一刻。只是在幻相世界中，這一轉變顯得極爲漫長；在時空幻相中，救贖也似乎遙遙無期，終點好像遙不可及。其實，救恩只需一瞬，因爲它在那一刻已經完成了。

最後，我們再看看〈練習手冊〉的幾段話，這幾段的旨意與我們上述的觀念如出一轍。我們先從第一百三十六課「生病乃是抵制眞相的防衛措施」的第十三和十四段開始。第十二段結尾說「上主願你擁有之物，你一定會得到的」，點出了「施與受是同一回事」的觀念，換句話說，上主賜我們之物，我們已經收到且永遠不會失落。它接下來說：

這個事實證明了時間只是幻相。因時間會讓你感到，上主所賜你的一切並不是當前的眞相；其實，它必在當下。（W-136.13:1~2）

若說上主早已把整個造化賜給了我們，甚至把祂自己賜給我們，那麼我們一定就是那個造化，是祂生命的延伸，不可能與祂分離。然而，時間卻給我們一種錯覺，感到自己與上主的確分裂了。即使在我們心境最佳的狀態，也仍認爲自己是與上主分裂的，只敢寄望死後得到天堂的賞報，這表示

我們全都受制於同一個幻相，認為自己與上主或天堂遙遙相
對。事實上，時空世界只是一場夢，我們仍清醒地與上主同
在，與祂一體不分。

**上主的聖念與時間毫不相干。因時間也是你為了抵制真理而
造出的另一個荒謬的防衛措施。然而，祂所願之事必然在
此，你仍是祂所創造的你。**（W-136.13:3~5）

　別忘了這一課的主題是「生病乃是抵制真相的防衛措
施」，而時間則是**我們**抵制永恆真相的另一種伎倆。這一
句話再次說明了，無論上主，還是聖靈，都不曾創造時間。
聖靈只會為我們重新詮釋時間的意義，祂告訴我們，時間或
空間並沒有把我們與上主分開，因為我們始終與祂同在，我
們還是祂當初創造出來的模樣。

**真理的能力遠遠凌駕於防衛措施之上，只要你讓真相進來，
幻相便無立足之地。任何心靈只要願意放下它的武器，不再
玩那幼稚的遊戲，真理便會降臨。**（W-136.14:1~2）

　真相早已藉由聖靈進入了我們的心靈，我們只需接納、
認同聖靈的臨在，整個時空幻相就會瞬間消失。因此，《課
程》呼籲我們「別再玩那幼稚的遊戲」了——這是《課
程》別有意味的旨趣，它常把罪形容成孩子的玩具（T-29.
IX.6:2~3;T-30.IV.4:6~11; W-PII.四.5:2）。儘管罪早已成為小
我思想體系的基石，看似嚴重無比，其實它跟小孩子的幼稚

把戲沒什麼兩樣，不會比我們的夢境，或者孩子的遊戲世界更眞實一點。這類說法多得不勝枚舉：

> 你營造出來的那些無聊又無用的神明，只是虛有其表的童玩而已。孩童常被盒子裡蹦出的人頭，或看似柔軟乖巧、一碰就會尖叫的小狗熊嚇到，……但它威脅不了你的。你會像那孩子一樣，一旦曉得自己安全無虞，就會對那蹦出來的人頭及尖叫的玩具咯咯大笑。……你所相信的那些自我幻相，反倒常常不按牌理出牌。它們只會隨著你規定的玩法亂舞一陣，不久就倒地不起。我的孩子，它們只是玩具而已，不用傷心哀悼。（T-30.IV.2:1~2; 3:5~6; 4:3~6）

> 軍隊一開進夢裡會做什麼？它什麼事都做得出來。它會用夢裡任何東西攻擊任何一個人。夢裡是沒有理性的。一朵花可以變爲一根毒矛，小孩變成巨人，老鼠咆哮有如雄獅。愛也會瞬間轉變爲恨。這哪裡稱得上是軍隊？那兒根本是一所瘋人院。夢裡精心設計的攻擊計畫，其實只是一場胡鬧而已。（T-21.VII.3:7~14）

今天，只要你決心去迎接真理，你隨時都會找到它的。（W-136.14:3）

　　上主永遠活在我們內，身為基督的我們也永遠活在上主內。領悟這一真相，只需一瞬；我們這些荒唐夢境的觀者，只需決定改看另一場夢即可幡然醒悟。就在我們決心改變心念的那一刻，真相自會翩然而至。一如〈練習手冊〉那句振奮人心的話：「我們關注的焦點只是如何歡迎真理的到來。」（W-PII.十四.3:7）沒有錯，改變心念，歡迎那無始以來就存於我們心中的真相，才是我們內心真正的渴望。

　　緊接著，我們來看一百三十八課「天堂是我必然的選擇」的第七段，它指出天堂只是一個選擇，但選擇天堂並不是爭取我們沒有的東西，而是接納我們早已擁有之物，因天堂就在我們心內。

因此，我們今天就要開始反省這個抉擇，時間原是為了幫助我們作此抉擇而形成的。這才是時間的神聖目的，它終於由你所賦予的目的中脫胎換骨了……。（W-138.7:1~2）

　　顯然時間並非聖靈所造，祂只是把我們造出之物重新詮釋而已。我們造出時間來攻擊上主，表示我們選擇了地獄，而聖靈則把時間轉化為選擇天堂的一大助緣。《課程》在他處還形容聖靈如何「打造」了世界：

　　幸好，這世界還有另一位「大製作人」，這位「大修正者」與瘋狂信念同步出現。世界相信：萬物無需與上主之律掛鉤，仍能立足而且運作自如。它所

相信的，並不是上主創造與維繫宇宙的「天律」，而是爲了遷就上主之子心目中的需求遂妄自變通的法則。……由錯誤而生的世界仍能爲另一目的服務，因爲它背後還有一位「大製作人」，祂會將世界的目標協調到造物主的目的下。（T-25.III.4:1; 5:1）

　　我之所以如此強調這一點，是因爲奇蹟學員常斷章取義，堅稱耶穌說過，上主或聖靈創造了時間。這眞是天大的誤解，《課程》眞正要說的是：時間「終於由你所賦予的目的中脫胎換骨了」；你原本造出它來是爲了謀殺永恆、打造地獄的。然而，時間一旦到了聖靈手中，經祂重新詮釋，立刻搖身一變，成了幫我們由地獄脫身的工具。如此一來，我們又回到了「目的」這一關鍵：如何從小我的目的切換到聖靈的目的。我們繼續第一百三十八課，如果把引文「脫胎換骨了」之後的分號，改爲冒號，會更容易理解。現在我用這種標點方式讀一下：

這才是時間的神聖目的，它終於由你所賦予的目的中脫胎換骨了：你以前企圖用時間來證實地獄之真實性，使希望淪為絕望，讓生命不得不屈服於死亡。（W-138.7:2）

　　這才是我們當初賦予時間的目的。我們唯有改變初衷，聖靈才能傳授「時間虛幻不實」的功課。時間從此成了人生教室，教我們明白天堂才是我們渴望的天鄉。不僅如此，天

堂並不在我們之外，它是我們生命的真相；地獄、絕望和死亡才是虛無的幻相。

接下來，請看第一百九十四課「我把未來交到上主的手中」的第四段。我在前面稍微提過這一段，在此不妨再讀一遍。這一段再次說明，聖靈與《課程》如何運用時空幻相教導我們「時間不存在」的課題。

你的未來在上主手中，過去與現在亦然。對祂來講，它們全是同一回事，對你也應是同一回事才對。（W-194.4:1~2）

這才是時間真正的延續性，過去、現在和未來全是同一回事，不可分割，整個時間領域，即便它綿延了百千萬劫，終歸為虛幻的一刻。

但是，在這世界上，時間的推移仍然顯得十分真實。因此，我們並不期待你真能了解，時間並非如你眼中那般綿延相續的。你只需放下未來，將它交到上主手中即可。你會由經驗得知，你已同時將過去與現在一併交託到祂手裡了；因為過去再也無法懲罰你，未來的憂懼當下也失去了意義。（W-194.4:3~6）

如果我們把罪咎交給聖靈，也就是說把幻相交給真相，黑暗交給光明，聖靈自會為我們驅散這些陰霾。《課程》不斷鼓勵我們交出過去引發的罪惡感，如此，不僅可以洗去自

己罪孽深重的信念，同時也消除了對未來的恐懼，不再害怕未來遭受懲罰。罪咎一旦化解，未來的恐懼就了無意義，這就是「心中沒有罪咎，恐懼無從升起」的道理；反之，保有「我們必會為過去所犯的罪而受到懲罰」的潛藏信念，必會勾出那些嚴重侵蝕心靈的恐懼。

釋放未來吧！因為過去的已經過去了，當下這一刻，已擺脫了過去所遺留的哀傷、痛苦與喪亡；時間便在這一刻由幻境註定的悲慘命運中脫身了。原本隱藏在上主之子內的光明，一旦能夠自由地祝福世界，那受盡時間奴役的每一刻，便能在剎那間轉變為神聖的一刻。（W-194.5:1~3）

我們用來隱藏自己罪咎的烏雲，恰恰遮蔽了基督的光明，我們還會把自己的罪過投射到烏雲上，變成他人的罪過，忘了罪其實一直在自己心裡。「註定的悲慘命運」讓人想起〈教師指南〉所描述的世界：欲振乏力、疲憊不堪，而且毫無指望（M-1.4:4~5）。

問：「註定的命運」一語是不是暗含了「因果報應」或者「自食其果的惡性循環」那種意味？

肯恩：是的，我們一旦著眼於過去的罪和咎，必會看到世界處處與我們為敵，彷彿置身於陰森的牢獄，毫無逃脫的希望。要知道，罪必然導致絕望。我們一旦認可了「因」的真實性，必會相信它的「果」也是真實的。

　　這段話也反映了《課程》另一個重要的觀念，即我們無需追求光明，光明自會找尋我們，只要我們願意移除遮住光明的障礙。前文提及埋藏在我們心中的愛時，引用過這一段話：

> 你在人間的功課並不是尋求愛，而是找出你為了抵制愛而在心內打造出來的所有障礙。凡是真實之物都不用你去找，只有虛幻不實之物才有待尋覓。（T-16.IV.6:1~2）

〈正文〉的導言也說了：

> 本課程的宗旨並非教你愛的真諦，因為那是無法傳授的。它旨在清除使你感受不到愛的那些障礙；而愛是你與生俱來的稟賦。（T-in.1:6~7）

如今，他已自由了，他的榮耀照亮了世界，世界也與他一起獲得自由，且分享了他的神聖本質。（W-194.5:4）

　　這一小段引文一語道出了《奇蹟課程》的核心觀念——只要寬恕了彼此，我們就自由了。歸根究柢而言，我們這群分裂的上主之子，都不出同一個小我妄心，一個不寬恕而充滿罪咎之心。若想一舉化解這一罪咎，一起獲得自由和療癒，則唯有真寬恕，此外無他。這一主題留待下一章再深入。

第七章　罪咎：小我利用時間的伎倆

　　開始下一組引文之前，請容我先談談小我利用時間的伎倆。本書中篇一直集中於第二層次的時間觀念，不像上篇那樣大篇幅討論時間的形上學（第一層次）。我們知道，小我營造且故技重施的一切，無一不是抵制上主的防衛措施，而時間可說是最厲害的一招了。正因小我感到永恆境界威脅著它的存在，才造出時間來保護自己；在此前提下，罪咎可謂是讓我們臣服於時間最有效的工具了。從本章的引文即可看出，正是罪咎聲稱我們過去罪孽深重且必受懲罰，我們理當提心吊膽等著大難臨頭。小我就這樣把過去和未來都弄假成真，且為它營造的時間奠定了一個牢固的存在基礎，而把當下此刻，也就是永恆的視窗逼出了我們的意識。

　　世間絕大多數的靈修學派，無論東西方，都有一個明顯的共通處，即認為時間是真實的，救恩必須遵循時間律。在西方，尤以基督教為甚，它宣稱要想贖清過去的罪孽，就得犧牲現世的幸福，此刻受苦才能保證天堂的賞報。此類觀念

無疑強化了小我用線性時間築起的防衛措施。東方也有類似的觀念，即因果報應，同樣立基於線性時間的觀念上。它相信，我們必須不斷輪迴轉世，才能洗清過去的罪業，這不過是「救恩只存在於未來」的另一種說法而已。

我們從前文可知，《奇蹟課程》強調救恩只存在於「當下」，圖表三的「觀者」代表的正是這一「當下」。我們完成救恩靠的不是在圖右的萬花筒裡做什麼大事，而是在超時間之境選擇「放下時空世界一切幻相」。《課程》這一觀念與完形療法（Gestalt Therapy）強調的「當下此刻」迴然不同。《課程》所說的「當下此刻」屬於更深的層次。它的重點不在於放下過去，活在當下（這一步當然也很重要，但它的焦點仍在身體）。《課程》的最終目標是教我們徹底放下時間觀念，所以它一再強調救恩就在當下，也就是神聖一刻，這一刻足以帶領我們一舉衝破線性時間的束縛。時間的防衛伎倆就此徹底瓦解，小我自身也煙消雲散，「隱沒於它所源自的虛無中」（M-13.1:2）。

下面選讀的幾段話凸顯出《課程》獨樹一幟的時間觀。我們從〈正文〉第十三章第四節「時間的功能」第四段讀起：

小我的時間觀念極其怪異，你不妨針對這一觀念開始你的質疑。（T-13.IV.4:1）

　　耶穌在《課程》裡經常請求我們與他一起**反觀**小我的思想體系。請看下面這兩段，其中一段，上篇已引用過了：

不要害怕正視「恨的特殊關係」，唯有正視它，你才有解脫的希望。……正視特殊關係時，必須要有心理準備，因它會激起你相當大的痛苦。（T-16. IV.1:1; T-16.V.l:1）

無明亂世的「法則」雖不可理喻，你仍可將它帶入光明之中。……我們不妨平心靜氣地正視一下，越過它的表面說辭看個究竟。關鍵在於了解它的真正企圖，因為它存心製造荒謬，打擊真理。以下即是操控你的世界的幾個基本法則。事實上，這些法則控制不了任何東西，你也不必費心破除，只需正視一眼它的真面目，便可棄之而去。（T-23. II.1:1,4~7）

　　耶穌在這組引文中，要求我們正視小我利用罪咎和恐懼操縱時間的伎倆。我們一旦看穿了小我的把戲和罪咎的目的，就可退後一步，認清我們並不是為自己所認定的理由而感到罪孽深重的。我們感到罪孽深重，只因我們選擇播放小我的影集，把聖靈的影集棄置一旁，相信罪咎與恐懼不僅真實無比，而且天經地義。然而，問題不在於讓我們內疚或恐懼的人和事，而是我們選擇淪為時間領域內的罪咎和恐懼的

奴隸。只有徹底了解了小我利用時間的動機，我們才有重新選擇的機會，不再備受小我思想體系的禁錮而重獲自由。

　　我們回到〈正文〉第十三章：

小我把心力大量投資於過去，最後竟然相信只有過去才有意義。你可記得我說的：小我不惜強調罪咎的存在，設法把「未來」變得像「過去」一樣來逃避「現在」，而維繫小我的延續性。「未來得為過去付代價」這一觀念，使過去的經驗成了決定未來的因素，而且把「過去」與「未來」串連起來，致使「現在」毫無插手的餘地。對小我而言，現在只是通往未來的短暫過渡，它根據過去的經驗來解釋現在，就這樣把過去直接帶入了未來。（T-13.IV.4:2~5）

　　我們已在前一章深入討論小我的延續性，此處僅需簡述一下即可。對小我而言，「延續性」即是連接過去和未來的工具，藉此抵制當下「真實」的延續性，也就是當下此刻直通天堂的那種連續性。小我反過來把自身的延續性當成了天堂，其實它與地獄無異。當今比較有影響力的心理學理論，絕大多數源自佛洛依德的學說，都信奉這一「延續性」，一致認為童年期決定了人的一生。換言之，過去的經歷決定了我們未來的遭遇，令我們欲振乏力。過去的經歷好似把我們的未來銘刻在石頭上，未來大體上已無法變更，縱使外表好似不同，骨子裡全是過去魅影的重現，我們依舊只能透過自

己罪孽深重的過去看待眼前的一切。

「現在」對小我毫無意義，最多只能提醒它過去的創傷，因此它會把現在當成過去那樣來應付。小我絕不容忍你輕易擺脫過去的經驗，即使過去已經過去了，它為了保存舊夢，不惜把過去的事當成發生在此時此刻一般地看待。（T-13.IV.5:1~3）

　　「現在」對小我毫無意義的原因很簡單，因爲在神聖一刻，也就是當下此刻，我們能夠釋放過去的罪咎和未來的恐懼，重新看到被罪咎和恐懼遮蔽的聖靈—— 祂一刻都不曾離開過我們。因此，這句「小我絕不容忍你輕易擺脫過去的經驗」，其實就是在說小我害怕愛，害怕寬恕。罪咎的吸引力成了小我躲避聖靈之愛的防火牆，只因我們一旦接受了聖靈的愛，小我的思想體系就無以立足了。

它（小我）命令你依過去的心態回應此刻發生的事，使你再也看不清此事的當下真相。你若聽從小我的指令，必會把弟兄當成另一種人來看待，使你再也無從認出他的真相。（T-13.IV.5:4~5）

　　第一句爲後文，尤其是〈正文〉第十七章「過去的陰魂」一節的「特殊性」埋下了伏筆。一旦我們透過過去的經驗去看一切，就再也看不到他人內在的基督之光，只會看到自己加諸其上的罪咎陰魂。那些罪咎，其實是我們強加給他

人的，我們把罪咎投射到別人身上，冀盼自己的罪過從此神奇地消失。這種現象最常見於那些與父親有心結未解的人，他們往往容易跟權威人物發生衝突，因為他們把所有的權威都視為自己的父親。究竟而言，所有主權問題的源頭即在於「我們已與上主分裂」的信念，因為說到底，上主才是最終極的權威。「主權問題」是《課程》的一個重要議題，請參閱〈正文〉第三章第六、七節。

你會根據過去的經驗來接收他的訊息；「過去」一旦被你還魂於「現在」，你自然不會輕易放手。你就如此這般地回拒了每一位弟兄此刻所帶給你的解脫訊息。（T-13.IV.5:6~7）

「解脫的訊息」是指寬恕，它宣告罪和咎都不存在。這是化解時間的關鍵，因為正是罪咎維繫著小我的時間體系。我選擇怎樣看待別人，就會怎樣看待自己——他人究竟是罪孽深重或純潔無罪，自己究竟是身不由己或自由之身，全都在於自己的選擇。

問：大腦經過億萬年的進化，好像已經僵化了，因而會不由自主地根據過去的經驗來反應。事實上，所有的念頭幾乎都是針對過去的經驗而發的。有沒有什麼方法能打破這種無休無止的反應模式？

肯恩：克里希那穆提經常談到這個問題。我們第一步應

看破時間在小我眼中的目的，至少理性上要了解。舉例來說，當我們開始生氣時，表示我們已經掉進了小我思想體系的泥沼，這時我們應該盡快退後一步，正視自己陷於小我的狀態。這就是所謂的「小小的願心」，此外沒有第二條路。關鍵在於小我反彈的苗頭一出現，就立刻切斷它。

這個方法類似佛教的「觀心或觀念」，是一種非常有益的修持。它並不壓制念頭，而是退後一步觀看念頭的起伏。記住，只要觀看，這些念頭就會逐漸失去力量；反之，如果我們不去看，它便會狐假虎威，益發猖獗。我們若能退後一步，觀看自己的煩惱升起的過程，那麼，正在觀看的那部分心靈肯定不是正在煩惱的那一部分。這種練習可逐步降低我們對小我的認同。《奇蹟課程》說，我們只能在小我和聖靈之間選擇一個嚮導，除此之外，別無其他選項，因為我們不可能不作選擇的。〈正文〉第三十章如是說：

> ……你不可能單憑自己作決定。所以，關鍵在於你是「跟誰」作出這些決定的。這才是所有問題的癥結。……不論作何決定，你都不是單憑自己作出來的；這些決定若不是與偶像就是與上主一起作的。你選擇向基督或是「反基督」求助，祂或它就會加入你的陣容，指點你如何進行。(T-30. I.14:3~5,7~9)

　　小我費盡心機教唆我們，一旦心頭火起，我們就應該有始有終，把戲演完，直到未來的某一刻（也許只是幾小時、也許需要一兩天），怒火平息之後，我們才能恢復正常生活。這等於說，我們成了情緒的階下囚，始終處在憤怒的淫威下，直到未來的某一刻才能重享安寧。這種解決方案顯然根植於線性的時間觀，認定我們必然受制於過去的經驗而難以脫身。

　　再說一次，從這一牢獄脫身的方法很簡單，只需盡快煞住小我反彈的腳步。不過，方法雖簡單，但卻不容易做到，至少初期如此。如果很容易，耶穌也就不用頻頻指出這個過程之難了。即使我們不能立即停止自己的慣性反應，最好也試著退後一步，看著自己如何走過這一反應過程，比起百分之百地陷於反應要好多了，這已經進了一大步。一旦我們能平心靜氣地觀看小我的攻擊，也就是在耶穌或聖靈的陪伴下觀看，我們就算完成了自己在寬恕過程中那一份責任了。我在另一本書中討論寬恕的三個步驟，「在愛的陪伴下觀看」，是貫穿整個寬恕過程的關鍵所在〔原註〕。

　　接下來，我們從〈正文〉第十三章第四節「時間的功能」第六段的中間讀起：

〔原註〕參看我的《寬恕與耶穌》，第六版，第57~64頁。

小我想盡辦法保留你的噩夢，防止你悟出這一切原來早已過去的事實。（T-13.IV.6:6）

　　這就好比我們坐在螢幕前，手持兩個按鈕，一個管噩夢，一個管美夢。小我不遺餘力地強調「我們的噩夢世界是真實的」，向我們灌輸「罪和咎乃是不折不扣的事實，我們必受天譴」。我們知道，小我時間觀中的過去與未來就是靠這兩種信念構成的，小我一心想要我們選擇這種時間，千方百計阻止我們轉向聖靈的按鈕。聖靈則教導我們唯一存在的時間就是當下此刻，祂明白指出，只有寬恕，而非恐懼，才是我們該在世上活出的人生。一旦選擇對了，我們就開始了幸福美夢，慢慢在美夢中甦醒過來。

　　問：人們孤獨時往往沉迷於童年記憶，或者他們兒女的童年。這是不是在用過去的經歷護守小我的夢境呢？

　　肯恩：絕對是，這就是《課程》所說的「幻想」。人之所以幻想，通常是為了逃避他們不想面對的現實，退回到過去的記憶中，痛苦的記憶讓他們理直氣壯地抱怨：「我是一個受害者，才會活得這麼不快樂！」美好的記憶則讓人感歎：「那時候多好呀！」事實上可能根本不是那回事。然而，快樂的過去和悲慘的過去一樣，會加深自己此刻的受害感，因為今昔一對比，現在的生活頓時變得面目可憎，讓我們感覺深受其害。可見，不管夢境是好是壞，小我都有辦法

困住我們。

我們跳到下一段：

聖靈與小我的時間觀顯然南轅北轍。原因也十分明顯，因時間在雙方眼中具有截然相反的目的。在聖靈的詮釋之下，時間是為了解除你對時間的需求。因此，時間在祂心目中只有暫時的功能，純為祂的教學任務而設，最多只能算是一種方便法門而已。（T-13.IV.7:1~4）

把小我和聖靈的觀念並置一處，是〈正文〉常用的論述方式。小我想讓我們相信時間是真實的，而聖靈的教誨則恰恰相反。

引文裡「暫時的功能」一語，玩了一個文字遊戲，因為時間本來就無法持久；而且，「暫時」一詞，顧名思義，必受時間所限。聖靈賦予時間新的目的，讓它為寬恕服務，一舉扭轉了小我用時間鞏固罪咎的陰謀。

下面這一段引文，我們已經引用過當中幾句了：

因此祂只會重視能夠延伸至永恆的時間，而「現在」可說是人間最貼近永恆的時間了。沒有過去與未來的「現在」這個真相，才能為你開啟對永恆的嚮往。此刻只有「現在」，「神聖會晤」也只可能發生於「現在」，給你一個得救的機會。（T-13.IV.7:5~7）

　　此處仍在講第二層次，也就是屬於本質虛幻的世界之事，在此，時間被視爲是線性的，從過去到現在，再到未來。但聖靈幫我們利用時間的線性特質寬恕過去，釋放未來，而保存了現在。請注意，這一段討論的並非永恆境界，因爲永恆超越了時間領域，它只是教我們如何從夢中返回天堂。

　　另外，我在前文說過，不要把《課程》關於「現在」或「當下」的觀念與完形治療的說法混爲一談。完形療法強調的「當下」屬於線性的，仍在「世界」的範疇下；而《課程》所教的卻是如何利用「現在」徹底超越時間。還有一點，重視「現在」的心理療法強調的是感覺的層面，藉著感覺而回到現在；然在《課程》中，感覺並非關鍵因素，因爲它們只是**念頭**激發出來的結果。

　　問：那麼是不是說，依據《課程》的觀點，完形心理治療師所謂的「『當下』的感覺」，其實仍屬於過去？這些感覺並不是當下發生的，因爲我們若眞正活在當下，那一刻我們與他人必在合一的狀態。

　　肯恩：是的。完形療法的理念本質上仍屬於世界的範疇，因爲它所強調的感覺出自身體層面，這意味著它已把過去當眞了。《課程》的觀點與之截然不同。但我們必須承認，完形療法對「當下」的重視，有效地糾正了佛洛依德派

堅持的「過去的經歷決定了現在」這一觀念。

　　問：可不可以這樣說，首先，你學會退後一步，觀察自己的作為，這仍屬於心理學的領域，但真寬恕則會將我們推向下一步，認清我們那些念頭與感覺其實並不是真正的自己？

　　肯恩：沒錯。這就是在聖靈之愛的陪伴下，溫柔地觀看小我。這樣的觀看，可以將我們從小我的世界一舉推向上主的境界，擺脫感覺的控制，不論好感覺壞感覺，全都束縛不了我們。

在小我眼中，時間的目的只是為了延伸自己來取代永恆；小我和聖靈一樣，對時間的存在目的各有一套詮釋。（T-13. IV.8:1）

　　〈正文〉第十五章討論了小我利用地獄的伎倆，所謂地獄，其實就是指小我延續自己的存在（T-15.I.3~7）。引文中的「延伸」（extend）值得注意，因為它在此處用到小我身上。《課程》總把「延伸」（或推恩）與聖靈聯在一起。這一段卻是例外，它再次顯示，耶穌在用詞上未必嚴謹一致，但內涵始終一貫。

時間在小我世界裡，唯一目的就是把過去延續至未來，封殺

現在，把時間延續得天衣無縫。它企圖用這一延續性把你封鎖在時間之內，聖靈之意則是幫你由時間脫身。若想要接受聖靈託付給你的救恩目標，你得先學習接受祂為你詮釋的救恩方法才行。（T-13.IV.8:2~4）

　　聖靈跟小我一樣，也懂得利用時間，祂利用時間是爲了幫我們擺脫時間的束縛，而小我則要讓我們在它的時空世界愈陷愈深。我們遲早都會接受聖靈的救恩目標的，因爲我們內心有一部分在自己營造的世界感到活得很淒慘。但我們必須先摒棄從小我那兒學來的那一套「時間可以抵禦天堂的報復」才行，也就是接受聖靈溫柔的眞相。藉著寬恕，化解小我「只有分裂，我們才能獲救」的謊言，轉而與聖靈和弟兄攜手同行，一路從時間領域走向神聖一刻，最終回歸永恆境界的家園。

你也一樣，你如何詮釋自己的任務，就會如何詮釋時間的功能。（T-13.IV.9:1）

　　如果我們以攻擊、分裂，以及維護小我爲己任，我們自然會利用時間達成這些目標。反之，如果我們以寬恕爲此世的任務，時間就成了完成寬恕的工具。一般而言，我們會在心裡先定一個想要的目標，然後，很自然地據此目標「如是想」、「如是行」，這就是「投射形成知見」的道理（T-13.V.3:5; T-21.in.1:1）。

你若認可自己在時空世界只有療癒的任務，自然只會重視可能帶來療癒的那種時間。療癒無法完成於過去，它只有完成於現在，才能釋放未來。（T-13.IV.9:2~4）

　　心理分析學派主張療癒就是解決過去的問題，這也是多數心理學派所持的觀點。心理分析注重回溯過去的創傷，認為非如此不能釋放傷痛、治癒現在的自己。這種療癒觀認定過去的經歷是當前困境的肇因，無疑把過去當真了。它否定了心靈的力量，因為心靈只存在於當下。心靈的力量一旦被剝奪，就無法選擇真正的療癒和平安了。由此可見，心理治療所提供的療癒和平安很可能只是虛有其表，因為它無法持久；而真正的苦因，也就是我們內在的罪咎，從未受到質疑，療癒自然也遙遙無期了。但是，只要真心求助和助人的「兩個人」攜起手來，便會帶來另一層次的療癒。這種療癒與治療的形式無關，不論你是用心理分析或其他療法，最終說來，它靠的是治療師和患者在心靈層次的結合。《課程》的補編〈心理治療〉一文指出：

> 療癒之效不只受限於心理治療師本人的限度，同樣受限於病患自己的限度。因此，整個療癒過程的宗旨就是超越這些限制。沒有人能獨自完成這一目標的，唯有同心協力，才能發揮他們的潛能而超越這些限制。如今，他們進步的快慢全憑雙方願意發揮多少潛能而定。……因此，治療的進度在於個人的

決定；它可能直達天庭，也可能離地獄只有數步之
隔。……但到頭來，總會帶來一些益處的。一方發
出求助的呼籲，另一方接收到了，且伸出援手，予
以回應。這完全符合救恩的程式，因此不會沒有療
效的。（P-2.III.2:1~4,6; 3:3~5）

這種詮釋也把未來與現在串連了起來，所不同的，它是把現
在（而非過去）延伸到未來。但你若把自己的任務詮釋為滅
亡，你是不可能看見現在的，你必會緊抓著過去，確保一個
毀滅性的未來。（T-13.IV.9:5~6）

第一句正是聖靈對「真療癒」的詮釋，也就是說，真療
癒只存在於現在，它必會化解「過去罪孽深重」那種自我信
念，而把療癒延伸到未來，隨之而來的平安方能通過我們延
伸出去。在時間層面上，它從現在延伸到了未來；在空間
上，則透過我們推恩給其他弟兄。然而，如果我認為自己的
任務是毀滅，必會感到內疚，我一旦矚目於過去的罪孽，肯
定會把它投射到未來。依照小我的運作法則，從我心內投射
出去的東西遲早會反身攻擊自己，一如〈正文〉所說：

這正是投射者必會嚴加戒備自身安全的理由。他們
深恐自己投射出去之物會轉身反擊。他們若相信自
己有辦法把投射之物由心中抹除，便不能不相信那
個東西也可能設法溜回來。（T-7.VIII.3:9~11）

因此，我若動了摧毀世界的念頭，必會心生罪咎，罪咎必然讓我認定世界會反身報復並消滅我。總之，我們投射出去的罪咎，才是激發所有恐懼的元兇，而非來自外在的「客觀世界」。《課程》一再強調，小我最基本的動機就是毀滅，它要毀滅天堂、上主和基督。這一毀滅念頭起於心靈，故也只可能在心靈內化解，無論它在世間以何種形式演出這一場毀滅之劇。

時間本來什麼也不是，你如何詮釋它，它就成了什麼。（T-13.IV.9:7）

時間與這個世界的其他東西一樣，都是中性的。儘管小我當初營造它是為了攻擊，但我們既然可以利用世上的一切發動攻擊，故也可以利用它們完成「寬恕攻擊」的人生功課，這一選擇操之於我。在這個意義上，時間成了中性的。

問：如果你是一個謹守「工作第一」的人，認為自己的任務只是做好一名園丁或郵差，卻看不出你的工作與上述兩種目的之間的關係呢？

肯恩：這種情況下，時間可能成為幫你擺脫你自認為不幸之工具。你可能期待退休以卸除郵差、園丁或其他任何繁重的工作之職。如此，你對時間的感受就是「我被現在所困，期待將來某一天我可以從中解脫」，顯然，時間對你變得真實無比，成了小我用來「逃脫痛苦的現在」之工具。

　　即便你喜歡工作，也一樣會擔心害怕，只不過形式有所不同而已。比如說，「我喜歡這個工作，要是失去它，被解雇或退休了，我該怎麼辦？到時候，我還能做什麼？」你此刻從「形式」（即你的工作）所獲得的快樂隨時都會改變，壓根兒保不住未來，如此，時間也同樣被弄假成眞了，成了你的大敵。在以上的例子中，雖然你並非存心把時間當作毀滅的工具，但我們不難發現，它的內涵或用心其實是很無情的。

　　問：說到底，活在時間領域宛如在獄中服刑，時間本身的局限性阻礙了我們與聖靈活在當下，享受眞正的自由。重點是，我們太容易陷入世界的問題了。我們很容易屈服於世界的要求，汲汲於建功立業、立名立言等等。我們眞有可能活在時空世界卻不受它所限、不覺得自己像一個囚犯或異鄉客嗎？

　　肯恩：絕對可以。耶穌就活出來了，他是我們這趟時空之旅的楷模。在諾斯替派領袖的著作中，不乏與《課程》相似的說法，他們也自視爲世界的陌生人、異鄉客或者囚犯。這些諾斯替派信徒迫不及待想要逃離這個世界，然而，如此一來，反倒把時空世界當眞而受幻相所困，這就是爲什麼他們最終也擺脫不了其他宗教傳承的同一錯誤。

　　正確的看法是，認清我們儘管不屬於世界，但仍可接納

聖靈賦予世界的目的。只需改變心態，我們就可以活在世間卻不必受苦。我們不受苦，並不是否認世間觸目皆是的苦難，而是因為我們意識到身體擁有不同的意義和目的。毋庸贅言，這一轉變非常不易。從被身體所困，到認清我們可以用另一種眼光看待身體，需要極大的願心和學習。我們都曾陷身於小我的學堂裡，把身體當作攻擊和分裂的工具，反覆操練，終於自食其果，受盡攻擊、痛苦、犧牲之苦，最終難逃一死。要改變這種觀念和心態，可說是知見上的巨大轉變，耶穌曾這樣形容世間的學習：

> 任何人……絕不會懷疑你的學習能力；你學得如此用心，不斷重蹈覆轍，歷盡千辛萬苦也無怨無悔。世上沒有比學習更偉大的能力了。整個世界都是你「學」出來的成果，即便到現在，它也還得賴此才能存在。你教給自己的功課，早已學得滾瓜爛熟，而且積習難改，好似一簾沉重的帷幔，罩住了單純而明顯的真相。……你鍥而不捨地學習，不論多難，從不抱怨，直到營造出符合你心意的世界才肯罷休。建構起這世界的每一個人生功課，追根究柢都源自你第一個學習成果，它聲勢浩大得連聖靈之音都甘拜下風。整個世界都是由這詭異的一課當中誕生的，它有本事讓聖子忘記上主的存在，把自己當成陌生人，甚至放棄上主為他打造的家園而自我

放逐。（T-31.I.3:1~4;4:3~5）

重新調整我們的思維，這一過程必須十分警覺，因為小我無孔不入，就像第五縱隊（fifth column）的口號：「打不過，就滲透。」因此，小我能夠拿起《課程》這本毫不留情揭露小我底細的書，為自己的目的效勞。耶穌提到他準備《課程》的嚴謹態度：

> 其實，我已盡量選擇一些幾乎不可能被曲解的字眼
> 來傳達我的意念，但你若存心誤解，總有辦法扭曲
> 我給的文字象徵的。（T-3.I.3:11）

說得好聽一點，小我的手法是非常隱微的。

問：你所說的這一轉變其實是幫我們「解縛」不可或缺的一步，很難用言語描述，它幾乎是一個神祕過程，好似某種領悟、某種洞見，或靈光乍現的體驗，一下子把我們從小我裡面拉拔出來了。

肯恩：沒錯，因為這種轉變超乎我們的意識經驗之範圍。回到圖表三，它不是發生在右側的圓圈裡的，而是出自那位超時空的觀者之選擇。觀者活在超時間之境，而不是我們此刻所意識到的自我。過來人都知道，這一步很不容易。我們很可能邊操練《課程》，邊以為自己做到了《課程》的要求，事實上卻連門檻都沒踏入。《課程》並不只是教人博

愛眾生而已，儘管終究來說，耶穌所教的不過是這種愛，但我們必須徹底扭轉自己的觀念，才可能像耶穌那樣去愛。每當我們感到欲振乏力時，不妨用耶穌的保證給自己打打氣：「最後的結局會與上主本身一般屹立不搖的。」（T-4.II.5:8）

接下來，我們進入〈正文〉第六章第二節「投射之外的選擇」第十段。這一段說的還是聖靈與小我利用時間的差異，但角度與前文有些不同。

聖靈並不相信時間的存在，卻懂得如何利用時間。（T-6.II.10:1）

這一句取材自人們耳熟能詳的聖經經句「活在世間，但不屬於世界」，意即活在一個充滿形式與象徵的世界，在善用它們之際，深知它們虛幻的本質。〈練習手冊〉第一百八十四課清晰地傳達了這一觀念：

> 我們若要求你超越世上所有的象徵之物，且與它一刀兩斷，同時，又要你負起教學的任務，這確實有些強人所難。你目前還須藉助世間的象徵物。但是你必須不受它們的蒙蔽才行。它們不代表任何東西；……你可隨意使用黑暗世界所有的無聊名相及象徵。只是切勿接受它們為你的人生真相。（W-184.9:1~4;11:1~2）

　　本書下一章將討論「聖靈的計畫」，以及聖靈對人間問題所提供的解決方案。屆時，我們便不難明白，耶穌的措辭其實是遷就我們所能了解的形式，所以他把聖靈描述成彷彿是一個人，祂知道如何利用時間，卻不相信時間的存在。凡是小我為了一己之利而造出之物，都被聖靈派上了新的用場。

祂直接來自上主，故能善用一切，助人獲益，但祂絕不會把幻相當真。既然聖靈亦在你的心內，你的心必也可能只相信真實之物。（T-6.II.10:2~3）

　　聖靈利用世間萬物教我們分辨真相與幻相，但祂絕不相信世間任何東西，因為它們不屬於真理的國度。世界若不是徹底真實，就是徹底虛假，它的本質必然與天堂截然相反。如果上主是真實的，世界必然百分之百虛假。我們心靈有一部分即是聖靈的居所，也是〈正文〉前幾章所謂的正念之心，同樣具備了聖靈辨別真假的能力。從第一層次看，世間萬物沒有一樣是真實的。然而，在第二層次，任何反映出寬恕與療癒之物都是真的；反之，為分裂與攻擊搖旗吶喊之物都是假的。我們的正念之心確有區分二者的能力。

聖靈僅能為這一真相發言，因祂是上主的代言人。祂要你回心轉意，重歸上主，因為你的心靈從未離開過祂。既然它從未離開過祂，你一旦認清這一真相，便已身在家中了。那

麼，所謂徹底證入救贖境界，只不過是認清了分裂從未真正
發生過而已。小我對此毫無招架之力，因它公然聲明小我不
曾存在過。（T-6.II.10:4~8）

　　關於「救贖」和「如何才算接納救贖」，沒有比上述這
段引文說得更清楚的了。我們以為自己離開了上主，事實上
這根本不可能發生。「認清」的原文是 perception，表示耶
穌所談的救贖仍屬於世界的層次。認清心靈的真相即是《課
程》所謂的真知見或真實世界。進入真實世界，時間才會開
始瓦解，直到上主的最後一步為它畫上了句點。總之，接納
救贖意味著否定小我言之鑿鑿的「事實」，表示分裂並沒有
發生。

　　引文的最後一小段出自福音書，耶穌對彼得說：「我還
告訴你，你是彼得，我要把我的教會建造在這磐石上；陰間
的權柄，不能勝過它。」（馬太福音 16:18）小我阻止不了我
們認清「分裂從未真正發生過」這一事實，因為這一真相早
已透過聖靈進入我們心中，宣佈小我從未真正存在過。附帶
一提，《課程》採用了很多福音書的比喻，例如：

　　天國是完美的一體，徹底安全無虞，小我永遠侵犯
　　不了它。阿們！

　　我故意把這句話寫成禱詞的形式，因為這形式會在
　　你面對誘惑之際發揮大用。它等於是一篇獨立宣

言。（T-4.III.1:12~2:2）

小我其實並不排斥「回歸」的必要，因為它能輕而易舉地把這個觀念變成天大的難事。（T-6.II.11:1）

　　小我的一貫伎倆在此昭然若揭。我們多多少少都有自知之明，知道自己很難達到《奇蹟課程》的要求。但如果把這當成既定的「事實」，抵制當下的救贖，我們就掉進了把時間當真的陷阱，正中小我的下懷。

　　問：是不是說，小我這種伎倆又把我們拉回了漸修的陷阱，把神聖一刻擠出了我們的意識？

　　肯恩：是的。這就是為什麼《課程》一直強調救恩只存於現在——我們可以關掉「此刻」正在觀看的小我恐怖影集。箇中關鍵所在，始終繫於超時間之境中的觀者，它雖不在永恆中，但也不在時間的領域內。站在我們內心的觀者之位置，我們可以從心內抉擇者的位置選擇觀看哪一類的時間影集，我們也明白，聖靈指導我們去看的時間影集必然充滿了幸福美夢。

然而，聖靈卻告訴你，連「回歸」之念都是多餘的，既然它不曾發生過，絕不可能是件難事。（T-6.II.11:2）

　　這正是《課程》與建立在線性時間框架上的靈修學派最

根本的區別。那些學派普遍認為，我們要用當前的行為化解過去的罪孽，為未來鋪路，因此全都把時間當真了。《奇蹟課程》說「你什麼也不需要做」（T-18.VII.5:5），並不意味著其他法門沒有效果，如果它們真的以回歸上主為最終目標，是不可能失敗的，只不過需要更長的時間而已，因為它們已將小我的時間把戲當真，達成目標所需的時間自然要比《課程》長多了。

是你把回歸的觀念搞成一個十分必要卻難以達成的目標。然而，凡是本來圓滿的，自然一無所缺，它不可能難以達成才對，何況那根本就是你的本來真相。（T-6.II.11:3~4）

即使像圖表二「長毯」的意象，我們仍在小我的時間體系下，因為長毯反映出一個線性的過程：我們已經離開了上主，現在不得不返回。所以，《奇蹟課程》儘管使用了「旅程」一詞，卻不斷提醒我們旅程已經結束，我們始終圓滿無缺地活在上主內。前文說過，〈正文〉第一章分別在橫向的時間層面，以及超越時間的縱向層面（即神聖一刻）討論了「回歸」的意義（T-1.II.6:1~3）。這種從橫向座標陡然轉為縱向座標，就是「奇蹟」。

因此，你必須以同樣心態去看待上主的造化，將你的所知所見調整到與聖靈的眼光一致。這一致的眼光便成了你與上主交流最直接的路線，它會將你的心靈導向天心。（T-6.II.11:5~6）

　　這也是圖表六螺旋圖的寫照。螺旋圖上的曲線代表了我
們各式各樣的知見，以及知見世界變化無常的本質。當我們
所有的知見都調入聖靈的寬恕頻率，便會看清所有的人事物
都為同一目的而存在。也就是說，螺旋線拉直了，相異之處
便消失了，人人都成了我們在基督內的弟兄姊妹，不是在表
達愛，就是在呼求愛，所有的境遇都成了我們學習這一寬恕
功課的機會。由此可見，螺旋線涵攝了線性的時間觀（過
去、現在和未來）。當它完全拉直後，表示我們只活在當
下，也就是神聖一刻和真實世界所在的「現在」。到那時，
我們可說是踏上了「直通」上主的路，因為所有阻擋我們憶
起祂的障礙都被清除了。

這種知見是不可能引發衝突的，因它反映出你所有的知見
都在聖靈的指引下，而祂的心靈又與上主須臾不離。（T-6.
II.11:7）

　　根據《課程》的原始記錄，耶穌與海倫討論過佛洛依德
的「固著」（fixation）概念，他故意用很多的雙關語跟海
倫玩文字遊戲。所謂「固著」狀態，簡言之，就是指一個人
幼年未解決的問題固著在心中，揮之不去，日後的經歷無一
不將他帶回那未解的心結。

　　上述引文強調，我們的心不應固著於過去，而應固著於
上主身上。這樣，我們方能透過上主的光明看待自己所有的

經歷，我們的行為自然會接受天音的引導。

唯有聖靈才有化解衝突的能力，因為唯有聖靈是不含衝突的。祂只著眼於你內心真實的一面，因此祂向外推恩時，也只會伸向其他心靈的真實面。（T-6.II.11:8~9）

　　《課程》再次重申，我們無法單憑自己完成救恩。我們慈愛之念的源頭不是我們自己，而是居於我們內心的聖靈。唯有這一聖愛的臨在不含衝突。這不過重申了「世間沒有毫無衝突的愛」這個理念而已（T-4.III.4:6）。人間的愛避免不了衝突，因為我們若不是已把矛盾衝突的小我當真，根本就不會來到人間。而在聖靈眼中，我們來到人間的目的正是為了化解這一衝突。

　　然而，儘管世間不可能呈現純粹的愛，只要我們選擇了寬恕，聖靈仍可透過我們把真愛傳遞出去。容我再說一次，我們來到世間只有一個任務：學習寬恕。準此而言，我們活在世間，選擇靈修，表示內心已經決定回歸聖靈且以祂為師了。《課程》的基本目標就是教我們化解內心的罪咎，罪咎一旦化解，聖靈的知見即可透過我們延伸出去。只有這一刻，我們方能看出自己內在的基督之光才是真正的我，自然而然的，我們也能認清彼此的真相了。

　　現在，我們回到〈正文〉第五章的「時間與永恆」這一節。

在真知中上主是一無所待的，是你的等待拖延使得祂的天國
荒蕪。所有的聖子都在等待你的歸來，一如你等待著他們的
歸來。拖延，在永恆中不是問題，但對活在時間中的人，卻
是個悲劇。（T-5.VI.1:1~3）

正因為我們相信自己擅自離開了天國，所以感到內心荒
蕪的是我們自己，等待著我們回歸的也是我們自己，而非
上主，因祂**深知**我們從未離開天堂半步。在真理實相的層
次，我們都安居於天堂，唯在夢境中，我們等待自己這狀似
分裂的個體生命重返家鄉。因為「拖延」會帶給我們無盡的
痛苦，所以無疑是一個「悲劇」。倘若用圖表三來解釋，意
味著我們坐在螢幕前，無休止地選擇觀看犧牲與受苦，死亡
與痛苦的影集，這確實是可悲的事。若從永恆境界來看，則
稱不上悲劇，因為我們一直安居於永恆中；而在夢境中，我
們不斷把自己拋進陰森恐怖的噩夢，當然是個不折不扣的悲
劇。

你既然選擇了時間而非永恆，自然會認為自己受制於時間。
然而，你既有選擇它的自由，也有改變它的自由。（T-5.
VI.1:4~5）

千真萬確，我們一直緊盯著這些線性時間觀的電影，相
信自己就是電影中的人物。事實上，我們不過是在心內重
溫舊事而已。別忘了，我們相信自己活在時間內，只因我

們「選擇」如此相信。既然如此，我們也可以輕易改變自己
的想法，《奇蹟課程》的基本目標就是教我們怎樣做到這一
點。

你原本不是活在時間內的。永恆才是你的家鄉，那是上主親
自為你準備的永恆居所。（T-5.VI.1:6~7）

罪惡感乃是時間的守護者。（T-5.VI.2:1）

〈正文〉從這一章開始大量使用「罪咎」一詞，但直到
第十三章才深入討論罪咎的內涵。罪咎聲稱我們過去造了
孽，現在必須戰戰兢兢，如履薄冰地提防小我警告我們隨時
會降臨的懲罰，罪咎就這樣把時間保護得嚴嚴實實，讓我們
不能不相信自己真的活在時間內，因為我們自覺不配與上主
活在永恆之境。

它（罪惡感）**勾起人們害怕報應或深恐被棄的心理，因而想**
盡辦法確保自己的未來會和過去一樣。這給了小我一種延續
性的存在感。那苟延殘喘的存在給了小我一種安全的假相，
使它相信你已成了它的階下囚。（T-5.VI.2:2~4）

小我那一套機制就這樣延續下去，我們對它的防衛伎倆
毫不陌生。上述的說法再次顯示《課程》如何運用「反覆重
申」的方式深入同一主題。引文中，耶穌故意用「安全的假
相」這一觀念，讓我們徹底明瞭，小我的思想體系是絕對沒
有出路的。小我相信，只要我們繼續認同它的思想體系，它

就永遠安全無虞，因爲只要我們還覺得罪孽深重，就不可能不認同小我那一套的。

然而，你是可能也必須逃出它的魔掌的。上主不惜以永恆的延續性與你交換。你若決定接受這一交易，你等於同意以喜悅來換取罪咎，以愛心換取兇惡，以平安換取痛苦。我（耶穌）的任務只是幫你解除意志上的桎梏，還給你自由。（T-5.VI.2:5~8）

　　一旦我們選擇了神聖一刻，就會體驗到「永恆的延續性」，因爲神聖一刻是我們觀看永恆之境的視窗。在神聖一刻中，我們看到上主聖愛及天堂的延續性自我們心內大放光明，表示我們終於奉耶穌爲師，治癒了自己的心靈。只要將自己的意願交託給他，這一「小小的願心」便足以化解所有問題的根源，也就是我們當初所作的分裂之決定。除非我們選擇與耶穌同心協力，否則他無法爲我們成就此事。就像他在〈正文〉中說的：

修正你內心的恐懼，那才是你的責任。你若求我幫你由恐懼中脫身，好似聲明那不是你的責任。你該求我幫你面對那讓你恐懼的制約心態。構成恐懼的因素必然脫離不了分裂之願。（T-2.VI.4:1~4）

你的小我無法接受這種自由，它隨時隨地都會想盡辦法加以阻撓，從中破壞。身爲小我的始作俑者，你很清楚它的能

耐，因為這些能力全是你自己賦予它的。（T-5.VI.2:9~10）

　　這是小我的最後頑抗，當它發現我們愈來愈投入聖靈的寬恕所帶來的自由，無視於罪咎和暴虐的攻擊，小我頓時變得心狠手辣。〈正文〉第九章生動描繪小我眼看著我們「響應聖靈」時的氣急敗壞：

> 因此，每當你以愛心與人互動之際，小我很可能大肆攻擊你，因為它早已斷定你沒有愛心，而你竟然違反了它對你的評論。……這時，它的猜忌狐疑會頓時轉為心狠手辣，因為它反覆無常的本性會變本加厲。……你若甘於活在絕望之中，小我就會停留在猜忌狐疑的狀態。當你忍受不了而想擺脫這種自卑感，它就會變得心狠手辣。……小我想盡辦法重整旗鼓，它不會輕易讓你脫身的。（T-9.VII.4:5,7;T-9.VIII.2:8~9;4:5）

　　小我這種「心狠手辣的反撲」，與十六世紀西班牙偉大的神祕主義者聖十字若望（St.John of the Cross）所說的「靈魂的黑夜」，頗能相互呼應。

你該隨時憶起天國，並且記得，身為天國一份子的你是不可能迷失的。那曾在我內的天心如今也存於你內，因為上主創造時是徹底的大公無私。願聖靈隨時提醒你記住這一大公無私，也讓我來教你如何將它分享給你的弟兄。除此之外，你

還有什麼機會為自己領回這一天賦恩典？（T-5.VI.3:1~4）

　　這段引文讓人想起聖保羅所說的：「你們當以耶穌基督的心為心。」（腓立比書 2:5）。耶穌在此特別指出聖靈的心就在他內，表示他已徹底解除了「特殊性」。也就是說，上主不會厚此薄彼，有所偏愛，祂徹底的「大公無私」，這個天心也一直活在我們內。由此可知，我們與耶穌沒有絲毫不同，只要我們願意向聖靈求教，耶穌所活出的完美生命，我們也可以活出來。

　　上述的觀點可用圖表二和圖表二清晰顯示出來。前文說過，小我營造出時空世界的那一刻（亦即長毯展開，劇本寫就之時），聖靈已給出了祂的修正。祂的修正臨在於小我營造的每一個場景、關係和際遇之中。換言之，每當我對他人生起憤怒之念的那一刻，聖靈對此憤怒的修正（或寬恕）早已存在我心中。綜合圖表二和圖表三的意象，我們可以說，在時間長毯上，小我一幕一幕編製它錯誤的劇本，聖靈也一幕一幕地提供了修正的版本。

　　如果我們把圖表二融入圖表三，不再用線性的視角看待這個過程，就知道它其實是全像式的，所有的事情都在那一刻發生了。當我們坐在觀者的位置時，我們聽到兩個聲音：小我勸我們繼續視自己為受害者；與此同時，聖靈呼籲我們用寬恕的眼光觀看同一情節，不再攻擊此人，或把自己當成

受害者，而認出此人是我們在基督內的弟兄姊妹。這表示我們願意關掉評判與憤怒的影集，而選擇重溫寬恕的影集。表面上看來，那個情境會顯得依然故我，然而，我們已經賦予它新的內涵或目的──將它一視同仁，不再著眼於特殊性了。這就是向耶穌求助的含意。我們憶起了上主的「一視同仁」一直在我們心中，不同的是，我已願意向耶穌學習如何用寬恕來終結特殊性。就在與人分享這一教誨之時，我們自己也領會了箇中深意。

世上每一件事，都會同時出現兩種聲音，傳達兩種不同的詮釋（或許我應該說「幾乎同時」，因為小我總是先聲奪人的）。若非你早已選擇了某種詮釋，否則你豈需選擇另一種詮釋予以取代？(T-5.VI.3:5~6)

因此，儘管兩種聲音同時出現，但若非小我的錯誤發生在先，也就無需聖靈的修正了。我們再次看到，聖靈所修正的劇本，其實就是以寬恕或另一種眼光重新看待罪咎和仇恨的小我劇本。因此，當耶穌說劇本已經寫定時，他指的是首先出現的小我劇本。錯誤發生以後，聖靈的修正才有用武之地。

問：我覺得「小我總是先聲奪人」的觀念經常遭到誤解。它是否在說，如果小我不存在，修正也沒有存在的必要了？

　　肯恩：說得很對。但這並不意味著你冥想或祈禱時，首先聽到的聲音永遠來自小我。這只是表示，若非我們已經相信了小我，認為自己此刻活在身體中，否則根本不會生起冥想或祈禱之念。所以，連祈禱或冥想的渴望都反映出「我們與上主分裂了，此刻真的活在世界中」這個錯誤信念。簡言之，上述那一段話指向更深層次的修正過程。

　　接下來，我們來讀這一節的第十二段。在它前面的第十一段談到耶穌從聖靈那兒學到「無限的耐心」，下面這一小段繼續「耐心」的議題：

唯有無限的耐心才能產生即刻的效果，這是你此生必修的課程。（T-5.VI.12:1）

　　當我們從小我的影集切換到聖靈的影集，「即刻的效果」立時呈現。這一轉變會即刻發生，我們可以體驗到它立竿見影的效果。比如說，我意識到你內心有一個小我，此刻你正在穿越它，我此刻也在穿越自己的小我。我必須認清兩個小我都不是真的，如此，我才可能有耐心面對，不把它們當真而掉入小我時間觀的陷阱。這一轉變即是神聖一刻，我會充分體驗到它的「即刻的效果」，原本讓我不安、憤怒、惱火的事，我現在可以平心靜氣地處理了。如果我堅持救恩必須在某一時限內完成，無疑便掉進了小我的陷阱，又把時間當真了。總而言之，我主宰不了神聖一刻的轉變何時出

現，那是聖靈份內之事。

也是你把時間轉為永恆的竅門。無限的耐心喚起無限的愛，因著它立竿見影的效應，讓你明白了時間的無足輕重。我們再三強調過，時間只是一種學習教具而已，當它派不上用場時，就可撤銷了。（T-5.VI.12:2~4）

　　我繼續用圖表三來解釋這一段話。由圖示可知，我們可以瞬間放棄自己對小我時間影集的信任，幡然醒悟時間原來只是一個幻相、一襲妄圖遮蔽永恆的輕紗而已。耶穌透過人間的攻擊假相來顯示愛的力量，為我們揭開了這層輕紗。時間戰勝不了永恆，時間存在的唯一目的只是讓我們學會這一課。一旦我們學會這一課，我們就可站在螢幕前說「我再也不想看這些了」，時間頓時失去了意義，再也沒有存在的理由了。

聖靈雖然進入時間領域為上主發言，祂深知時間了無意義。祂在分秒流逝的時間中，不斷提醒你那一真相；祂在世的特殊使命即是將你領回永恆之境，在那兒繼續祝福你所創造的一切。（T-5.VI.12:5~6）

　　從線性的時間觀來看，只要一個聖子還沒從夢中醒來，聖靈的任務就不算完成。「聖靈將我們領回永恆之境，繼續祝福我們創造的一切」，其實只是重申下面這一段話而已：

心靈一旦完成了救贖，整個聖子奧體便獲得了療癒，回歸的呼喚便不復可聞。然而，上主創造的生命必是永恆的。聖靈永遠與上主的兒女同在，祝福他們創造的一切，且以喜悅之光護守著它們。（T-5.I.5:5~7）

我已強調多次，我們不應拘泥於文字表面形式來理解這部課程，重要的是它的內涵，它所強調的是愛的永恆本質這一內涵。

第八章　聖靈的計畫

　　本章的引文都以「聖靈爲我們制訂了一個計畫」爲中心。這些引文若斷章取義，很可能讓人誤以爲聖靈眞的跳進人間，爲我們排憂解難，所以有必要先簡單解釋一下，再深入引文的內涵。

　　我們知道，《奇蹟課程》使用了世間很多象徵用語，卻表達出迥然不同的意涵。〈練習手冊〉第九十九課所說的「上主的計畫」就是一例（本章的第一組引文全都出自這一課）。前文討論第一百九十四課「我把未來交到上主手中」的「未來」時，已經指出，上主的天心中沒有過去、現在和未來，因爲它們是同一回事。只因我們依舊相信時間是線性的，耶穌才因勢利導，藉之開導我們。第九十九課也用了相同的教學方法。

　　《課程》頻頻指出，廣義來講，它的目的是糾正人間的顚倒妄想；狹義而言，它專爲糾正基督教的錯誤，也就是「上主讓我們在世上受苦，以此換取來日的救恩」這種神學

觀念。此觀念最讓我感到驚異的一例，莫過於德蕾莎修女把苦難視作神的親吻。

深思一下，這一觀念的言外之意實在令人生畏。耶穌在〈正文〉毫不留情地揭露了世界的苦難本質：「你眼前的一切乃是被罪咎逼瘋的心靈妄想出來的世界。只要仔細端詳一下世界，你便明白此言不虛。」「如果這是真實的世界，上主確實不仁。」（T-13.in.2:2~3; 3:1）

然而，德蕾莎修女所屬的羅馬天主教會早已把「上主讓我們受苦，都是為了我們」的觀念當作安心法門。反正大家都在受苦，把苦難看作上主的旨意（神的親吻），起碼可以讓我們略感寬慰。可是，稍一思量，我們不難看出，「上主讓我們現在受苦，換取未來的幸福」與小我的犧牲觀念根本同出一轍。小我一直想用犧牲來討取上主的偏愛——我寧願現在受苦，犧牲自己，只要苦下去，上主總有一天會歡迎我重回天國的。即使不是宗教徒，大多數人也都想當然地認為「現在苦一點，將來才能過得好一點」。清教徒的工作倫理就是一個典型的例子，當然，奉行這套信念的人遠不限於清教徒。

我們接下來要討論的引文，乍看之下似乎反映了另一根深柢固的信念：「上主會設置重重障礙，讓我們不斷跌倒吃盡苦頭，唯有如此，我們才能學會祂的功課，脫離苦海。」

《奇蹟課程》雖然說過類似的話，卻明確指出，這絕不是上主的計畫。耶穌毫不掩飾人類的滄桑，但明確指出這絕不是上主的旨意，而是小我的願望。當我們身陷困境，只要接受聖靈的指導，祂必會藉著這一境遇傳授對我們最有益的功課，即「一切事情都是上主要我學習的課程」（W-193）。但同時我們必須牢記一點，上主既沒有為我們寫下人生劇本，也不會故意整我們，一路設置各種障礙，我們的苦難絕不是「祂的親吻」。

　　只有在這個前提下，我們才能理解下面的引文，它們的用意都是在修正「上主遲早會懲罰我們」的觀念。也因如此，才會借用我們熟悉的過去未來的線性時間觀念。這些引文中的「計畫」可分為兩個層次，第一層次，是指全面化解分裂的救贖計畫；在第二層次，它會具體修正「上主會懲罰我們，讓我們受苦」的錯覺妄想。

　　我們從〈練習手冊〉第九十九課第四段開始。巧的是，從這一課開始，〈練習手冊〉均以無韻詩體寫成。

有什麼能把分裂的心靈與思想和那永遠一體不分的天心與聖念重新復合？有什麼計畫能夠使真理不受侵犯，同時也能認出幻覺下的需求，還能提供一套不傷不痛的解決方案？（W-99.4:1~2）

　　這段話顯然包含了形上與實修兩個層次。凡是能使真理不受侵犯的計畫，無疑是指天堂真相的境界，若由這一層次來講，世間的一切都是幻相。引文第二句即刻轉入第二層次，指出這一計畫同時接受了「幻覺下的需求」。換句話說，天堂的真相必須轉譯為幻相世界的象徵與形式。《課程》也把聖靈描述為一位「譯者」：

> 任何法則若要發揮效力，必須通過交流或溝通。對使用不同語言的人，不能不透過一道翻譯的程序。一位稱職的譯者，即使不得已而改變原文的形式，卻不會改動它的內容。事實上，他之所以改變形式，純是為了保存原文的內涵。對於還不了解上主天律之人，聖靈就是他的「偉大譯者」。（T-7.II.4:1~5）

　　耶穌大費周章地解釋如何化解幻相，是為了告訴我們，我們在哪個層次把幻相當真，就應在那一層次就地化解。也就是說，我們仍需在這個幻相世界運作，只是不再打壓幻相，而是寬恕它們。

除了上主聖念以外，還有什麼計畫能夠對那些不曾發生的事視若無睹，全然忘卻那始終虛幻不實的罪？（W-99.4:3）

聖靈保全了上主原有的計畫，與祂當初在天心與你心內所接受的計畫全然相同。（W-99.5:1）

　　「上主的計畫」即救贖，只要接受救贖，我們就會認出分裂不曾發生過。罪、咎和對懲罰的恐懼既然毫無存在基礎，防衛措施頓失用武之地，犧牲和特殊關係也失去了立足點。這一計畫就是代表臨在於我們心中的上主完美之愛。此愛既來自上主，故不可能改變，永遠如是，它好比一盞明燈，劃破分裂心靈的黑暗迷霧，不停地召喚我們回歸光明之境，它是那終極光明的倒影。

　　聖靈代表的正是上主聖愛的臨在，祂是連接分裂妄心與上主天心的橋樑。這一橋樑本身足以消除上主與聖子的間隙，救贖的意義就在於此。它再次重申了聖靈是「上主與分裂兒女之間的交流管道」這一觀念（T-8.VII.2:2; T-6.I.19:1; T-10.III.2:6; T-13.XI.8:1）。

它（計畫）不在時間之內，因為它的終極根源是在時間之外。然而，它卻能在時間領域中運作，只因你相信時間真的存在。（W-99.5:2~3）

　　你看！兩個層次又同時出現了。第一句是典型的第一層次的觀念，點明了聖靈（救贖計畫）屬於上主（我們在時間之外的終極源頭）的一部分，因此與幻相勢不兩立。第二句回到幻相層次，指出聖靈在我們正念之心中「觀看」的能力足以修正妄心的錯覺妄想。這句話非常重要，它點出「聖靈在世間運作，進入已把時空當真的小我思想體系，與我們攜

手並進」只是我們的直覺經驗。祂與我們結合的目的是爲了
教我們終有一天看破時空的虛幻。

　　聖靈清除了把我們粘在時空世界的「膠水」後，就完成
了祂的教學任務。「膠水」就是罪咎和對天譴的恐懼。當
然，聖靈實際上什麼也沒作。祂只是始終存於我們分裂妄心
中的聖念，是我們對上主之愛的記憶。祂在我們昏昏睡去、
開始作起分裂大夢時就已進入了我們的夢境。因此，聖靈不
過代表了臨在於我們心中的愛和光明，呼喚我們回到當初選
擇小我的原點，重新作一次選擇。儘管聖靈實際上什麼也沒
作，我們很可能感覺到祂眞的無微不至地照顧著我們。

　　總之，聖靈雖然知道時空是虛幻的，卻仍在時空世界運
作。祂不會蠻橫地抽走我們的時空信念，因爲如果猛然搖醒
我們，一定會嚇到我們的。反之，聖靈會把我們的噩夢慢慢
變爲幸福美夢。縱然我們仍活在分裂妄心的時空世界，卻可
以只活在當下此刻，絲毫不受過去和未來的影響。由此可
見，聖靈化解的並非夢境本身，而是緊抓著罪咎與天譴不放
的那一部分夢境。正如〈正文〉描述奇蹟時說：

　　奇蹟並不喚醒你，它只會幫你看清作夢的究竟是
　　「誰」。它告訴你，你在睡眠中仍能選擇不同的夢
　　境，全憑你賦予此夢何種目的而定。你究竟想要夢
　　見療癒，還是夢見死亡？（T-28.II.4:2~4）

聖靈俯視你眼中的罪惡、痛苦、死亡、悲傷、分裂、失落，
卻能絲毫不受這些現象蒙蔽。祂知道有一件事仍是真的，即
上主仍是愛，這一切並非祂的旨意。（W-99.5:4~5）

就是這個聖念把幻相帶回了真相，且認出它們全是假相而
已，隱身其後的才是千古不易之境。（W-99.6:1）

　　聖靈不會對我們的痛苦充耳不聞，祂的愛頃刻之間便會
越過痛苦而看到痛苦的起因，即恐懼，繼而教我們如何穿越
恐懼的迷障，直抵我們的唯一真相──愛。《奇蹟課程》的
精髓就在於此，〈正文〉說得再明白不過：

聖靈看得見真正的起因，祂只會輕輕一笑，毫不在
意那些後果。除此之外，祂還能如何為存心罔顧起
因的你修正這一錯誤？祂要你把每一個可怕的後果
都帶到祂面前，與祂一起看看那可笑的起因，再與
祂會心一笑即可。你最愛評判後果，祂只評判問題
的起因。祂的評判能為你解除一切後果。（T-27.
VIII.9:1~5）

　　我在前面已經叮嚀過，每當分裂世界的任何事件勾起我
們的煩惱時，要記得：

當你好似看到那原始錯誤化身為一個奇形怪狀之物
來恐嚇你時，你只需說，「上主不是恐懼，上主是

愛」，它就會銷聲匿跡的。（T-18.I.7:1）

這一觀念後來反覆出現於〈練習手冊〉複習五：「上主是愛，因此，我也是愛。」可以說，上面所舉第九十九課的引文也在爲第一百八十七課鋪路：

他能看穿犧牲所化身的種種形式。他對痛苦與失落、疾病與哀傷、貧窮饑荒與死亡，只會一笑置之。（W-187.6:3~4）

文中的「他」是指正念心境中的上主之子，我們就是要學習他看待事情的眼光。他的笑不是小我的譏笑，而是聖靈溫柔的一笑，因爲上主之子終於意識到世界及一切苦難全都虛幻不實。「我們」只會根據自己根深柢固的罪和分裂信念來評判後果，而聖靈，也就是臨在於我們心中的上主之愛，卻早已「判定」罪根本沒有存在的理由，人世間的所有問題都是恐懼在作祟而已。聖靈的愛就這樣把恐懼一筆勾銷了。

我們只要與聖靈同心一意，就可以透過祂的眼光去看。在同時，我們並不否認肉眼之見，只會賦予另一種詮釋。耶穌爲我們作出了最好的表率。他的救贖關鍵就是對似眞實幻的知覺世界置之一笑，隨之，我們把小我營造的幻相，即「罪、咎、懼」，以及分裂的信念，帶到這一體生命的眞相前，越過徒具表相的小我陰暗巢穴，直指我們內在熠熠生輝的基督之光。〈教師指南〉描述了這一知見的轉變：

上主之師的眼睛仍會看到萬物的差異性。可是，已
經療癒的心靈再也不會與它認同了。雖然有些人看
起來好像「病得比較嚴重」，肉眼也會照舊報導病
情的發展。但已療癒的心靈會把它們全數歸類於同
一個虛幻不實的範疇裡。（M-8.6:1~4）

　　接下來，我們轉到〈練習手冊〉第一百三十五課「自我
防衛表示我受到了攻擊」的第十一段，繼續探討聖靈爲我們
制訂的計畫：

已治癒的心靈不再自行計畫。它只會聆聽那超乎自身之上的智慧，接受它的計畫，然後用到生活上。（W-135.11:1~2）

　　這一觀念遭到的誤解更多，許多學員看到第一句就以爲
懂了，就此打住，壓根兒不管第二句說什麼。他們認定，
既然療癒的心靈不再計畫，他們就該把日程表、保單之類
的東西統統扔掉，不再做任何計畫，只需隨時活在當下。問
題是，讀者忽視了第二句的提醒，不知道《課程》根本無意
叫他們不要計畫。事實上，我們仍需計畫，只是不再獨自爲
之，凡事向聖靈這大智慧請教，依照祂的計畫生活。

它（已治癒的心靈）會等候具體的指示，而後才放手去作。它不再自恃己力，只相信自己有能力完成上天指派給它的計畫。它肯定不疑，沒有任何障礙阻擋得了它完成目標，只要

那是利益眾生之大計。（W-135.11:3~5）

　　《課程》無意教我們無所事事，它只希望我們不要再自恃己力。「大計」是指救贖的計畫，這一計畫不會引起任何失落，人人都會共霑其恩。此處所謂的「障礙」是指我們認為世間有什麼問題，那問題就成了我們的障礙。這與傳統觀念背道而馳，如前文所說，傳統的宗教每每以為所有的障礙都蘊含著上主的愛，人們必須歷經磨難，克服重重阻礙和困境後，方能領會祂的神聖旨意。《聖經》的〈約伯記〉就是這類思維的典型代表。

　　《課程》則指出，無論我們認為自己面臨什麼障礙，只要心態一改變，任何障礙都會迎刃而解。寬恕並不是要改變他人或世界，而是認清惹惱我們的不是外在事物，是我們看待他人和世界的眼光害得我們心神不寧。我們內心的障礙都出自我們的罪咎感，清除了它們，心靈就痊癒了；而心靈是一體相通的，我們的心靈一旦痊癒，整個聖子奧體必然一同痊癒。這就是它能「利益眾生」的原因。每個人都需要在自己的特殊關係完成他那份寬恕任務(T-25.VI.5)。《課程》闡釋「救恩的祕訣」時說，所有的痛苦都是我們自找的：

　　　不論你學什麼課程，只要學會了這一課，你便能由
　　　苦海脫身。不論你承受哪一類痛苦，聖靈都會不斷
　　　向你耳提面命，教你最徹底的解脫法門，直到你心

領神會為止。不論你交託給祂什麼傷心事，祂都會以這極其單純的真相答覆你。只有這個答覆能斬除所有悲傷與痛苦之根。任何外在因素都干擾不了祂的答覆，因祂會教你看出所有問題的唯一起因，不論它們化身為何種形式。於是你明白了，奇蹟不過重申一個事實：「這是我做出來的事，也是我必須化解之事。」（T-27.VIII.11）

接下來請看第一百三十五課的第十七段：

你的種種計畫不過是企圖抵制真相的防衛措施。（W-135.17:1）

從這一課開始，接連兩課都是透過疾病的媒介，探討「防衛措施」的本質。小我一旦把罪當真，就警告我們「出事了」，接著樹起一道防線（世界和身體），保護我們不受它的假想敵之害。然後，小我又蠱惑我們，讓我們捕風捉影，而不去解決陰影背後的真正問題。附帶提一下，這一問題可能表現在心理層面，也可能顯現為外在的衝突。在小我的連環騙局下，罪與咎的問題（它們本身就是抵制上主聖愛的防衛措施）被我們壓到潛意識下，彷彿無跡可尋一般。

舉個例子，比如說我患了某種恐懼症，特別害怕某個東西，我開始告訴自己，問題嚴重，必須奮力自保，要麼對這

個東西敬而遠之，要麼就來個「反恐」計畫，與這恐懼交戰，極力證明我其實並不怕它。

眞正的問題是，這一切都是我們自編自導出來的。我們先界定問題，然後據此尋找解決之道。「我什麼都不需要做」那一節提醒我們，別再單憑自己做任何事（如果我們眞想快樂的話），我不再自行界定問題，告訴自己如何解決。我寧願接受聖靈的指引，讓祂幫我看到眞正的問題並不是我心目中那一個。我只有一個問題，就是相信自己是分裂的生命。因此，回到剛剛提到的恐懼症，我會雙管齊下，一邊消除恐懼的症狀，比如嘗試心理治療、行爲矯正或者藥物治療，一邊努力消除恐懼的源頭，也就是我們內心因選擇分裂而生出的罪惡感。

它們的目的只是挑出你所認同之物；凡是與你認定的現實不合的，你都視若無睹。而你所挑選出的那一切毫無意義可言。因為真正「威脅」到你的是那個實相，那才是你的防衛措施所要攻擊、隱藏、決裂、釘死的對象。（W-135.17:2~4）

我們沒料到的是，小我用罪、咎與欲振乏力之手爲我們描繪的自我形象，雖然時時需要保護，其實它本身就是一道防衛措施。威脅我們的並不是外在世界，也不是我們心目中有害的念頭；眞正令小我不寒而慄的是我們的生命眞相。第一百三十六課「**生病乃是抵制眞相的防衛措施**」也提到了這

一觀念。我們不妨想像自己坐回圖表三觀者的位置，就會看清我們反覆播放的種種噩夢都充滿了罪惡感、極度的自我憎恨，使我們不能不枕戈待旦，處處設防。

為了保護自己，我們有時候攻擊他人，變得心狠手辣；有時候，我們索性讓自己生病。當我們玩盡各種防衛招數都無濟於事，焦慮、恐懼、內疚和無力感便蜂擁而至。然而，無論用何伎倆，結果全都一樣，哪怕我們被排山倒海的焦慮和沮喪所淹沒，自覺罪孽深重的小我反而更加根深柢固。

因此，即使小我的防衛措施好像無效，它們依然得逞了，起碼達到了小我的目的。我們常會東挑西選哪個防衛措施更有效，其實，任何防衛措施都無法讓我們心安。活在世間的我們不能不在世上尋找一些可怕的象徵來反映自己內心不可告人的傷痛，正因如此，小我的那一套才會顯得如此真實。

你一旦知道了，過去、現在及未來所發生的每一件事，都是「那一位」處處為你著想的貼心計畫，你怎麼可能拒而不受？（W-135.18:1）

有人可能會把這句話解讀為「聖靈來到人間為我們安排生活」。如果我們還記得前文討論過的時間形上學，就知道絕對不是這麼回事，因為在形上層次，過去、現在和未來根本不存在。換句話說，所有的事情都已經發生了。不僅如

此，我們已明白，聖靈不僅不會干涉「形式」或「果」（亦即世界的問題），而且也只在「內涵」或「因」的層次上運作，也就是針對自認為罪孽深重的心靈下手。

讓我們把自己想成螢幕前的觀者，擁有兩套影集，其一演出了小我的種種噩夢，另一套版本雖同，只是所有的錯誤已被聖靈修正過來了而已。問題和答案早在分裂的那一瞬就已同時出現了。上面這段引文告訴我們，當我們坐在觀者的位置，活在我們心內的聖靈不斷向我們低語：「你若播放我的寬恕、療癒和合一的影集，把小我評判和定罪的影集棄置一旁，你的心情就會好起來。」這一寬恕之念就是聖靈的計畫。這些話給人一種聖靈在時間中運作的印象，其實不然，它純粹是為了修正我們認為上主或聖靈會懲罰我們的信念──就是那種信念，常讓我們誤以為艱難困苦正是上主的眷顧，給我們一個贖罪而進入天堂的機會；或是把痛苦視為上主與聖靈因為我們觸犯天條而施以報復的熊熊怒火。

再打一個比方，我們坐在電影院裡，看著銀幕上來來往往的各色人物，忽然，幾粒灰塵落到放映機或滑到膠片上，弄花了鏡頭。這時，我們不會去修理、更換，或者清洗銀幕，因為銀幕好端端地一點問題都沒有。我們會直搗問題的源頭，去除膠片上的灰塵。同理，我們知道聖靈不會去處理後果，也就是投射在銀幕上的人生問題，祂只是以愛化解問題之因，祂知道一切都是我們心中的罪咎在作祟。我們的心

靈一旦淨化，所知所見隨即煥然一新，一切苦痛與折磨（即我們內心投射於外的影像）瞬間瓦解，消逝於罪和咎的虛無源頭。

　　爲了避免奇蹟學員誤解聖靈的「計畫」，以爲我們理當付出痛苦的代價，《課程》這樣提醒我們：

你很可能誤解了祂的計畫，因祂絕對無意讓你受苦。是你的防衛措施使你看不見祂正以愛的祝福光照著你的每一步路。（W-135.18:2~3）

　　聖靈針對我們古老的受苦受難劇本，改換它的內涵。我們唯一可以選擇的只是自己究竟想看哪種影集。因此，耶穌強調萬事皆有妥善的安排，並不是聖靈眞的爲我們安排了什麼，這是不可能的事，因爲一切早已發生了，更遑論他只著眼於「因」，根本不看那虛幻的果。耶穌強調聖靈溫柔的計畫，不過是針對「祂的計畫充滿憤怒和批判，一點都不仁慈」那種妄見加以修正而已。

　　問：〈教師指南〉有句類似的話。耶穌說：「過去的事也一樣，絕無失誤，過去似曾發生的事，沒有一件不曾爲他或世界帶來益處。」（M-4.VIII.1:6）

　　肯恩：沒錯，說的是同一個意思。但理解這句話時，最好記得圖表二長毯的雙向道之比喻，虛線的上方代表古老的

苦難和死亡的劇本，下方則是它的「修正」版，兩個劇本是同時發生的。

　　問：如果不了解這一點，很可能誤解這句話，而納悶：「哎，天堂的那一位！瞧瞧今天為我安排了什麼窩囊事。」

　　肯恩：不幸被你言中了，有人甚至認為被強姦、流離失所或痛失親人，所遭遇的一切，都是聖靈為了教他「我不是一具身體」而特意安排的。這樣的聖靈，可想而知，任誰都會望而生畏，就像俗諺所說：「若有損友如此，敵人還要可愛三分。」儘管《課程》不斷駁斥這一觀念，很多人對此仍深信不疑。千萬不要對小我的計畫掉以輕心，它千方百計想給聖靈套上兇殘狠毒的面具。

　　問：這讓我想起一些《聖經》的話，比如有一句說：誰要追隨耶穌，必須先恨自己的父母。

　　肯恩：是的，這類經句常被斷章取義，為小我的思維撐腰，完全背離了它們的本意。前面就曾提到，針對「上主要求祂的聖子受苦和犧牲」這類傳統神學，耶穌說：「真實的基督徒不妨捫心自問一下：『這怎麼可能呢？』」（T-3. I.1:8）

　　下一句說得很動人：

即使在你自掘墳墓之際，祂仍溫柔地領你邁向永恆的生命。
（W-135.18:4）

　　小我的劇本都是自掘墳墓，聖靈則會把死亡的喪鐘轉為
生命的頌歌。小我的死亡計畫宛若活命的仙丹，因為那是小
我為了幫我們躲避上主的懲罰而建立的防衛措施。這些防衛
措施可能顯現為外在的衝突，也可能呈現為生理或心理的病
痛。不管這些防衛措施有多大能耐，聖靈愛的臨在仍會溫柔
地帶領我們回家。正如前文引述過一句「救恩必然藏身於十
字架下」（T-26.VII.17:1），是的，在我們內心罪咎之痛的最
深處，救恩仍靜靜地等待著我們，只要我們願意鬆開小我的
按鈕，選擇聖靈的劇本，就可用幸福美夢取代恐怖的噩夢。
選擇權始終操之於我們。

**你目前對祂的信賴，可說是另一種防衛措施，只是它許諾給
你的是一個平安無虞的未來，那兒沒有一絲哀傷，只有無盡
的喜悅，它會使你的一生轉為神聖的一刻，即使身處於時間
的洪流中，你仍衷心嚮往著那不朽的境界。**（W-135.19:1）

　　即使世間的痛苦好似「客觀」的現實，世界宛如煉獄，
我們仍可以用另一種眼光看待世界，那就是「神聖一刻的慧
見，它會帶領我們超越小我的所見所聞」。世界本身並沒有
變，還是那個老樣子，但因我們的眼光改變了，對世界的感
受自然也會改變，兩者其實是同一回事。我們內心一旦賦予

世界新的意義，世界勢必隨之改變，因爲因與果，源頭與觀念，不管任何時候都不曾分離。

問：「平安無虞」在這裡是什麼意思？

肯恩：它的意思是不受小我之念的侵擾。這一點很重要。即使我們身處世間最殘酷之地，比如說奧斯維辛集中營〔譯註〕，只要我們用聖靈的眼光看待一切，內心的平安就不會動搖。使我們痛苦、煩亂的並不是外在因素，而是我們內心選擇了小我。〈練習手冊〉有段話值得我們銘記在心：

> 你可能認爲，若接受今天的觀念，你得付出一個代
> 價，即是：外在沒有一物救得了你，也沒有一物能
> 帶給你平安。但它同樣意味著，外在沒有一物傷害
> 得了你，也沒有一物騷擾得了你的平安，或帶給你
> 任何煩惱。（W-70.2:1~2）

因此，即使我們活在時間領域，只要選擇了「神聖一刻」的平安，便已置身於永恆聖愛的管轄下，而我們對他人和自己的寬恕，正反映出我們作了這一選擇。

〔譯註〕奧斯維辛集中營（Auschwitz-Birkenau）二戰期間納粹建立的集中營，也是希特勒種族滅絕政策最主要的執行地，位於波蘭的小城奧斯維辛。納粹在此實行有系統的猶太人大屠殺行動，估計約有110萬人在此被殺，超過九成都是猶太人。今日該地已成爲博物館和紀念地。

別再防衛了，讓你此刻的信賴之心引導你的未來（重點是「此刻」的信任，這一句呼應了本段開頭所說的「你目前對祂的信賴」）**；如此，你這一生才會充滿意義，因為你會親眼看到自己的防衛措施想要隱瞞你的真相。**（W-135.19:2）

沒有那些防衛措施，你本身便成了一道光明，上天會欣喜地前來相認你這自家人。它會按照太初之始為你制訂的原始計畫，領你邁上幸福之路。（W-135.20:1~2）

我們不妨把文中的防衛措施看作「罪咎之雲」，這是〈練習手冊〉和〈正文〉常用的一個比喻。罪咎之雲一旦消散，始終活在我們心中的基督之光就可大放光明。因為就在時間誕生、小我劇本寫就的那一瞬，聖靈的千古救贖大業也同時完成了。救贖大業看似在時間領域進行，其實它是超越時間的。它呼喚著我們在每一境遇認出寬恕和療癒心靈的機會。〈正文〉有這麼一段話：

> 不論你遇到什麼人，應牢牢記得這一會晤的神聖性。你如何看他，你就會如何看自己。你如何待他，你就會如何待自己。你如何想他，你就會如何想自己。千萬不要忘了這一點，因為在他身上，你若不是找到自己，就是失落自己。每當兩位上主兒女萍水相逢之際，就是天降救恩之刻。不要錯過

這個給予對方救恩和親自領受救恩的機會。(T-8.
III.4:1~7)

只要我們接受這一救恩計畫，「與真相會晤」，人生就
變得意義非凡。小我最怕看到這一真相，才會打造出種種虛
有其表的防衛措施來試圖抵制。

**追隨你的人也會將自身的光明融入你的光明內，彼此相映增
輝，直到整個世界都大放光明，洋溢著喜悅。我們的弟兄便
會欣然放下那些嚇人又累人卻一無所用的防衛措施了。**(W-
135.20:3~4)

當我們選擇寬恕，驅散了遮蔽我們內在基督之光的罪咎
時，光明便會照進所有的心靈，他們也會放射光明。救贖之
圈就這樣相映增輝，無遠弗屆(T-14.V)。〈正文〉的結語，
也是耶穌向天父的祈禱，生動地描述了這一情景：

> 我為弟兄的真相而由衷感謝祢。只要有一位弟兄決
> 心與我攜手合作，大地便會向天堂獻上感恩之歌；
> 剛從地獄脫身的世界，響起此起彼落的零星歌聲，
> 且終將匯為一首無遠弗屆的大合唱，一起向祢謝
> 恩。(T-31.VIII.11:4~5)

這一段很像〈正文〉「進入諾亞方舟」的最後一段。兩
者說的是同一回事，只是切入的角度有所不同。我們來看第
二十章這一段：

你也許很徬徨，受時間限制的你，必須先完成這麼多的事才能踏上平安之途，如此怎麼可能活得安心自在？（T-20. IV.8:1）

這一段引文重申了前文所說，奇蹟學員對無孔不入的小我思想體系有所了解後，難免會感歎：「天哪，這怎麼可能化解得了？」〈正文〉在另一處也表達了類似的意思：

> 準備就緒不過是信心的一個開端而已。你也許會認為，從「準備就緒」到「駕輕就熟」之間，還得捱過無量劫的時間；讓我再提醒你一次，時間與空間都操縱在我的手裡。（T-2.VII.7:8~9）

前文提過一個重要觀念：我們無需完美，無需準備得無懈可擊，才能開始這一旅程。所謂準備就緒，並不意味著「十足的把握」。能夠全面掌握聖靈思想體系的人可說少之又少，但並不表示世人無法準備就緒去實踐它的教導。如果我們感到自己的罪咎難以化解，或覺得寬恕任務太艱鉅，恐需百千萬劫的光陰，此時，耶穌就會插手，提醒我們，時間和空間都操縱在他的手裡，為此，奇蹟才有縮減時間的能力。奇蹟能讓我們瞬間從小我的噩夢轉入聖靈的幸福美夢。容我再說一次，這一任務之所以顯得難如登天，只因我們相信時間是真實的。

這或許讓你感到希望渺茫。請反問一下自己，上主可能給你

一個無法完成的救恩計畫嗎？只要把祂的計畫當作此生唯一想要完成的任務，其餘的事情，聖靈都會為你安排妥當，不勞你來操心。祂會在前領路，為你修直道路，不讓一塊亂石絆倒你，阻擋你的去路。（T-20.IV.8:2~5）

　　這一段使用了「絆倒、阻擋」等等的「障礙之詞」，充分體現了《課程》所要強調的特質。我們若明白這一段其實是指另一種思維方式，亦即聖靈的修正，就不致曲解這一訊息了。

　　前文說過，傳統神學認為上主為我們布下重重障礙，我們必須克服這些障礙，才可能領受祂的聖愛。然而，耶穌告訴我們，其實不是這麼回事。「為你修直道路」一語出典於舊約的〈以賽亞書〉，以及新約的〈約翰福音〉。這句話的含意，我們借用圖表六就容易理解了。圖中的螺旋線代表小我所鋪設崎嶇不平的道路，聖靈的道路則筆直平坦，直接跨越小我所有的分裂障礙。表面上看，這段話好像暗示聖靈為我們忙前忙後、籌畫未來等等的。事實上，絕非此意。時間既是幻相，聖靈怎麼會做這等事呢？

　　總之，《課程》之所以採取此類說法，是因為我們對時間的真實性深信不疑，它遂將計就計，讓我們「把未來交到上主的手中」（W-194），讓我們相信聖靈會照顧一切。歸根究柢，祂只可能給我們一種幫助，即不斷**提醒**我們有改變

心意的能力。我們可以切換頻道，拋開噩夢，重播寬恕的幸
福夢境。這並不代表聖靈會進入世界，與我們淌一輩子的渾
水，因《課程》一再重申，世界根本就不存在，未來也不存
在，唯一存在的，只有早已寫定的那個劇本而已。

　　所以《課程》才說聖靈在我們心中的時間幻相中運作，
也唯有在這一幻相中，我們才必須做某些事情，排除某些障
礙，這純粹因爲我們相信自己活在幻相之故。前文說過，耶
穌要求我們反身自問：「活在世界上的那個『你』究竟是
誰？」（T-4.II.11:8）他是在提醒我們，活在世間的「你」
根本不是你的眞我或自性，我們的眞實身分一直由聖靈妥善
守護著，只因小我千方百計想扭曲我們的眞相，我們才需要
對這些花招隨時保持儆醒。

不論你有任何需求，祂都不會拒絕。所有看似困難的挑戰，
都會迎刃而解。除了有待你完成的那個唯一目的以外，其餘
的事你都無需放在心上。（T-20.IV.8:6~8）

　　這幾句與〈馬太福音〉的「登山寶訓」（6:28~29）精
神相呼應，它說野地的百合、天空的鳥兒，都被上主照顧得
無憂無慮。表面上看，這種說法好像暗示上主會滿足我們在
物質世界的種種生理需求。容我再次強調，耶穌並非此意，
他在《課程》多次指出，上主甚至不知道我們正在作的人
間大夢（T-4.II.8:6; T-18.VIII.4:1~2）。不僅如此，前文也說

過，聖靈絕不會干涉「果」層次的事情，祂所針對的只是我
們內心引發這些後果的「因」。請記住，閱讀《奇蹟課程》
切忌斷章取義，賦予它我們所認為的意義，而背離了整部課
程完整且一貫的思想體系。

「任何的需求都不會被拒絕，所有的困難都會迎刃而
解」這類說法，似乎暗示著未來是真實的，這一旅程需要時
日才能完成。這一點，我們已經反覆說明，《課程》之所
以這麼說，只是因為我們堅信時間是線性演進的。在《課
程》的其他章節，耶穌再三強調「旅程已經結束」。總而言
之，聖靈不會改變世間的任何事物，因為「世界根本就不存
在」（W-132.6:2）；我們也不是第一次經歷這些事情，而
是「反覆在夢中重溫舊事」。在我們的感覺中，慈愛的聖靈
好像在跟我們這些作夢的心靈說話，也好像改變了我們夢中
的經歷。要知道，我們一旦忘了自己不是螢幕上的人物，而
是幕前的觀者，就很容易如此誤解。

問：能不能再深入談談？或者說，應該怎麼去活出這段
話？

肯恩：我們只需把這段話視為對「聖靈會懲罰人類，製
造困境，帶來痛苦」之類觀念的修正即可，這是它真正的用
意所在。它所使用的語言，只是為了讓深信時間是線性的心
靈能夠理解，如此而已。上文提到〈練習手冊〉有一課要我

們「把未來置於上主手中」，也是用線性時間觀的說法，傳達一個超越時間的觀念：聖靈與我們坐在觀者的位置，呼喚我們重播祂已經爲我們治癒的人際關係的影集，而我們的經驗卻可能是「祂已爲我們修直了道路，排除了障礙，我們這一生可能活在祂已爲我們完成的境界裡」。然而實際上，我們只是接納了聖靈的修正劇本，因爲它始終臨在於我們心中。

「除了有待你完成的那個唯一目的以外，其餘的事你都無需放在心上」，此句中的「唯一目的」指的就是寬恕。需要注意的是，有些人把類似的引文解讀爲聖靈具有「神通」，祂會爲我們找到停車位、治癒癌症、我們需要錢時就送錢來，無微不至地照顧我們。試想一下，如果眞是這樣，聖靈介入了時空世界的俗事，無異於肯定了時空世界是眞實的。容我再次強調，《奇蹟課程》之所以這麼說，只因我們相信自己活在世間，但我們不應誤用這些話來爲「怪力亂神」作證。「怪力亂神」（magic）是《課程》的專有名詞，凡是用身體和物質的手段解決心靈的問題，都屬於怪力亂神。總之，聖靈的「介入」只有一個目的，即在我們心中提醒我們，我們只有一個問題，而祂的愛已經爲我們解決了這一問題。

問：「其餘的事你都無需放在心上」，這句話是否在暗示我們根本不需要操心日常生活的問題，比如該穿什麼、該

吃什麼？是否在說因為我們不再有傷害自己的念頭或動機，所以我們需要什麼就自然會得到，我們再也無需刻意追求任何東西作為此生的目標了？

　　肯恩：是的，這正是它的言外之意。你所說的「操心」一語正是關鍵。我們不會不繳交電費或不照顧親人和自己，只是不再透過罪咎和匱乏的眼光看待人間的種種需求。沒有錯，罪咎或匱乏的投射，正是我們心目中所有的擔心和種種問題之源頭，我們都知道小我神通廣大，最擅長轉移焦點，讓我們忘了真正的問題在哪兒。

　　《奇蹟課程》是理想與實際，形上學與日常經驗的完美結合，但如果混淆了這兩種層次，勢必會曲解它的本意。要是有人說：「聖靈要我辭職；我雖然沒有積蓄，但我知道上主會照顧我的所需。」這顯然不是耶穌的本意。他真正要說的是，我們無需為那些並非真正問題的事物操心掛慮，而應認清自己真正的問題何在。《課程》的目標是要讓我們一步步認清，我們只有一個任務，就是療癒自己的心靈，除此之外，都無關緊要。如同〈正文〉所說：「奇蹟志工的唯一責任即是親自接受救贖。」（T-2.V.5:1）當然，耶穌並非要我們遠離世間的形式與象徵，他的《課程》並不鼓勵遠離紅塵，而是教我們如何改變看待世界的眼光：

　　本課程完全是針對小我的思想架構而寫成的，因為

只有小我需要這一課程。它所致力的目標並非超越
一切錯誤之上的境界，整部《課程》的設計僅僅是
為那境界鋪路而已。因此，它使用文字，而文字
只有象徵的功能，無法傳遞象徵之上的境界。（C-
in.3:1~3）

〈教師指南〉曾針對「是否需要改變生活環境」的問
題，作出如此答覆：

上主的教師需要改變的是他們的心。外在環境也
許會隨之改變，但也不盡然如此。……上主訓
練新教師的課程一概是由改變心態下手的。（M-
9.1:1~2,4）

我們必須了解聖靈重新詮釋人間的種種說法與象徵，
但千萬不可與祂的整套思想體系脫節，就如耶穌常常說
的，聖靈不會拿走我們的特殊關係，而是轉化它們（T-17.
IV.2:3）；外在的形式或象徵可能沒變，但它的內涵已從罪
咎變成了寬恕。

問：是否還有別的什麼因素導致這類誤解？有人經歷了
極為悲慘的事件後，認定那個事件是聖靈為了傳授她某種人
生功課的一個機會。比如你前面說一個被強姦的女人，她真
的相信是聖靈派那個人來強姦她，讓她有機會寬恕那個人。

　　肯恩：人們之所以會誤解，是因爲他們接受了小我要他們懂的方式，這跟《課程》的整套思維背道而馳。也因爲這樣，我才決定在時間的範疇下深入詮釋這些章節。我常說，修習《課程》最重要的就是不可偏離人生的常規（common sense）。即使不懂《課程》的理論，單憑人生常規便會知道聖靈不可能要我們被強暴、突然辭職，或不顧家人的生計與存活。當然，祂有可能指引我們辭去目前的工作。但我們若存心「否認或逃避」，利用某人或某事作爲不向自己人生劇本負責的藉口，顯然已經上了小我的當。總之，人們可能在他們的救贖之路的某一階段感到聖靈指引他們離開某一特定環境。如果眞有其事，結果一定是人事兩安，沒有人會爲此犧牲的。

　　聖靈不是有求必應，專爲我們排憂解難的神明。因此，我在介紹這些觀念之前反覆強調，《課程》的重點乃在修正小我的思想體系，這一點非常重要。一旦我們眞正理解了《課程》的根本目的，自然不會誤解和誤用，就可以看出整套《課程》眞的一以貫之，沒有絲毫的矛盾，我們的理解也會更上一層樓。

上主既賜給你這一目的，祂必會幫你完成的。上主的保證足以排除萬難，因它建立於必然性而非偶然性之上。因它建立在「你」之上。世上還有什麼比「上主之子」更萬無一失

的？（T-20.IV.8:9~12）

　　寬恕正是聖靈賜給我們的人生目的，這便是療癒心靈之道。既然這是出自祂的恩賜，自然會確保它圓滿完成，我們只需作出那必然的選擇──接納這個早已完成的目標。我們的夢中出現了小我的劇本，寬恕的劇本也同時上演，兩者一樣古老。引文中的「你」當然是指「真我」，即我們內在的基督自性，祂的愛一直信心滿滿地等著我們返回自己從未真正離開的家園。

下　篇

時間的終結

導　言

　　我們將在下篇深入探討《奇蹟課程》幾個重要觀念：真實世界、基督再度來臨、最後的審判、上主的最後一步。這些觀念在《課程》中有一承先啓後的關係，然而，連這一先後次序也是虛幻的，最後這幾「步」雖然意在修正與化解我們對時間的信念，而時間其實從未存在過。儘管如此，這些步驟對於自以爲活在時間領域的我們，仍有極大的助益，因它能逐步扭轉小我沉淪地獄的步伐。反轉的第一站就是「真實世界」，這一境界正是學習本課程的目標。

第九章　真實世界

　　〈練習手冊〉對「真實世界」的描述（W-PII.八.1），可說是畫龍點睛之作，我們就由這裡開始。《奇蹟課程》提到「真實世界」的地方不勝枚舉，單是這一主題，就足以寫出一整本書。但本書只從《課程》的三部書中各選一節加以討論。開始之前，我先補充幾句。

　　前文說過，天堂不是本課程的目標，真實世界才是。以圖表三言之，我們所看到的如果純然都是寬恕與合一的影集，表示我們已抵達了真實世界，所有的影集從此消失。在真實世界，我們的知見再也不會被罪或罪咎的信念所扭曲，而成了聖靈之愛的延伸。準此而言，也可說聖靈的愛乃是本課程的目標，它會一路把我們帶到救贖之旅的終點。

　　我們必須了解真實世界仍屬於幻相領域，並非天堂之境。《奇蹟課程》所說的「真相」，是指天堂境界，通常拿它與幻相世界對比。「真實世界」這幾個字指的還是眼前這個世界，唯一不同的，它是一個已獲寬恕的世界。〈練習

手冊〉談到這個主題時，一開始就說：「真實世界只是一種象徵。」這意味著它並非真相。真相要用大寫字母「F」開頭，比如上主的真相（the Fact of God）。儘管真實世界只是一個象徵，但已不屬於罪或分裂的象徵層次，因它能反映出天堂的一體實相。總之，真實世界與眼前的物質世界無關，它指的是了悟自己純潔無罪的那種寬恕心境。請看〈練習手冊〉這一段：

真實世界只是一種象徵，一如知見所顯示給你的世界。只是，它所代表的和你所營造出來的一切恰恰相反。（W-PII.八.1:1~2）

　　圖表二把小我和聖靈的劇本比喻為一條雙向車道的高速公路，上層屬於小我，下層則是聖靈對小我的修正，它徹底抵消了小我妄造的一切。因此，活在真實世界好比純然只在聖靈的車道上行駛，不再落入人間任何劇本。我再重申一下，我們一旦接納了聖靈的修正計畫，小我的錯誤就消失了，修正便失去用武之地。耶穌詮釋他的教師之職時說：

　　你若能以我的方式思維，我就能與你一起教人，與你一起生活，但我最後的目標是解除你對老師的需求。（T-4.I.6:3）

　　也就是說，我們營造的罪咎一旦被它的反面──寬恕──所取代，兩者就會一併消失：

正見帶給人的正是這一轉變：過去被投射於外的，
如今他都由內看清了，而寬恕就在那兒消除了它的
蹤影。……但你若願往自己的心念看去，罪咎與寬
恕便在那一刻碰頭了，齊身並列於祭壇之上。疾病
與它的唯一解藥終於結合於同一個療癒的光明中。
上主會來認領屬於祂的人。寬恕才算功德圓滿。
（C-4.6:1,7~10）

**你一直透過恐懼的目光去看自己的世界，而它也為你的心靈
帶來了許多恐怖的見證。至於真實世界，你只能透過那受寬
恕祝福的眼光去看；它們所看到的世界，不可能是恐怖的，
你也不會找到任何恐怖的證物。（W-PII.八.1:3~4）**

**真實世界針對你的世界所反映的每個不悅之念，提供了一個
相反的見證，它能夠修正你世界裡的恐怖景象與殺伐之聲。
（W-PII.八.2:1）**

　　我們選擇分裂的每一刻，都已被一個結合的決定療癒
了。在我們攻擊或怨恨的同時，還存在另一個已寬恕的修正
版本。「每個不悅之念都提供了一個相反見證」正是此意。
「我們的世界所反映的每個不悅之念」道出了投射的運作方
式。所有的不悅之念必然源自恐懼，我們透過它所經驗到的
世界必然無比恐怖，感覺自己極其脆弱，深受邪惡世界的威
脅。反之，一旦接納了聖靈的修正方案，祂的聖愛便可透過

我們的心靈延伸出去，我們便會看到一個真實世界。

真實世界是透過寧靜的眼光及平安的心靈所看到的另一種世界。那兒只有安息。那兒聽不見痛苦及悲哀的呼號，因為一切已被寬恕了。你所見的世界顯得如此安詳溫柔。因為只有幸福的景象與聲音才能進入已經寬恕了自己的心靈。（W-PII.八.2:2~6）

請注意，真實世界並不否認物質世界發生的一切，我們依舊活在分裂的幻相世界，不同的是，儘管肉眼「所見」一如往昔，然而，我們的詮釋已經截然不同。換言之，我們的知見已被徹底修正，純粹由愛的角度去看待一切了。

問：所以，「那兒聽不見痛苦及悲哀的呼號」這一句，不可單從字面理解？

肯恩：是的。並不是說再也沒有人發出痛苦的呼號，毋寧說我們聽到的不只是痛苦的哀號而已。

問：所以說，字面上的說法是一回事，它的含意可能是另一回事？

肯恩：沒有錯，就看你從哪個層次來講。重要的是，不要否定現實，比如故意視而不見有人在挨餓、某些國家被強國傾軋、集中營裡令人髮指的惡行……。因此，不應把這段

話理解為上述現象並未發生，它真正要說的是，我們看待這些事情的眼光變了，不再賦予它們力量，動搖我們內心的平安寧靜。

問：那麼，認為真實世界是在這個世界之外的某個地方，也是一種誤解？

肯恩：當然。真實世界代表一種心態或心靈境界。人們可以身陷奧斯維辛集中營、釘在十字架上，內心卻全然平安寧靜。不論外在發生什麼事件，透過寧靜溫柔的眼光，只會讓人經驗到仁慈，因為他心中只有仁慈之念。

這種（已寬恕的）心靈哪會需要藉助於死亡、攻擊及謀害之念？（W-PII.八.3:1）

這一反問非常重要，耶穌藉此告訴我們，我們的小我需要死亡、攻擊和謀害之念，也就是說，那些念頭其實出自我們的決定。這與世界看待攻擊的方式迥然不同，在世界的眼光中，任何一種攻擊都顯得真實無比。這一段說得很明白，我們之所以相信攻擊是真實的，其實別有居心，純是因為我們想要把它弄假成真，而這是我們自己的選擇。這一選擇把我們牢牢困在這具身體和這個充滿分裂、罪咎、恐懼的世界，正中小我下懷。追根究柢，我們選擇攻擊之念，是因為我們決定留在時間之境，決定在小我的世界「安身立命」。

放眼望去，除了愛、安全與喜樂以外，它還會看到什麼？還有什麼值得它詛咒的？又有什麼會激起它的攻擊？（W-PII.八.3:2~3）

　　請容我再次強調，《課程》不是要我們否定現實世界發生的一切，而是要我們意識到「人間的種種完全影響不了我們的真實生命」。正如同耶穌的示範，無論表面看來他的遭遇如何，他始終置身於愛、安全和喜樂之中，所以他不可能痛苦，也不會把聖子奧體的任何一部分剔除在外。對他而言，什麼也未曾發生，因為他心中已不需要用受苦來證明什麼。

　　「罪離去之後」一節（T-26.IV）把已寬恕的世界（真實世界），描述得更加淋漓盡致。在那裡，罪沒有立足之地；罪若不存在，咎自然也無處容身。也因此，活在真實世界的人不會給自己或他人定罪。沒有罪咎作祟，便不可能評判他人，更不會跟人分裂。請看這一節的兩段：

> 人間的寬恕近似天堂的正義。它能將罪的世界轉譯為單純的世界，反映出彼岸的正義，那兒沒有任何對立或限制。

> 寬恕能把罪的世界變得光明神聖，美得令人望之出神。……這兒沒有悲傷，沒有別離，每一個生命都得到了徹底的寬恕。被寬恕的生命便恢復了原

有的一體，因為再也沒有東西能離間他們了。無
罪之人必然看得出這個一體性，因為排除異己的
那一間隙已無法立足於他們之間。（T-26.IV.1:1~2;
2:1,3~5）

**它（已被寬恕的心靈）眼中的世界乃是出自一顆活得心安理
得的心靈。它自然不會感到草木皆兵；因為它是仁慈的，故
只會看到仁慈。**（W-PII.八.3:4~5）

〈練習手冊〉很多地方或明言或暗示，反覆表述這一觀
念，尤以這一頁的綜論為最，幾乎每一句話都在傳遞這一訊
息：我們眼前的世界出自一個衝突矛盾的心靈，它不能不將
內心的衝突投射出去，世界就是這麼形成的。寬恕則修正了
這一錯誤，它療癒了我們自以為攻擊了上主的不安之心。平
安一旦取代了衝突，嶄新的世界便從這一慈愛念頭冉冉升
起。總而言之，在真實世界中，我們會以另一種眼光看待和
經驗人生夢境。

試想一下，我若是仁慈的，且以仁慈之心看待一切，自
然不會感到心驚膽戰。第二句是一個因果句：「它自然不會
感到草木皆兵」，因為「它是仁慈的」。即便你用槍抵著我
的胸膛，我內心若只有慈心善念，便不會有任何罪和評判，
何況，我知道自己無論怎樣都會安然無恙。危難之境只可能
出自不慈之念，不慈之念則發自我們相信自己罪孽深重，必

受天譴，因之，我不可能不相信世界是個危險的地方。然而在眞實世界，無論外境發生了什麼，我始終心如止水。第二次世界大戰的集中營爲我們提供了不少這樣的例子，很多人儘管遭遇了種種磨難，內心卻始終平安，安然度過那段歲月。他們之所以能夠心安，只因爲他們選擇了與愛認同，而非那些攻擊行爲。人生在世，我們操控不了外境，但我們永遠可以控制自己的念頭和看法。這才是我們「可以」改變的地方！

真實世界象徵著罪與咎之夢的結束，上主之子不再沉睡不醒。他甦醒的眼神看到了天父聖愛的清晰倒影，以及他已得救的千古許諾。真實世界同時為「時間」畫下了句點，因時間在它知見中已失去存在的目的。（W-PII.八.4）

　　一進入眞實世界，我們開始從噩夢中甦醒。時間在聖靈眼中被賦予另一目的，就是化解罪，罪一旦被化解，時間就失去存在的意義。因此可以說，進入眞實世界乃是終結「時間存在」之信念不可缺的一步。儘管人間沒有上主的聖愛，如前文所言「人間沒有一種愛不是愛恨交織的」（T-4.III.4:6），聖愛的倒影卻可透過聖靈的眼光顯現於世上。

時間一旦完成了聖靈的目標，就沒有存在的必要。如今，只需再等待片刻，上主就會踏出祂最後的一步；時間已經消逝，一併帶走了知見，真理終於呈現出它的真實面目。我們

的目標就是「那一刻」，因它蘊含了上主的記憶。就在瞻仰這一寬恕世界之際，我們不只聽到了祂的呼喚，祂還會親自帶領我們回家（即上主的最後一步），我們便會再度憶起寬恕為我們恢復的本來面目。（W-PII.八.5）

《課程》在其他章節把「最後的一步」（final step）稱為「上主的最後一步」（God's last step），這一主題，我們留待本書第十二章再深入。時間一旦消逝，知見隨之化解，真知方能降臨心中，喚醒我們對天堂一體境界的覺知。這就是心靈徹底療癒的一刻——因為我們已親自接納了救贖，全面化解了罪咎的信念，不再把它當真。

真實世界代表個人旅程的最高成就，繼之而來的最後幾個階段「基督再臨、最後審判、最後一步」，其實是屬於人類集體意識最後的幾步。換句話說，當聖子奧體的每一分裂碎片都療癒了自己的心靈，聖子奧體方能「悟入」自己的一體生命。真實世界顯示了個人靈修之旅的完成，而我們此生的目標就是這療癒的一刻。我們一旦在他人身上看到基督聖容，上主的記憶便會從心中浮現，了悟自己與上主及整個造化那完美的一體生命，這時，我們就到家了。

接下來請看〈教師指南〉第十四則「這世界會如何結束？」這一則的主題和前文一致，都是在講徹底的寬恕，以及進入真實世界為世界畫下句點的境界。

試問，一個缺乏存在之因的東西豈會有真正的結束？世界怎樣由幻覺中誕生，也會怎樣在幻覺中結束。然而，它的「結束幻相」必然充滿了恩慈。（M-14.1:1~3）

討論世界如何終結，無異於暗示它必有起源，也等於說世界真的存在。這是小我用來把世界弄假成真、賦予自己真實性的障眼法。同理，講述耶穌身體的復活也會掉進同樣的陷阱。如果你說耶穌的身體復活了，等於說他的身體曾經死過，如果他的身體死過，那肯定也活過。小我就這樣神不知鬼不覺地讓我們相信它的世界是真的。這段引文正是此意：討論世界的終結等於說世界必有起源，以至於世界和小我的整個思想體系都顯得真實無比。

「然而，它的『結束幻相』必然充滿了恩慈」，此句旨在糾正基督教「世界會在末日審判中結束」的傳統觀念——如果你選錯了邊、拜錯了神明，到了末日審判你就慘了。

問：〈啓示錄〉不是說世界會在正邪大戰的烈火中結束嗎？

肯恩：是的，《聖經》宣稱世界會在慘不忍睹的戰火硝煙中灰飛煙滅，唯有加入「好」的一方，你才沒有後顧之憂。對此，《課程》的末日景象截然不同，它說，世界會在寬恕的幻相中結束。

它會籠罩在一個全面徹底、無所不包、無限祥和的「寬恕幻相」中，掩蓋了所有的邪惡與罪孽，一切罪咎也就至此告終了。由罪咎交織而成的世界也就跟著結束了，因它如今已失去了存在的目的，只有銷聲匿跡一途。(M-14.1:4~5)

《課程》再次指出，寬恕也是幻相，寬恕之旅的結局乃是：每個人都會蒙受其惠，罪咎就這樣消失了。整個世界是由罪咎而生，罪咎造就了世界，又靠世界維繫它的存在。因此，當罪咎消失、寬恕功德圓滿之際，世界必然隨之消失，因為它已失去了存在之因。請記得，世界只是果，罪和咎才是它的肇因。

接下來，我們跳到第二段的第八句：

當世界萬物都受到了祂公正的「審判」時，世界就結束了。世界會在神聖的祝福中結束的。當一個罪的念頭都不存在時，世界就過去了。它不會遭到毀滅或任何攻擊的，連一根毛髮都不會受到傷害。它只是失去了那虛幻的存在而已。(M-14.2:8~12)

這就是基督的慧見，聖靈的真知見，也就是真實世界。這一觀念徹底修正了傳統基督教的末日觀。此段的遣詞用字顯然經過一番斟酌，它說，世界不是失去了存在，而是「失去了那虛幻的存在而已」。意思是，世界的存在只是幻

相，它其實並不存在，只不過好似存在而已。我們在中篇末尾講解聖靈的計畫時說過，《課程》許多章節一針見血地指出「世界並不存在」，這一段也一樣，但耶穌沒有在此處針對第一層次多費筆墨，否則，我們這些深信世界真實存在之人，就真的難以卒讀這部課程了。總之，《課程》有不少篇章直陳這一形上觀，但它把世界形容得如假包換之處也不少，這純粹是遷就我們深信時空世界是真的之故。

還有一點也很重要：世界不會遭到毀滅或任何攻擊，也沒有任何人（或神）存心打倒它。有誰會去推翻或毀滅一個不存在之物呢？只要透過基督的慧眼，世界就會顯出它的虛無而消失。《課程》在談到超越身體時，這樣說：

> 你無需經歷生死掙扎，也無需過關斬將，你只是靜
> 靜地融入其中。（T-18.VI.14:6）

當然，這一結局看來似乎遙不可及。「當一個罪的念頭都不存在」的說法，聽起來確實像個遠程目標。但是時間會停止運轉，供上主的教師完成目標。他們中只要有一個人親自接受了救贖，所有的罪念就在那一刻消失了。（M-14.3:1~4）

顯然，在時間之夢裡，想要徹底解除罪咎，療癒心靈，好似需要無量劫的時間。也因此，從線性的時間觀來看，上述這段引文無異於天方夜譚。光去想想自己的小我需要多久才能解脫，世界大概需要十億倍的時間吧，如此看來，小我

的終結也確實顯得遙不可及。然而，我們早已說過，這種思維方式恰恰強化了時間幻相。《課程》的時間觀，尤其圖表三所顯示救贖的途徑是如此的不同，我們只需按下另一個按鈕，生命經驗就會徹底改變。

整個過程就像你正在放一部恐怖片錄影帶，忽然覺得看夠了，決定換上一部音樂喜劇片。我們在現實生活中可能無法轉換得那麼輕鬆，因為我們實在太相信自己活在恐懼、懲罰及衝突中。就是這個「相信自己應該受苦」的信念，才是所有問題的癥結。目前已有不少學說認為痛苦其實是我們自己「吸引」來的，然而，這種說法反倒把世界弄假成真；事實上，痛苦並不是我們吸引來的，我們只是選擇一遍遍地重播苦難的影集而已。若要戳破時間的幻相，我們只需改變心念，切換一個頻道即可。本書第十一章討論「最後審判」時，會繼續探討「救贖的完成遙不可及」這個觀念。

問：「他們中只要有一個人親自接受了救贖，所有的罪念就在那一刻消失了」，這句話是指耶穌自己，對不對？

肯恩：耶穌當然可以對號入座，他為我們示範了圖表三的內涵：整個人世經歷都是幻夢一場。但耶穌的成就並不意味著我們不需為自己接受救贖，即使耶穌個人心靈的療癒已為我們證明了世界只是一場夢，我們仍需親自接受這一真相才行。

接下來，我們跳到第四段的開頭：

世俗的思想體系一旦徹底扭轉過來，世界就此結束了。在那以前，它零零星星的觀點還會說得振振有辭。如果我們還不打算離開世界，還捨不下它小小的能耐的話，是不可能真正明瞭這足以結束世界的最後一課的。（M-14.4:1~3）

耶穌指出，在時間領域中，終結小我思想體系需要一個過程。所謂「最後一課」，是指全面解除對時間、死亡等等分裂思想體系的種種信念。我們若還緊盯著螢幕上的恐怖影片，是不可能學會最後一課的。容我再重複一次，關鍵就在於自己的選擇！既然是我們自己選擇了重溫某一類的噩夢，所以我們也可輕而易舉地改變主意。例如我們正在看一部恐怖片，沒有人能夠強迫我們一直看下去，我們隨時可以切換頻道，甚至乾脆關掉電視。我們的人生經歷也是如此，隨時可以改變自己看待某事的心態。用《奇蹟課程》的話說，這一改變就是選擇奇蹟，放下怨尤。套用圖表三的意象，我們只需按另一個按鈕，而且不斷選擇聖靈的影集來取代小我的影集，我們就加快了救贖的步伐。

接下來，我們回到〈正文〉第二十九章第六節「寬恕與時間的終結」的第二段。這一段的文字特別顯得詩意盎然。

身為上主神聖之子的你，從此誓不加入死亡的行列！（T-29. VI.2:1）

這一句 Swear not to die, you holy Son of God！句中的標點可謂別具深意。如果在 swear 後加一逗號，成為 swear, not to die，意思變成了我們「不必死」，不少學員就是這麼理解的。但是，試想一下，如果我們發誓不死，意味著設法繼續活在肉體中，不讓這具身體死去。這種詮釋顯然假定身體是有生命的，或者說得好一點，我們活在身體裡，所以得發誓修出不死之身。可是，耶穌早就說得很明白，身體是沒有生命的：

> 天堂之外沒有生命可言。上主在何處創造了生命，生命就只可能存在那裡。活在天堂之外的生命全是幻相。最好的時候，它看起來像是生命；最糟的時候，它與死亡無異。然而，這兩種形式只會告訴你什麼「不是」生命，兩者同樣的不正確，同樣的無意義。生命不可能不在天堂內；凡不在天堂內的生命，也不可能存在於任何地方。（T-23.II.19:1~6）

再說一次，如果在上段引文的 swear 後面加一逗號，部分學員對那一段話的詮釋彷彿可以自圓其說，但那顯然不是《課程》的本意。

故知「誓不加入死亡的行列」這句話，是指我們決心否

定死亡在小我思想體系中的真實性。如果按照原文的標點來讀，不難明白，它是在鼓勵我們不要選擇死亡之路，不要把死亡弄假成真，更不要把死亡當成上天對我們的罪行之懲罰。它要我們放下當初對小我的承諾，不再維護那個神智失常、謀殺生命的思想體系。《課程》談到我們在平安的最後一道障礙前，憶起自己當初發誓效忠小我時，何其誠惶誠恐，萬般驚懼，描繪之生動，簡直躍然紙上：

> 如今，你戰戰兢兢地立於曾發誓不看的容顏之前。你垂著雙眼，記起了你對那些「朋友」的許諾。罪的「美妙」，咎的「魅力」，死亡的「神聖」蠟像，還有你曾發誓絕不背棄小我因而怕它報復的心態，此刻都會一一現前，命令你不准抬起眼睛。（T-19.IV.四.6:1~3）

我們只要不再念念不忘小我為我們打造的不堪入目之形象，就等於發誓效忠於聖靈對我們的定位——身為上主神聖之子的你！

你那些妥協辦法，絕非你所能兌現的。沒有人毀滅得了永恆的生命之子。他和天父一般不朽。沒有人改造得了他的真相。他是整個宇宙中唯一的存在，故必屬於一個生命。（T-29.VI.2:2~6）

所謂兌現不了的妥協辦法，是指我們跟小我的祕密協

定，亦即「無明亂世的法則」一節所指的密約內容「我們
必因自己的罪孽而被誅殺」。小我思想體系之瘋狂失常，
在此顯露無遺。幸好，我們並非小我之子，而是永恆生命
（Life）之子，生命的 L 大寫，象徵著上主的生命。我們不
可能被誅殺，我們永遠跟生命之源造物主一樣，永恆不易，
永存不朽。

　　接下來的幾句，生動地描述了小我世界的結束：

看似永恆的宇宙萬象，終有結束之日。星辰將消逝，日夜不復存在。潮汐消長，四季循環，還有生來死去的生命，以及所有隨時間而推移的萬物，從此一逝不返。（T-29.VI.2:7~9）

　　這段引文極為清晰且頗富詩意地呈現了物質宇宙終將消
失。萬事萬物都有終結之日，這是《課程》證明永恆上主不
可能創造世界的論據。古希臘人極為崇拜日月星辰之美，以
及天體運行的有條不紊，後人稱之為「宇宙崇拜」。在古希
臘人眼中，永恆運行的天體反映出神的完美，他們甚至把天
上的星辰一一化為神明。然而，《課程》告訴我們，物質世
界的一切都會消失，徒具形式的它們，變化莫測，凡是會改
變之物，不可能出自上主。

時間的盡頭，並非永恆的起點。不論人們把上主之子當成什麼，他的真相永遠不變。（T-29.VI.2:10~11）

　　「時間的盡頭」是指死亡，是我們在人間的個體生命之
盡頭。請注意，《課程》很少說世界會走向死亡，它只說世
界會重歸「虛無的漩渦，也就是它的源頭」（C-4.4:5）。
為此，我們別想在任何會死之物上頭找到永恆，小至我們的
個體生命，大到整個物質宇宙，都沒有永恆的身影。下一句
「不論人們把上主之子當成什麼，他的真相永遠不變」，
是說我們無論把自己改造成什麼樣子，都改變不了我們的真
相。耶穌在〈教師指南〉如此勉勵我們：

> 上主之師，你的唯一任務可以歸結為一句話：不要
> 接受任何帶有死亡陰影的妥協觀念。不要相信任何
> 殘酷的東西，也不要讓攻擊蒙蔽了你的真相。凡是
> 看來會死之物，必然出自妄見而且陷入了幻境。如
> 今，你的工作就是把幻相帶到真相內。只有在這一
> 件事上，你應該站穩你的腳步，不要被任何變化無
> 常的「現實」蒙蔽。（M-27.7:1~5）

**他過去如何，現在仍是如此，未來依然如此，因時間操控不
了他的命運，更敲定不了他生死的時辰。連寬恕都改變不了
他。然而，時間卻有待你的寬恕，時空內的一切才會失去作
用，從此銷聲匿跡。**（T-29.VI.2:12~14）

　　儘管時間只是一個幻相，但它仍有待最後的幻相──寬
恕，才能完成其使命。當它幫助我們進入真實世界，便會連

帶整個世界一起銷聲匿跡。

　　眞實世界的討論就到此爲止，下一章我們將深入「基督再度來臨」，也就是整個聖子奧體從夢中一起覺醒的那一刻。

第十章　基督再度來臨

　　在討論《奇蹟課程》的「基督再度來臨」和「最後審判」之前，我們必須先明白這兩個觀念乃源自傳統基督教。爲此，接下來的兩章都以福音書的經句開場，先看看基督教是怎麼理解它們的。

　　本章就從〈馬太福音〉開始，這一段的描述在新約中有舉足輕重的影響，傳統神學認爲，基督再臨就是耶穌升天後會再度返回人間。附帶一提，這段福音的描繪出典於《舊約‧以西結書》的先知預言。

> 若有人對你們説：「看哪！基督在曠野裡，」你們不要出去。或説：「看哪！基督在內屋中，」你們不要信。閃電從東邊發出，直照到西邊。人子降臨，也要這樣。屍首在那裡，鷹也必聚在那裡。

> 那些日子的災難一過去，日頭就變黑了，月亮也不放光，眾星要從天上墜落，天勢都要震動。那時，

人子的兆頭要顯在天上，地上的萬族都要哀哭。
他們要看見人子，有能力，有大榮耀，駕著天上
的雲降臨。他要差遣使者，用號筒的大聲，將他的
選民，從四方，從天這邊到天那邊，都招聚了來。
（馬太福音 24:26~31）

這就是傳統所謂的「基督再臨」的景象，兩千年來激起
人類對未來的強烈恐懼。耶穌的再臨顯然不是什麼賞心樂
事，更不是來赦免世人的罪。早期教會真的相信耶穌很快就
會返回人間，空等了幾十年，才意識到自己可能弄錯了，不
得不改變教會的末世論。保羅早期的書信就信誓旦旦地說耶
穌很快就會再臨，到了晚期的書信，卻不再這麼說了。希望
幻滅，對早期教會無疑是一大挑戰。

回到《課程》的觀點。我們知道耶穌用「上主之子」一
詞指稱所有人，我們都是基督，這種觀點修正了「唯有耶穌
才是神子」的舊觀念。我們馬上就會看到，耶穌以同一邏輯
詮釋「基督再臨」——人心重歸聖子奧體的一體意識。很明
顯的，基督再臨與耶穌的復活一樣，都發生於心靈層次，與
物質世界無關，至於認為耶穌的肉體重回人間，更是無稽之
談。此外，《課程》提到「基督再臨」時，不含一絲對審判
和天譴的恐懼，這與《聖經》大異其趣。耶穌賦予這些舊詞
新的內涵，正是為了修正基督教傳統神學。

　　接下來請看〈正文〉第四章第四節「無需如此」第十段：

基督的第一次來臨只是創造的別名，因基督即是上主之子。基督的第二次來臨不過宣稱「小我結束統治」以及「心靈已獲療癒」而已。在第一次來臨時，我和你都是受造；在第二次的來臨，我邀請你與我共襄盛舉。（T-4.IV.10:1~3）

　　這一段講得不能再清楚了，基督再臨不過是指小我的終結，耶穌還明確指出，他與我們無二無別。基督的第一次來臨絕不是指耶穌的生辰，而是聖子奧體的受造，耶穌只是其中一份子。直到聖子落入小我的虛幻夢境，才需要救贖的修正。當聖子奧體從夢中甦醒，救贖完成的那一刻，即是「基督再臨」之時刻，耶穌邀請我們與他一起踏上他已走過的救贖之旅（T-1.III.1:1）。

第二次來臨由我主司其事，我的審判，純粹是一種保護，不可能有誤，因為它絕無攻擊之意。（T-4.IV.10:4）

　　耶穌還說他掌管著救贖之旅（T-1.III.1:1），他在〈詞彙解析〉也說，聖靈指定耶穌為救贖計畫的領袖（C-6.2:2）。最重要的是，耶穌的審判不含一絲一毫懲罰或攻擊的意味。他的審判只是重申「分裂從未發生過」，因此，我們不僅無需受苦，痛苦根本不可能存在，因為它的肇因（罪）早已化解了。這一救贖真相確保我們不受小我思想體系之害。我們

在下一章「最後的審判」還會重申「上主不可能參與任何審判」的觀念。

接下來，我們轉到第九章第四節第九段：

所謂的「基督二度來臨」，是應你之需而來的，第一次的來臨其實就是創造。祂的二度來臨，不過代表你終於恢復了清明神智。這有什麼可怕的呢？（T-9.IV.9:3~5）

《課程》語出驚人，竟說基督再臨並非上主的傑作，因它只是修正小我認爲「第一次來臨（上主創造我們）從未發生過」那個妄念而已。《課程》特意選用made（營造）來形容第二次來臨，表示那是「應你之需」而造的，故意與同一句中的 created 作一對比，顯示上主不可能涉足修正過程，因爲它仍屬於幻相領域〔原註〕。可見，第二次來臨乃是聖靈對小我計畫的修正。然而，基督再臨儘管仍屬幻相，卻也宣告了幻相世界的終結。所以說，基督再臨是聖靈爲我們量身定製的，旨在修正小我的分裂信念，只因小我存心用分裂來抵制第一次來臨，也就是我們「被創造爲基督」的眞相。

〔原註〕在《奇蹟課程》裡，make（營造）一詞用於分裂的世界或者對它的修正，而create（創造）則用於天堂的靈性運作。（T-2.VIII.1; T-3.V.2; T-4.I.9:3）

我們只需回顧前文所引〈馬太福音〉那些令人膽戰心驚的話，聖靈帶來的修正便格外顯得意義非凡。基督再臨和最後審判對神智不清的小我而言，必然恐怖至極，這是可想而知之事。「恢復清明神智」則是心靈終於認出了救贖原則——分裂不曾發生過，世界是虛幻的，我們沒有任何理由攻擊和批判。

接下來，請看〈練習手冊〉對「第二次來臨」提綱挈領的描述「何謂基督再度來臨？」：

基督的再度來臨，就如上主本身那般必然，它指的是「錯誤終於修正，心智恢復健全」之境。（W-PII.九.1:1）

耶穌安慰我們不要害怕基督再臨，我們不會看到偉大的審判官——人子挾著天火而降。基督再臨不過結束了不曾存在的一切幻相而已。引文裡「必然」一詞即是「……最後的結局會與上主本身一般屹立不搖的」（T-4.II.5:8）之意。「心智恢復健全」一語，即〈正文〉所說基督再度來臨時，表示我們終於恢復了清明神智。

它不過是「重獲那從未失落之物，恢復那永遠真實之境」的先聲而已。它是一種邀請，迎請上主聖言前來取代幻相；它是一種意願，誠願一視同仁且毫無保留地寬恕世間的一切。（W-PII.九.1:2~3）

　　《課程》賦予「上主聖言」一詞與傳統教義截然不同的意義。上主聖言在神學上專指耶穌，〈約翰福音〉序言稱他為「道」：「太初有道，道與神同在，道就是神。」（約翰福音 1:1）

　　如果「上主聖言」是基督自性一體生命的代名詞，我們必是基督的一部分，與耶穌無二無別。然而，《課程》所謂的「上主聖言」既不指耶穌，也不是基督，它代表上主的答覆，是上主對分裂信念的修正。因此，「聖言」在書中有時指向救贖計畫，有時反映寬恕或者聖靈，代表分裂心靈中的療癒力量，能夠一舉修正小我的分裂囈語。我們可以把聖靈看作上主的天音，在分裂夢境中向我們發言，祂「所說」的上主聖言修正了我們的妄念。

　　問：傳統基督教也宣稱《聖經》是上主聖言，天主教彌撒在誦讀福音後，不也都要說一句「這是主的聖言」嗎？

　　肯恩：確實如此。依此類推，《奇蹟課程》也可以視為上主聖言，儘管它從未如此自稱，但它認為此書為人類帶來寬恕的救贖訊息，具體呈現了聖靈的救贖原則，就像耶穌的一生所示範的──宛如救贖原則的化身一樣。它的用意不言自明。

　　上文所言「基督再臨，只是讓從未失落之物重見天日，

恢復那永遠真實之境」，再次證實「基督再臨」除了修正錯誤，它什麼也沒做。從下文可知，它其實就是從夢中覺醒。

基督再度來臨的無所不容之本質，涵蓋了整個世界，它溫柔地臨幸於你，護守著你以及一切有情眾生。基督的再臨帶給人無盡的自由，一如上主的造化那般無限。寬恕為基督的再臨照亮了路，萬物在寬恕的光照下匯為一個生命。如此，我們方能認出生命的一體性。（W-PII.九.2）

　　「有情眾生」（all living things）是《課程》的常用詞，暗示基督自性及聖子奧體不僅指人類，還包括了所有生物，動物、植物等等，無所不包，所有人、所有生物都是同一生命。然而，前文已從另一層次說過，形相世界沒有一個生物真正活過。我們不難理解，耶穌之所以稱它們為living things，是因我們已把幻相世界的一切看得真實無比。因此，在經驗層次，他要求我們寬恕時不要排除任何一人或一物。其實，心靈之外別無一物，無論活的死的，有生命的無生命的，全都是心念的投射。我們必須寬恕這些外在事物，因為它們反映出我們內在尚未寬恕之念。所有的念頭都必須匯集一處，一起療癒。唯有這樣，小我的思想體系才能被徹底化解，救贖才算大功告成，第二次來臨便啓幕了。然而，我們必須個別作出寬恕的選擇，完成自己獨特的救贖之旅。隨著每個人完成自己在救贖計畫中的那部分任務，基督再度來臨就指日可待了。

基督的再臨也為聖靈的課程畫上了一個句點，且為最後的審判鋪路；學習階段到此結束，而這結局還會進一步超越自身，直抵上主那裡。基督的再臨，也是所有心靈交託於基督之手的一刻，它們因著上主造化及旨意之名，終於得以重返靈性之境。（W-PII.九.3）

　　這一段所描寫的過程仍屬於幻相領域。借用時間長毯的比喻，它象徵聖子奧體的整個心靈已經療癒，接納了救贖，抵達長毯盡頭。所有的小我念頭都已化解，我們距離家園只剩一步之遙了。一言以蔽之，它們的先後順序是：聖子奧體集體性地接受了真實世界（寬恕任務圓滿完成）；然後，基督便會再度來臨（集體性的療癒，亦即「所有心靈交託於基督之手」）；再接著，最後審判緊隨其後；最後，上主親自邁出祂的最後一步。

基督再度來臨是發生在時間內卻不受時間左右的一個事件。任何人，不論是過去已逝的，或將要來臨的，或是活在現在的，都會平等地由自己營造的束縛中解脫出來。（W-PII.九.4:1~2）

　　基督再臨發生於時間領域，卻超越了時間，因為它位於時間的盡頭，證實了時間並非線性的。療癒也在瞬間圓滿完成，全像圖的每一部分皆蒙其恩，包括了過去、現在及未來的三世時空。

問：這一段好似針對個人說的，是說基督再臨屬於個體經驗，而不是集體的解脫，是這樣嗎？

肯恩：不是的，它說的不僅包括過去、現在和未來的「任何人」，而且全都「平等地」從自己營造的虛幻世界「解脫」。

問：既然基督再臨和最後審判屬於集體經驗，除非每個人都到了真實世界，否則誰也無法享有這一境界，這種說法與〈教師指南〉所說的「聖子與天父的整個關係都繫於耶穌內」似乎有所牴觸。

肯恩：「聖子與天父的整個關係都繫於耶穌內」這個說法，是指耶穌已經沒有小我，因為天人關係不容小我居中作梗。基督再度來臨則是一個集體經驗。耶穌已超越了他的小我以及他個人的旅程，用長毯的比喻來說，他已站在長毯的盡頭，即「旅程的終點」。從這個意義上說，他掌握著救恩計畫的藍圖，向我們示範了死亡並不存在，因此分裂也不是真的。他的典範鼓舞我們作出同一選擇。

問：這種時間觀之下的耶穌，是否已與我們同在，而且一起作出「基督再度來臨」和「最後的審判」的終極抉擇？那麼，「基督再臨」和「最後審判」的含意是否也有兩個層

次？每個人都得爲自己選擇「基督再臨」與「最後審判」，
但它也可能指人類集體層次臻至耶穌的境界，也就是說，人
類的集體意識終於作出了那個終極抉擇。您說的是這個意思
嗎？

　　肯恩：別忘了，這一說法仍是在線性時間觀之下具體指
向世界的終結。基督再臨和最後審判都象徵世界結束的那一
刻，表示所有人都療癒了自己的心靈；個體的療癒則是指接
納救贖或進入眞實世界。

　　問：也就是說，基督再度來臨不可能是個體經驗，因爲
《課程》講過分裂是一個重複不止的過程，我們既然是從一
體生命分化而來的，回歸時也必須復歸爲一，因此這一分化
過程必須先得到療癒。換言之，基督再度來臨即意味著分化
的徹底療癒。可不可以這樣說，不論別人作何選擇，都阻撓
不了我經驗始終存在的一體境界，因爲分裂並未眞正發生
過？

　　肯恩：是的。在一體境界，分裂從未眞正發生過，耶穌
也不會因我們的選擇而受苦。再說一遍，「基督再臨」和
「最後審判」兩詞指的是在集體層面，每個人都接受了救
贖；基督再度來臨確實是指人類集體意識的覺醒。在《聖
經》裡，基督再臨被用來象徵世界末日，《奇蹟課程》沿用
了這個詞彙，不同的是，《課程》描述的末日乃是另一種景

象——在仁慈寬恕而非懲罰中結束。下面這一段反映了集體
性的合一之境：

就是在這平等性中，基督恢復了祂唯一的本來面目，上主
兒女由此而認出了他們原是一個生命。天父向聖子展顏而
笑，因聖子是祂唯一的創造，也是祂唯一的喜樂。（W-PII.
九.4:3~4）

〈正文〉第十八章第一節「取代眞相」講到聖子奧體
的分化導致基督一體生命的分裂幻相（本書第一章已引用
過）。那些狀似分裂的碎片必須重新復合；等到徹底復合
時，即是基督再度來臨。分裂出去的，終於回歸一體了。在
個體的層次，耶穌以及其他已覺悟的大師，他們走完了自己
的旅程，完成了化解小我的任務。在耶穌眼中，分裂已不復
存在，但仍困於時空之夢的聖子奧體尚未接受這一眞相，分
裂之念仍存於分裂的心靈中。

問：「小我結束統治，心靈已獲療癒」雖然仍屬於時間
領域，但我想，有那麼一刻，我們全都進入了這一境界，都
已作了那個選擇。我認爲每個人只要作了自己的選擇，就能
進入那一境界。

肯恩：說得對極了。依此類推，我們也可以說，天父和
聖子的一體生命已經啓示給我們，第二次來臨也已經發生

了。問題是，我們此刻仍陷於幻相體系中。在圖表三的模型裡，當所有的觀者突然站起關掉電視，那一刻，基督就再度來臨了，表示每個人都已完成了這一步。《課程》的說法是，當每一個人完成了救贖，集體接受了療癒，基督就再度來臨了。

接下來的這一段寫得十分感人：

祈求基督盡快來臨吧！但不要在那兒枯等。它需要你的眼耳手足。它需要你的聲音。最重要的，它需要你的願心。（W-PII.九.5:1~4）

身體可為神聖目的所用，這一說法在《課程》裡屢見不鮮（至少十次以上），最生動的要數下面這一段了，耶穌要求我們為他所用：

> 這是我唯一的要求；你會聽到我說的話，再將它們
> 帶回人間。你是我的聲音、我的眼睛、我的手足，
> 我必須藉著它們才能拯救世界。（W-複習五.in.9:2~3）

沒有我們，基督無法再臨，乃是救贖計畫缺不了我們的另一說法。正如〈練習手冊〉的兩課所說的：「我的任務乃是上主救恩計畫中不可或缺的一部分」（W-100），以及「世界的救恩操之於我」（W-186）。我們都必須完成自己的那一份任務，唯有聖子奧體每一狀似分裂的碎片都療癒了自己的

心靈，基督才會再度來臨。所以說，我們的身體成了聖靈推恩祂的寬恕之工具。我們的眼耳手足和聲音儘管虛幻不實，仍可為這一神聖目的效力。最重要的，聖靈需要我們的小小願心與祂的大愛結合，只有這樣，我們才可能接受祂的救贖計畫，選擇祂的旨意，不再與小我沆瀣一氣。

我們該為自己得以承行上主的旨意而慶幸，並且在它神聖的光明中合而為一。看哪！上主之子在我們內已成了一個生命，藉著祂，我們方能回歸天父的愛裡。（W-PII.九.5:5~6）

回歸天父的愛是最後的一步，若要穿越最後一道面紗，必須讓分裂的聖子奧體重新合一。究竟說來，我們只需完成和接納寬恕，然而，也唯有認出彼此心中的上主之子，我們才可能看到基督聖容在自己和一體聖子身上閃耀。我們一旦目睹基督聖容，上主聖愛的記憶便會從心中浮現而完成救贖，基督再度來臨了，帶領我們邁向最後的審判。

第十一章　最後的審判

　　我們將用上一章討論「基督再臨」的方式繼續探究「最後審判」的意義。在選讀《奇蹟課程》的章節之前，我先引用《聖經》的兩段話，為《課程》如何重新詮釋鋪路。傳統基督教心目中的最後審判萬分可怕，追隨耶穌和主的人將獲救，不與他們同道之人將被詛咒，永受地獄之火的煎熬。下面〈馬太福音〉描述的最後審判，可說是流傳最廣的聖經寓言了：

> 當人子在他榮耀裡，同著眾天使降臨的時候，要坐在他榮耀的寶座上。萬民都要聚集在他面前。他要把他們分別出來，好像牧羊的分別綿羊山羊一般；把綿羊安置在右邊，山羊在左邊。於是，王要向那右邊的說：「你們這蒙我父賜福的，可來承受那創世以來為你們預備的國，因為我餓了，你們給我吃；渴了，你們給我喝；我作客旅，你們留我住；我赤身露體，你們給我穿；我病了，你們看顧我；

我在監裡，你們來看我。」義人就回答說：「主
啊，我們什麼時候見你餓了給你吃，渴了給你喝。
什麼時候見你作客旅留你住，或是赤身露體給你
穿？有什麼時候見你病了，或是在監裡，來看你
呢？」王要回答說：「我實在告訴你們，這些事你
們既作在我這弟兄中的一個最小的身上，就是作在
我身上了。」王又要向那左邊的說：「你們這被詛
咒的人，離開我！進入那為魔鬼和他的使者所預備
的永火裡去！因為我餓了，你們不給我吃；渴了，
你們不給我喝；我作客旅，你們不留我住；我赤身
露體，你們不給我穿；我病了，我在監裡，你們不
來看顧我。」他們也要回答說：「主啊，我們什麼
時候見你餓了，或渴了，或作客旅，或赤身露體，
或病了，或在監裡，不伺候你呢？」王要回答說：
「我實在告訴你們，這些事你們既不作在我這弟兄
中一個最小的身上，就是不作在我身上了。這些人
要往永刑裡去，那些義人要往永生裡去。」（馬太
福音 25:31~46）

　　但凡心中有一點罪惡感的人，讀到這段話時，必然會感
到自己就是屬於那將受永罰的一群人。無論他們多麼嚴守教
會的清規戒律，如何亦步亦趨地追隨耶穌在《聖經》中的教
誨，潛意識的罪咎仍會告誡他們，無論他們怎麼做，上帝都

不會滿意，罪人始終是罪人。換句話說，基督徒讀到這些話，在心理層面多半會感到膽戰心驚，自知罪孽深重，難逃天譴，必將永受地獄之苦。

有回我拜訪一所有名的修道院，從大馬路上遠遠就看見一個十字架，受苦受難的耶穌好像在向所有的來者控訴：「看看我爲你做了什麼，你卻是怎麼對待我的！」凡是已經療癒了所有罪咎之念的基督徒，聽到這些話定會付諸一笑，心裡想耶穌怎麼可能跟自己所愛的弟兄姊妹說這樣的話。

下一則關於最後審判的片段出自〈約翰福音〉。在這段經文，耶穌不再用寓言，他一針見血地說：

> 我實實在在的告訴你們，時候將到，現在就是了，死人要聽見神兒子的聲音，聽見的人就要活了。因爲父怎樣在自己有生命，就賜給他兒子也照樣在自己有生命，並且因爲他是人子，就賜給他行審判的權柄。你們不要把這事看作希奇。時候要到，凡在墳墓裡的，都要聽見他的聲音，就出來，行善的復活得生，作惡的復活定罪。（約翰福音 5:25~29）

《聖經》中最恐怖的篇章要算〈啓示錄〉了，但我們無需在此加以細述，上述的兩段就足以說明《課程》想要修正的觀念。《聖經》所描繪的最後審判，充分體現出小我思想體系底下那個恐怖之念：上主遲早會懲罰罪孽深重的我們。

對此，〈教師指南〉說得十分清楚：

> 於是，篡奪上主之位而自立為王的小我，如今出
> 現了一位致命的「敵人」。它必須赤手空拳地保
> 護自己，為自己建立一套防衛措施，才抵擋得了
> 上主難以撫平的義怒，以及永不饜足的天譴。（M-
> 17.5:8~9）

耶穌在《課程》裡採用他一貫的手法，沿用了基督教的
傳統術語「最後審判」，但卻賦予截然不同的新意。

現在，我們從〈正文〉第二章最後一節「最後審判的意
義」開始讀起：

**有一種方法能幫你修正「奇蹟」（miracle）與怪力亂神
（magic）之間的混淆〔原註〕，就是記住你的生命不是自己
創造出來的。你愈與小我認同，就愈容易忘掉這一事實，於
是你就不得不仰賴怪力亂神來為你解圍了。創造的願力是造
物主賜你的禮物，祂的造化必也處處反映出祂的創造旨意
（Will）。創造力屬於心靈的層次，那麼你所創造的一切自
然脫離不了你的願力（will）。依此類推，你個人妄造出來
的一切，即使在你眼中真實無比，在上主的天心中並非如
此。（T-2.VIII.1:1~5）**

〔原註〕〈正文〉用這兩個術語來辨別小我和聖靈化解罪的方法。

　　首先，我們必須明白《課程》對「創造」和「妄造或營造」的界定，妄造或營造屬於分裂的心靈，而創造則屬於靈性的能力。若想理解《課程》中「最後審判」的觀念，必須意識到一點，即我們始終對自己營造的身體和物質宇宙的真實性深信不疑。我們不僅相信自己營造了它們，還心知肚明，清楚自己營造這些東西是為了攻擊上主和愛。也因此，身體和世界遂成了代表罪咎最醒目的標誌；而罪咎要求懲罰，這是萬古不變的鐵律。只要我們相信自己營造之物是真的，必然會認定自己真的侵犯了上主，面對上主的義怒，我們一定在劫難逃。對此，《課程》說：

這一根本差異道盡了最後審判的真諦。（T-2.VIII.1:6）

　　傳統基督教認為最後審判是上主在懲罰我們的罪孽，《課程》卻提醒我們，我們自以為營造出來的一切根本不是真的。世界及我們在此所經歷的一切只是一場夢而已，只要領回且接受這一事實，就是真正的寬恕，因我們狀似冒犯上主的那一罪行從未發生過。既然根本沒有罪這一回事，上主自然不會懲罰我們。因此，最後審判的真諦就是「上主不是復仇之神，祂一如既往地愛著我們」，正如下面一段所說：

　　上主不會為此而發怒。祂只是不允許此事發生而已。你也沒有能力改造上主的天心。（T-16. V.12:7~9）

　　《課程》就這樣把最後審判重新詮釋為：上主對自己兒女永恆不渝的聖愛。

在你的思想裡，最後審判可謂是人間最可怕的觀念了。這是因為你不了解的緣故。審判並不屬於上主的本性。那是天人分裂之後才出現的，因此它只能算是整個救贖計畫的一種學習教具而已。（T-2.VIII.2:1~4）

　　顯然，審判意味著分別取捨。無論是評判行為對錯，還是分辨好人壞人，都是在附和分裂心靈的妄作。上主和基督的一體心靈是不可能判斷的，因此，上主唯一的判斷根本稱不上審判。祂不會對自己的孩子厚此薄彼，因為愛無所不容。上主的審判只是重申祂對聖子的全然之愛。

　　判斷是天人分裂之後才出現的。小我用判斷作為分裂和攻擊的手段。在分裂心靈的層次，聖靈只認可一種判斷：不是表達愛，就是呼求愛（T-12.I; T-14.X.7:1）。祂的判斷不含任何懲罰，純粹是為了修正錯誤。因此，聖靈的判斷只是幫助看似分裂的聖子奧體重歸一體而已，這就是聖靈救贖計畫中所謂的「學習教具」。在這一正見之下，審判的結局就是最後的審判，即我們接下來將看到的，它不過是讓我們認清了「凡是虛妄的就是虛妄，凡是真實的則千古不易」（W-PII.十.1:1）。

正如天人分裂好似發生了百萬年之久，最後審判也會延伸出等長的時間，甚至更長都有可能。（T-2.VIII.2:5）

　　相信不會有人喜歡這種說法的。不過，如果超越字面上的意思，這一段中的「最後審判」其實是指「救贖計畫」。《課程》通常用「最後審判」指向救贖計畫的最後一步，而這一句卻指向整個救贖計畫。有些學員堅稱：虛幻的夢境中，救贖能在一瞬之間完成。可以說，這種說法屬於第一層次，耶穌確實也經常這麼說。然而，前段引言卻明白指出，在時間幻相中，化解分裂的信念需要相當長的時間，我們心中深不可測的恐懼似乎也證明了有此必要。儘管如此，我們也無需絕望：

唯有奇蹟能夠大幅度地縮短時間的長度，但這一教具只能幫你縮短時間，卻無法廢除時間。只要有足夠的人誠心以奇蹟為志，所縮減的時間必然難以估計。關鍵在於你得盡快由恐懼中脫身，因為你必須先擺脫了衝突的糾纏，才可能帶給其他心靈真正的平安。（T-2.VIII.2:6~8）

　　這段引文重申了中篇提到的奇蹟之功能。耶穌呼籲我們選擇奇蹟，放下怨尤。我們愈快作出這個選擇，心靈就會愈快獲得療癒，耶穌便可愈快透過我們的心靈療癒其他心靈。這正是整個救贖計畫的宗旨。接下來，耶穌開始闡述最後審判。

一般人都認為最後審判是由上主主司其事的（有前文引用的福音為證）。實際上，是我的弟兄在我的協助下主司其事。（T-2.VIII.3:1~2）

上主不可能參與最後審判，因為祂根本不可能知道我們犯了錯，怎會多此一舉地修正這些錯誤？〈練習手冊〉兩次提到「上主不用寬恕，因為祂從不定人的罪」（W-46.1:1; W-60.1:2）。我們既然是作了錯誤判斷的人，是我們捨棄了聖靈的救贖原則，接受小我「唯有犧牲，才能獲得救贖」這類神智不清的觀念，因此也只有我們自己才能修正這一錯誤。前提是，我們必須重新接納耶穌在夢境中為我們示現的救贖原則。這是耶穌在《課程》一再提醒我們與他結合的用意所在。

雖然絕大多數的人都認為自己會遭到天譴，其實，最後審判乃是終極的療癒，它不會定罪懲罰。懲罰的觀念與正見的思維可說是背道而馳，而最後審判的目的就是幫你重建正見心境。最後審判不妨改稱為「正確的評估過程」。它不過反映出：世上每一個人終於恍然大悟什麼是有價值的，什麼是不值一提的事。（T-2.VIII.3:3~6）

基督再臨意味著聖子奧體終於從夢中醒來。在最後的那一刻，我們站在天堂的門口，回望我們曾經以為真實的一切（也就是整個時空大幻相），終於明白自己營造之物竟是如

此虛幻，唯有上主創造的真相才是永恆不易的。這就是所謂的最後審判。《課程》提醒我們隨時隨地分辨聖靈的真相和小我的幻相，從某種意義上來說，最後審判就是這些小小判斷的集大成。容我重複前文的一個觀念：當聖子奧體重歸一體時就是所謂的基督再臨；同理，最後審判也是有待上主的唯一聖子完成的大業。

有此認知之後，人的選擇能力方能接受理性的指引。若分辨不出兩者之別，人的意志無可避免地會在自由與奴役狀態中搖擺不定。（T-2.VIII.3:7~8）

這一段與我們剛才所講的不同，言下之意是說最後審判是一個過程。我們再次看到耶穌遣詞上的彈性，最後審判有時被說成救贖過程的高峰，表示我們終於學會了正確判斷；而在另一些地方，比如這一段，它又指向救贖過程本身，異於前面把最後審判等同於救贖的說法。但請記得，不論哪一種說法，背後的內涵仍然是一致的，這反映了修習《課程》時，必須處處著眼於它的內涵，讀出每一段的深意，而非咬文嚼字地拘泥於它的表述形式。

這一段要談的是個人學習正見之判斷的過程。學會了這一點，就表示親自接受了救贖，我們再也不會在小我和聖靈間搖擺不定了，只因聖靈的判斷成了我們唯一的判斷。從此，我們方能接受理性的指引，從而具備了進入真實世界的

條件。當所有人都臻至此境，基督再臨和終極的最後審判就
來臨了。

　　問：此處所說的理性並不是一般人心目中的理性，對
嗎？

　　肯恩：當然。這與〈正文〉後面討論的理性如出一轍，
不妨將它看成聖靈的正念思維之同義詞，與人間所謂的推理
或理性沒有任何關連。附帶一提，《課程》的正念和妄念之
分，與時下流行的左腦右腦之別是兩回事。它們所代表的理
性與直覺可能反映正念，也可能出自妄念思維，關鍵全在於
這些能力究竟是由聖靈還是小我主導。

**通往自由的第一步就是具備辨別真偽的能力。這種「分別
心」是正面且具建設性的，它反映出「末世」的真正意義。**
（T-2.VIII.4:1~2）

　　這幾句是針對《聖經》的最後一部書〈啓示錄〉而說
的。此書有時被稱爲「末日啓示錄」，它屬於祕傳資料。耶
穌在此重新詮釋了最後審判並不是區分山羊與綿羊，好人或
壞人，而是分辨眞相與假相，也就是小我的虛妄與上主的眞
實。

每個人最後都需要回顧自己一生所造出的一切，挑出「美好

的」部分，妥善保存，好比上主在創造之初認可造化的美好那樣。人心一旦認出了造化的尊貴，它才可能以愛的眼光去看自己的創造。它也會同時開始捨棄以前妄造的一切；那些虛妄之物一旦失去了心靈的認可，便無法繼續存在了。（T-2.VIII.4:3~5）

第一句話是針對〈創世紀〉的一句話「神看著一切所造的都甚好」（創世紀 1:31）而說的，耶穌顯然要我們效法上主對待祂的造化之心態來對待自己的種種創造，因為它們正是我們基督自性的延伸。因此，我們的創造也是屬靈的，與物質世界無關。它們的真相只會反映在結合我們的寬恕中，聖靈為我們保存的真相唯有透過寬恕才能延伸到分裂的心靈內。

所謂「妄造」，是指小我世界的一切，包括各種念頭以及這些念頭投射而成的表相。它囊括了整個物質世界和身體，以及小我思想體系醞釀出來的罪咎、恐懼、特殊性、攻擊、死亡等等。耶穌再次要求我們在「小我虛幻的物質世界」和「上主的真相與基督的靈性本質」之間作一選擇。

「最後審判」一詞的可怕處，不只是因為人們把它投射到上主身上，而是因為「最後」兩個字很容易讓人聯想到死亡。這充分反映出妄見的是非顛倒之處。（T-2.VIII.5:1~2）

是的，「最後審判」的可怕之處，不僅在於我們相信上

主將會懲罰我們，還因為我們常把「最後」與死亡聯想在一起。只要我們認同這一肉身，那麼，身體和心理存在感的消亡必然意味著生命的終結，而且小我還會把肉體的死亡與上主的懲罰直接畫上等號。這一心態在亞當夏娃的故事中表現得淋漓盡致，兩個「罪人」由於違抗上主旨意而受到嚴懲，從此開始受苦，而且禍延一生，直到嚥下最後一口氣：「你本是塵土，仍要歸於塵土。」（創世紀 3:19）

只需客觀地反省一下「最後審判」的意義，它其實是一條邁向生命之門的道路。（T-2.VIII.5:3）

最後審判的一刻，即是指我們終於分清小我的幻相與上主的真相那一刻，再也沒有什麼擋住我們的歸鄉之路，「生命之門」開啟了，我們只等著上主邁出祂的最後一步。

問：可不可以說，如果有一個人（比如耶穌）走完這個過程，在那一刻，所有人就都完成了這個過程。可以這樣說嗎？

肯恩：可以。耶穌已經走完這個過程，他分得清真假，站在這個世界與天堂的交界，即真實世界，為我們保持天堂之門敞開。他說了這段感人肺腑的話：

基督就在上主祭壇等著歡迎聖子的來臨。但你必須全面做到不再定任何人的罪才行，否則你就會相信

天門已上了鎖。天門從不上鎖，你也不可能不得其門而入，因為那是上主願你永世長存之處。試以基督之愛愛你自己吧，因為天父已然如此愛了你。你能夠拒絕進入，卻無法封閉基督為你敞開的大門。到我這裡來吧，我會為你保持天門敞開，只要我活著一天，這道門就不可能關閉，而我永遠活著。（T-11.IV.6:1~6）

在神聖一刻，我們都已接納了救贖，與耶穌一起站在天堂的門口，但在時間領域，我們必須先作一選擇，就是接納耶穌的選擇才行。

問：前面有一句話很有意思，它要我們「客觀反省」。但如果人們從小就浸淫在充滿定罪和嚴酷審判這類教誨，怎麼可能客觀反省這一觀念？只要對它深信不疑，人就很難跳出那一思維來作客觀的反省或驗證。

肯恩：耶穌所說正是此意。實際上，下面緊接著點出了這一關鍵：

活在恐懼中的人，不能算是真正活過。（T-2.VIII.5:4）

活在恐懼中，等於認同了小我的思想體系，也就是否定了生命。因此，活在恐懼中的人，不能算是真正活過，因為它否定了我們生命的真正源頭──愛。同理，「耶穌為我們

保持天堂之門的敞開」那一段提到，憤怒（或定罪）其實是在為小我效命，「保護」我們遠離上主的聖愛與生命。因此，我們可以說，《課程》所強調的客觀，其實是要教我們不再聽信小我充滿恐懼與憤怒的防衛措施，如此，我們才不會陷於各種扭曲的想法及妄見中。通過重新選擇，我們放下了人際關係中的罪咎，終於療癒了自己。罪咎一旦解除，我們對上主的恐懼自然消失。

你自己那一套「最後審判」觀念無法用在自己身上，因為你不是自己創造出來的。可是你卻可以隨時具體地把它套用在你所造之物，然後只讓充滿創造力及美善之物留在自己的記憶中。（T-2.VIII.5:5~6）

這一段也暗示了我們無法真正療癒自己的小我。有感於我們總是企圖靠自己化解罪咎，〈正文〉有這麼一段說法：

不要忘了，罪咎是你製造出來的；你那些擺脫罪咎的計畫，反而把救贖拖進罪咎的泥沼，使得救恩顯得可怕無比。你為了得到愛而改造自己，反而為自己增添不必要的恐懼。為神聖一刻作準備，根本就是賜你神聖一刻的那一位的事。……切勿等你千方百計消除了內心所有的恐懼與怨恨之後，才肯求助於神聖一刻。那是神聖一刻的本分。你若要向聖靈求助，不可故意視而不見自己的罪咎。那是聖靈的

本分。至於你的本分，只是獻給祂小小的願心，讓
祂為你消除所有的恐懼與怨恨，並因而獲得寬恕。
（T-18.IV.6:3~5; T-18.V.2:1~5）

我們馬上就會讀到，只有上主對我們的判斷才是真的。
換句話說，我們不可能看著自己，慈愛地判定自己是上主之
子。我們內心對上主之愛的恐懼如此強烈，根本無法客觀地
檢視真相。但是當我們把潛意識裡的罪咎和恐懼投射給他人
那一刻，只要發出小小的願心，重新反思自己的決定，便有
機會聆聽聖靈的教誨而學會寬恕之道。單憑自己，我們無法
寬恕自己的罪咎，但只要在聖靈的幫助下寬恕一個人，我們
自身的罪咎便一併解除了。

　　問：我對這一段的理解是，最後審判不可能是針對我們
說的，因為我們的真相無需審判。我們只能審判自己營造出
來的小我。我們的真相完全與審判無關。我這樣的詮釋合理
嗎？

　　肯恩：是的。嚴格說來，「你」內的那個「自己」應該
大寫，因為它出自上主的創造，而非我們自己。所以，最後
審判針對的是小我的世界，也只有這裡才需要重新判斷。我
再引用一次〈正文〉的導言：

　　本課程的宗旨並非教你愛的真諦，因為那是無法傳

授的。它旨在清除你感受不到愛的那些障礙。（T-
in.1:6~7）

我們的真我超越一切判斷之上，但虛幻的小我則需要
「判斷」，揭發它的虛妄本質。經過這一番清理之後，我們
才可能憶起自己的真實身分——基督自性。

**這是你的正見唯一能做的事。時間的目的純粹只是為了「給
你時間」去完成這種「審判」。它是你對自己的完美創造所
作的完美「審判」。等你只願保存可愛之物以後，恐懼在你
心中便無立足之地了。這就是你在救贖大業中所肩負的使
命。**（T-2.VIII.5:7~11）

《課程》在別處說，世界存在的目的乃是給我們一個機
會，修正我們對時空的信念；在此處，時間的目的則是給
「我們一些時間」作出自己終極的判斷。文中的完美「審
判」並非最後審判（因為最後審判純粹是針對小我的審判之
「撥亂反正」），它更近似上主愛的判斷。總而言之，當我
們寬恕了人間的一切，從而寬恕了自己，恐懼必會消失，導
致我們畏懼天譴的罪咎也頓失立足之地，而失去了因（罪
咎）的果（恐懼）必隨之消失於無形。為此，透過寬恕而化
解罪咎和恐懼，乃成為我們在救贖大業中所必肩負的使命。

接下來我們回到〈正文〉第九章第四節：

不用害怕末日審判，你應毫不遲疑地歡迎它的到來，因為小
我的時間是由你的永恆「借來」的。（T-9.IV.9:2）

　　耶穌再次告訴我們，無需害怕最後審判，因它真正的內
涵是愛，我們只需歡迎愛的來臨。而且，我們無需等待最後
審判的來臨，因為在時間中蹉跎正是小我的伎倆，是從我們
身為上主愛子的永恆真相中竊取來的。我們唯一需要接受的
只是愛的審判。

　　現在，我們轉到第二十六章第三節「邊緣地帶」的第四
段：

上主不會毀滅聖子所相信之物的。只不過聖子心目中的真相
必須經過最後一道考驗，也是他所能作出的最後一個比較與
評價，這可說是他對世界的最後審判：「它毫無意義，故不
存在。」這其實是真相對幻相的審判，真知對知見的審判。
（T-26.III.4:1~3）

　　對我們而言，小我虛幻而瘋狂的思想體系是天經地義的
真理，因為我們相信不存在之物真的存在，而真實不虛的天
堂卻不存在：

　　你若把原本非真之物搞得活靈活現，它原有的真相
　　便會在你眼前遁跡。（T-12.VIII.3:1）

　　遲早，我們得藉助於聖靈，正視小我的思想體系，否定

它的真實性。聖靈的判斷即是看清眼前的所知所見虛幻無比，沒有任何意義，因此並不存在，這等於驗證了第一條奇蹟原則「奇蹟沒有難易之分」。每一個幻相與其他幻相毫無差別；凡是幻相都不存在，因此也沒有意義。我們所投射或賦予它們的意義，全都基於過去的經驗，這正是〈練習手冊〉前幾課開宗明義所強調的。

問：《課程》有時提到「靈性眼光」。此處所談的就是這種眼光嗎？

肯恩：是的，最後審判乃是建立在「靈性眼光」上。這個詞，《課程》更常用的是「慧見」。

這（最後審判）不是你能作出的決定。它只是單純地陳述一個單純的事實。然而，這個世界已無單純的事實可言，因為什麼是相同的、什麼是不同的早已混淆不清了。（T-26.III.4:4~6）

最後審判所宣告的真相，不是出於我們的決定。前文說過，我們的自由意志無法決定什麼是真的、什麼是假的。我們的自由只限於選擇相信哪個是真的、哪個是假的。耶穌不斷反問我們：「還有比這更簡單的事嗎？」〈正文〉最後一章也說：

救恩本身極其單純。一言以蔽之，就是：「凡不真

實之物，此刻不是真的，也永遠不會變成真的；不
可能的事，不曾發生過，也不會帶來任何後果。」
如此而已，對於樂見這一真相的人，這種課題何
難之有？……凡是假的就不可能是真的，凡是真
的就不可能是假的，這個道理很難理解嗎？（T-31.
I.1:1~5,7）

「複雜乃是小我愛玩的把戲」（T-15.IV.6:2），也只有小
我才會營造出這麼複雜的世界，一具複雜的身體，一套複雜
的法則，目的只為了遮蔽真理的單純性。小我總想糅合真相
與幻相，靈性與身體，天堂與世界，想要魚目混珠，讓我們
再也分辨不清真假。唯有聖靈能教我們真假之別，確保我們
終有一天會作出的那個判斷。

**就是這個分野才使得選擇變得如此重要。它成了兩個世界最
大的分野。你眼前的世界常令你舉棋不定，左右為難。真實
世界裡，選擇變得單純無比。**（T-26.III.4:7~10）

人間沒有真正的選擇，因為我們不知道自己到底在選什
麼。我們只是在不同的幻相中挑三揀四，卻以為自己有所選
擇。真實世界乃是最後審判的前奏，那時，我們終會明白，
自己只是在小我營造的虛幻之物與聖靈所反映的上主造化之
間作一選擇而已。在小我思想體系內，我們只會在虛無與虛
無之間選擇，這一過程自然顯得毫無意義。

　　認出並同意小我的選擇毫無意義，乃是進入真實世界最
關鍵的一步。我們終於學會了不再聽信小我的分裂念頭，
不再接受攻擊、疾病、痛苦或罪咎那一套。我們終於跨越
了小我設置的障礙，認出我們是一體生命，無二無別而與他
人合一。一旦作出這一選擇，也就是人間唯一真實的選擇，
我們等於答覆了最後一道問題(T-21.VII)，所有的選擇在此
告終，聖靈的修正影集已經消除了小我的影集，此生再也沒
有有待修正或選擇之物了。我們的心靈只遵循愛的指引，試
問，還有比這更單純的生活方式嗎？

　　接下來，我們要讀〈練習手冊〉下篇的「何謂最後審
判？」，它言簡意賅地道出了最後審判之內涵：

**基督再度來臨帶給上主之子的禮物，即是讓他聽到聖靈的宣
判：凡是虛妄的就是虛妄，凡是真實的則千古不易。這一判
決，結束了知見的作用與功能。**（W-PII.十.1:1~2）

　　顯然，耶穌是說，我們只要作出這一最後判決「凡是虛
妄的就是虛妄（小我的一切），凡是真實的則千古不易（上
主和基督的真相）」，就在那一刻，整個知見世界便走到了
盡頭。這就是基督再臨，表示狀似活在分裂夢境的上主之子
終於覺醒且合一了，為上主的「下一步」鋪好了道路。

首先你會看見一個接納了這一真相的世界，它是出自一個已

修正的心靈之投射。知見會在這神聖的景象中默默給出最後
的祝福，隨即引身而退，因為它的目標已經達到，任務已經
完成了。（W-PII.十.1:3~4）

世界面對的最後審判，不會定任何人的罪。因為在它眼中，
世界已獲得徹底的寬恕，全然無罪，也失去了存在的目的。
它既無存在之因，此刻在基督眼中又無任何作用，它只好回
歸虛無之境。（W-PII.十.2:1~3）

　　「首先」一詞，是指進入真實世界，此時，我們的心靈
終獲療癒。當所有人都完成這一步之時，就是基督再臨的
一刻，聖子奧體的心靈已然合一，充滿了聖靈的愛，這一
心靈投射出去，只會透過基督的慧眼來看待萬物。世界的因
（即罪的信念）一旦解除，世界必然會消失，這是因為我們
撤銷了自己在罪上的投資。寬恕的真諦即在於此，世界「只
好回歸虛無之境」。順便一提，上面第一段引文用「投射」
一詞，再次顯出《課程》在遣詞用字上並不嚴格一致，因為
「投射」通常只用於小我，靈性則用「推恩」。

世界源自何處，終將歸於何處。世界既源自一個夢境，則夢
中所有的角色也會隨著世界一起消逝。如今，身體既然一無
所用，只好自行引退，因為上主之子的生命是永恆無限的。
（W-PII.十.2:4~6）

　　「夢中所有的角色」是指身體和物質世界的種種表相，

例如第二十七章的「作夢之人」和「夢中英雄」兩節,均討論了身體在各式各樣夢境的作用。一言以蔽之,就是鞏固我們對徒具形式、變化無常、遍佈死亡的世界視為天經地義這種信念。身體的世界充滿了限制,企圖抵制我們原是上主無限聖子這一真相。

《課程》所要傳授的基本形上理念,即是:整個時空世界的存在只是為了鞏固「我們以為自己真的與上主分裂了」的信念。這一信念一旦化解,世界便失去存在的目的而消失於無形。我們在上篇說過,物質世界其實存在於我們心內,只要心靈改變它的信念,不再著眼於罪而選擇寬恕,世界必會隨之改變的。

任何相信上主的最後審判會把世界和自己一起打入地獄的人,需要接受這一神聖的真理之言:上主的審判是祂給你的禮物,幫你修正所有錯誤,使你得以由那些錯誤及有形可見的因果報應中脫身。(W-PII.十.3:1)

引文中的「禮物」是指聖靈,而它的具體作為則代表救贖原則,文中的「修正」一詞特別用大寫來代表救贖。讓我們回顧圖表二,雙向高速公路的下半部代表聖靈的修正,路上的每一步都可濃縮為小我選擇了錯誤且不斷重犯的那一刻,每一個具體的錯誤都接受了聖靈的修正。那些錯誤不過是那一因的種種苦果而已,也就是我們認為自己犯了分裂之

罪的原始信念,把那「小小的瘋狂一念」當真了。

害怕上主救贖之恩的人,無異於害怕自己會由苦難中徹底脫身,害怕自己重獲平安、保障及幸福,害怕與自己的本來面目復合。(W-PII.十.3:2)

只要我們相信罪和咎真實不虛,必然相信上主會懲罰我們。因此,獲得平安幸福的唯一途徑,就是重新把上主迎回我們心內,接受祂為慈愛的造物主。小我一貫危言聳聽,聲稱把上主迎回心內無異於自尋死路,使我們不敢接受上主的愛。小我光是聽到「平安、保障及幸福」,都會戰慄不已,這也是我們害怕愛及救贖恩典的原因所在。

上主的最後審判,和祂制訂的救恩計畫一般仁慈,每一步都在祝福聖子,呼喚他回歸上主賜他的永恆平安。不要害怕愛。因為只有它能療癒一切悲苦,拭去所有的淚痕,把上主視為己出的聖子由痛苦之夢中輕輕喚醒。(W-PII.十.4:1~3)

小我教唆我們要小心上主的聖愛,如果我們離愛太近,必會被它摧毀。罪咎又要求付出痛苦和犧牲的代價,故在小我怪異的教條裡,不受苦反而成了一宗罪,活得平安幸福反而滋生罪惡感:

對小我而言,**清白無罪等於罪大惡極**。凡是不發動攻擊之人都成了小我的「敵人」,因為他們沒有

尊重它對救恩的詮釋，這意味著他們隨時都可能
放棄罪咎，揚長而去。……我已說過，十字架乃是
小我的象徵。它只要一碰到上主之子真正清白的
面容，就想置他於死地；它的理由是：清白無罪
乃是對上主的褻瀆。對小我而言，它即是上主，
那麼清白無罪在它的詮釋下自然罪該萬死。（T-13.
II.4:2~3;6:1~3）

〈練習手冊〉那一句「拭去所有的淚痕」出典於舊約的
〈以賽亞書 25:8〉，以及新約的〈啟示錄 7:17,21:4a〉。耶
穌在此勸告自以為罪孽深重的我們，要相信那位仁慈的神，
祂會拭去我們所有痛苦與犧牲的眼淚。然而，我們必須先放
棄一心想要懲罰我們的罪的報復之神才行。於是，我們再度
回到了《課程》的基本觀念：寬恕乃是我們重返天堂與上主
聖愛的道路，唯有它能解除所有問題之因。

**不要害怕這一恩典了。救恩等著你歡迎它的到來。整個世界
也在等候你的欣然接納，它才有重獲自由的希望。**（W-PII.
十.4:4~5）

**上主的最後審判不外是：「你仍是我的神聖之子，永遠純潔
無罪，永遠慈愛，也永遠被愛，你如自己的造物主一般無
限，全然不變，永遠無瑕可指。因此，覺醒吧！回到我這兒
來。我是你的天父，你是我的聖子。」**（W-PII.十.5）

　　這是《課程》相當感人的一段，幾乎無需解釋，我只需點出，它徹底扭轉了小我對上主和聖子所持的信念。這一慈愛真相耐心地等待著我們的接納，它才能翩然而至。

第十二章　上主的最後一步

　　現在，我們進入救贖計畫的最後階段，《奇蹟課程》稱之為「上主的最後一步」。從下面的引文可以看出，耶穌開宗明義指出上主行事不是一步一步來的。如果連祂都得逐步進行，等於說我們的確「人在旅途」，完全違反了我們再三強調的「這一趟旅程無比虛幻，我們其實從未離家半步」。耶穌就是這樣說的：「那是當下即至的旅程，目標永遠不變。」（T-8.VI.9:7）總之，「上主的最後一步」只是延續「旅程」的比喻，繼續發揮象徵意義而已，純粹為了遷就我們的線性時間觀；且在同時，我們的確也有「回家」的感覺。耶穌不過是在我們能夠理解的層次為我們解說，告訴我們這一旅程的最後一步是上主為我們邁出的。

　　簡而言之，「最後一步」乃是形容人生大夢是如何結束的，它會在「基督再臨」和「最後審判」中圓滿完成。當我們療癒了自己的心靈、接受真理而放棄幻相時，世界自然就會消逝，我們便「返回」了從未離開過的上主。這就是「上

主的最後一步」，它詩意地表達出全面覺醒的境界。

　　我們從〈正文〉第七章第一節「最後的一步」最後一段
讀起：

**上主行事並非按部就班，因為祂的圓滿成就不是逐步完成
的。祂從不教人，因為祂的創造千古不易。對祂而言，並
沒有所謂「最後的一步」，因為祂最初的創造永恆如是。**
（T-7.I.7:1~3）

　　這一觀念在整部課程只提過一次，但它講得不能再清楚
了。容我再說一次，儘管耶穌侃侃而談「最後的一步」，但
這也只是比喻而已。上主沒有「循序漸進」的概念，祂的聖
子當然也沒有。基督無需學習，因為祂與天父同樣完美且完
整，不曾分裂的心靈不可能也不需要學習能力。只有陷於分
裂之夢的上主之子，相信自己走在時間之旅上，故不能不在
時空的框架下學習。

　　我們在前文一再借用夢境為例，這比喻非常實用，它提
醒我們不要拘泥於《課程》的字面意思，卻應對文字背後的
深意「句句當真」。就好比耶穌說，上主會拭去與祂分裂的
聖子之眼淚；他又說，沒有了聖子，上主倍感孤獨。這些詩
意的比喻無非是表達上主對我們的愛。同樣的，「上主的最
後一步」也只是形容這趟虛幻的覺醒之旅的結局而已，並不

表示它眞正發生了。借用圖表三的說法，所謂最後一步，不過是指自以爲活在那些影集中的人終於要從中醒來了。

你必須明白，「最初」這個字用在祂身上並不代表時間的先後。所謂「最初」，是指祂在三位一體為首的地位。祂是最元始的造物主，其餘的創造同工都出自祂的創造。為此之故，你無法把時間套用於祂或祂的造化之上。（T-7.I.7:4~7）

本書第一章就已開門見山說，儘管時空是虛幻的，但《課程》始終使用時空世界的語彙開講，純粹是爲了幫我們掌握它眞正要說的內涵，因爲我們已經把時空當眞了。我要再三強調，不要把這些說法當成眞理本身，比如這一段說「最初」，彷彿暗示了後面還有第二、第三相繼而來，但上主是超越時間的，「最初」這類詞語無法套用在祂身上。

因此，上主的「最後一步」不只在起初是真實的，現在仍是，將來也是，永遠真實。凡是超乎時間之物，永恆存在，因為實存生命必然千古不易。它不因生生不已而有所改變，因為無始以來它就被創造成生生不已。如果你認不出它生生不已的本質，表示你還不知道它的真相。那麼你也不可能知道它的造物主的。（T-7.I.7:8~12）

儘管這一節並沒有提到靈性，但毫無疑問，千古不易、生生不已卻又不曾改變的只能是靈性。上主的靈性創造了基督，基督的靈性再繼續創造下去。靈性如此生生不已、千古

不易，與世間的增益觀念大異其趣，因世界認為量的增加就
代表了變化。物質世界的任何東西只要一有增長就變多了，
所以我們不斷存錢、存食物、添購書籍……。然而，前文的
「生生不已」並非數量的增長，這觀念對世人而言簡直匪夷
所思。〈練習手冊〉有一段生動的描繪：

> 當你接受上主所賜的平安及喜悅時，它們會變得更
> 深更廣；當你將造物主的喜悅及平安納為己有時，
> 祂的喜悅也會隨之增長。真實的給予就是創造。它
> 由無限延伸至無窮，由永恆延伸至超時空之境，同
> 時由愛回歸它的本體。它使本來圓滿之境更加圓
> 滿，這有別於「量」的增加，否則就影射了以往的
> 不足。這種增加，讓那不可能囿於一己的生命得以
> 實現它普施一切的大願；如此，它擁有的一切才能
> 永存不朽。（W-105.4）

問：這個觀念也可套用在人間的施予嗎？如果一個人看
不到自己因為施予而有所得，他就不懂得施予的道理？

肯恩：是的。它們的相似處在於，當你在人間給出愛
時，你自己原有的愛的「量」並沒有增減，什麼都沒有改
變。愛只關乎「質」而非「量」。因此，當我們把愛推恩給
他人時，不會遭受任何損失。如果我們重視物質或數量的增
減，還將那種觀念套用在靈性層次，就再也不可能了解天堂

是怎麼一回事了。我們也無從了解上主，只可能懂得小我。小我的物質世界只注重數量，任何事物，包括愛在內，都可以像一磅馬鈴薯那樣論斤論兩，因而把變化無常、此消彼長的世界當真，那其實是抵制上主最厲害的一道防禦措施。

上主無需向你啟示這些事，因為它一向昭然若揭。（T-7. I.7:13）

這一句話又微妙地修正了「上主啟示於人」的傳統觀念，例如說祂會在某個時間啟示給某人那類信念。世界相信受到啟示的人就是神的選民，顯然暗示了上主也有類似小我的判斷——誰配得啟示、誰又不配。耶穌在《奇蹟課程》的說法截然不同，他說，上主隨時都在向所有人啟示自己的真相。問題出在我們，我們無法接受祂不斷啟示給我們的真相。只有清除了小我障礙的人，才會「看到」或「聽到」上主的啟示，經歷顯靈或啟示的經驗。

既然「最後一步」不是上主的作為，同樣的，「啟示」也不是上主所賜。啟示是一種經驗，是我們的決定所產生的後果。上主的愛就像照亮漆黑海面的燈塔，只是默默地發光，其餘的，什麼也沒做。我們則像駛離了燈塔的船隻，必須決心返回心內的光明家園。所以說，上主愛的召喚並非使用一般的語言，祂更像指路的燈塔，散發出真理之光，慈愛地歡迎，耐心地等待我們的回歸。總之，上主既不隱藏祂

的真理，自然也無需向我們啓示特殊的真理。祂的愛永恆如
是。

　　問：〈正文〉一開始，耶穌就說他覺察得出哪些弟兄的
心境已能與啓示相應，也較能夠由上而下把啓示帶給我們。
可否這樣說：上主什麼也不做，祂永恆如是，爲我們打開啓
示之門的是耶穌？

　　肯恩：是的，正是此意。耶穌的任務並不是把啓示帶給
我們，因爲啓示始終都在身邊，他只是幫我們移除接收啓示
的障礙。關鍵在於，上主不會特別做這一件事，正如前文所
說「最後審判」也不是上主「做」的。以此類推，耶穌也沒
「做」什麼，他只是體現了上主的聖愛而已，他是上主聖愛
的有形化身。聖靈也一無所作，祂代表了我們在夢中對上主
之愛的記憶，只是單純地臨在。耶穌也是如此，我們感覺他
的愛召喚我們，幫助我們，這一切其實只是默默地發生於我
們心中。他無限光明的臨在，就像那座燈塔，一無所作，靜
靜地矗立在那兒，提醒我們，我們眞的是光明之子。

　　如同日出日落的景象，人人都欣賞過它的美，甚至被它
感動，然而，幾乎無人不知，實際上是地球在轉動，而太陽
始終紋風不動。這一現象充分說明了感官如何扭曲物質世界
的現實而愚弄我們。同理，我們感受到聖靈和耶穌好似熱中
於人間俗事，這也是一種扭曲，他們的愛始終紋風不動，

「走神」的是我們的心靈，所以，才需要「回歸」。

祂的光明從不隱晦，因為與人分享是祂的旨意。既然完全分享出去了，祂怎麼可能保留一手，再伺機啟示出去？（T-7. I.7:14~15）

　　這一觀念我們已不陌生。根據傳統神學的看法，上主有時會收回祂的愛，再在特定的時間賜予特定的人。耶穌則明確指出上主不是這麼「想」的，祂不曾像許多神祕主義者經驗到的，故意隱藏了自己的光明，或存心避開我們。事實上，是我們自己躲進一個陰暗的世界，《課程》的目的就是教我們如何消除這些陰影。上主所做的只是透過我們對祂聖愛的記憶，「把自己延伸」到夢境裡。這一延伸即是聖靈，祂的任務即是幫我們消除陰影，讓我們再度看見永恆如是的光明。容我再說一次，我們雖然在談上主的最後一步，但這一步其實是我們邁出的，而非上主。

　　接下來，我們轉到〈正文〉第十三章第八節「由知見到真知」第三段。這一段提及「知見」過渡到「真知」的中間地帶，即是真實世界、基督再臨、最後審判，直到上主的最後一步。引文一開頭所說的「完美的知見」（《課程》更常用「真知」），指的就是我們清除了罪咎的投射後所看見的世界。

完美的知見與真知有不少共通處，因此才有轉為真知的可能。（T-13.VIII.3:1）

　　真知見不受小我干擾，因此與天堂之境有許多共通之處，比如無所不容的特質。天堂之境沒有分裂，不會分別取捨，故不可能排斥任何一人，因為人人都屬於同一生命。基督與自身（Himself）及天父永遠一體無間。在世界的夢境裡，那些擁有真知見、活在真實世界的人為我們反映出一體性的某些面向，這就是所謂的「活在基督慧見中」——再也沒有一絲罪咎可以把他們與別人隔離了。他們所體驗到的愛直接出自聖靈，故無所不容，人間的分別差異在他們眼中全然消失。

　　接下來，讓我們暫時跳到〈正文〉第五章第一節的最後一段。這一段說的正是我剛剛所講的觀念，它描述了真知見與天堂之境的相同之處（儘管沒有用到「真知見」一詞）。這一段提出三個要點：首先，真知見對萬物一視同仁，它涵容一切，沒有例外。這一特質與特殊性完全背道而馳，體現了天堂的一體共通性。第二，真知見之境，也就是真實世界裡，沒有攻擊傾向，因心靈內不再殘留任何罪咎，故也不會做出任何攻擊性的投射。天堂之境即是愛，它與攻擊是無法並存的。最後一點：

　　　最後，它所指的境界遠高於它所帶來的療癒效果，

　　它能將心靈導向創造之路，不再以自身的整合爲足。(T-5.I.7:5)

　　眞知見是我們重歸聖子奧體的通道，反映出聖子奧體在天堂中的一體性。因此，眞知見代表我們完成了「化解」的人生功課，清除了使我們無法憶起一體生命的障礙，帶領我們越過「修正」階段，直接體驗到基督自性本自具足，及其與造化和造物主一體不分的生命。

　　接下來，我們回到第十三章那一段：

然而，最後一步必然出自上主，因為救贖的最後一步看似發生於未來，其實它在你受造之初便已完成。(T-13.VIII.3:2)

　　耶穌指出儘管「最初」和「最後」好似有線性時間的味道，但開始與結束其實是同一步。所謂上主的「最後一步」，指的是我們終於彌合了自己插在基督首次來臨和再度來臨之間那一虛幻的過程。這又是一個《課程》借用幻相世界的詞彙爲我們講述眞實境界的例子。《聖經》也用類似的方法描寫：「我是阿拉法，我是俄梅戛……我是初，我是終……我是首先的，我是末後的。」(啓示錄1:8,21:6,22:13)

即使分裂也無法打斷它的存在。因為沒有一物阻撓得了創造之功。分裂不過代表真相受到了扭曲而已，產生不了任何實

質影響。（T-13.VIII.3:3~5）

　　這幾句反映了救贖的原則「分裂從未真正發生過」。借用圖表五和圖表六來詮釋，儘管小陷坑和螺旋線好像切斷了那條直線，實際上，永恆之線絲毫不受影響。這一段講的是同一回事：我們好似犯下了攻擊一體造化之罪，其實對創造毫無影響；創造的主體，愛，從未被我們顛倒妄想而生的分裂知見改變過。

奇蹟在天堂一無所用，在世上卻妙用無窮。它能彰顯真相的某些層面，取代毫不真實的層面。不論在任何地方、任何事上，你都可能看到某些層面的真相。（T-13.VIII.3:6~8）

　　天堂不需要奇蹟，因為那裡沒有什麼需要修正的；唯有在分裂的人間，奇蹟才妙用無窮。《課程》有時用aspects（層面）指稱聖子奧體的各個部分（T-3.IV.3:7;T-13.VI.6:4; T-15.V.2:3），有時直接稱它們為 parts（部分）（T-2.VII.6:2~7; T-12.IV.6:8; T-15.V.2:2; 3:1）。《課程》使用這兩個中性詞來描述聖子奧體好似出現過的獨立個體；而我們在彼此身上看到的基督聖容則代表我們在人間所能看到的真相層面，那一線光明能讓我們得以驚鴻一瞥自己本有的純潔自性：

　　　　許多人身上就只剩下這一星星之火了，那「光明寶相」（Great Rays）已被遮蔽了。然而，上主會護

守這星星之火，使它常明不熄，那「光明」才不至
於完全被人遺忘。只要你一看見這星星之火，表示
你已學會著眼於更大的光明；「光明寶相」始終都
在這兒，只是無人識得而已。認出星星之火，能帶
來療癒之效；但唯有「了知」那一光明，才有能力
創造。在回歸的途中，你必須先接受這一線微光；
因為分裂的過程，說穿了，就是由莊嚴偉大淪為
渺小卑微的過程。但這星星之火與「光明寶相」一
樣純粹，因為它是創造僅餘的呼聲。把你所有的信
心置於其上吧，上主必會親自答覆你的。（T-10.
IV.8）

上述「真相的層面」取代了非真相的層面，或者說，它
取代了我們投射到彼此身上充滿罪咎的面容。由於我們真
實身分（也就是基督自性）的清白無罪仍在我們心內，故
不難在任何一人、任何一物及任何一處看到基督的聖容。這
正是〈練習手冊〉所標示的重要原則「上主在我所看到的萬
物內，因為上主在我心裡」（W-30）。我們一旦認同了自己
的真實身分——基督面容，這一真相便會通過我們而延伸出
去，映現於周遭的萬事萬物。

唯有上主能匯集真相的所有層面，最後並以「永恆」之禮把
它們加冕為一個生命。（T-13.VIII.3:9）

　　我們在此又看到了上主的「最後一步」，這一步其實也是指分裂聖子的心靈覺醒於基督自性的一體生命而已。這不能算是上主的加冕，而是我們在聖靈的幫助下所成就的，也就是完成了接納上主永恆真相的任務。

　　現在，我們轉到第三十章第五節「唯一的目的」第三段，它主要說，世界唯一的目的就是寬恕。這一段大部分都在講「真實世界」，但我想強調的卻是上主的最後一步：

只要世界仍負有寬恕的目的，便表示天堂的記憶尚未全面恢復。但每個人都很篤定自己終將超越寬恕之境；他只是暫留此世，直到自己的寬恕盡善盡美為止。除此之外，他沒有其他的願望。（T-30.V.3:1~3）

　　只要我們還活在身體或人間，就還沒有徹底寬恕自己、世界和上主。表示我們對上主的記憶依然渺茫，祂的天音依舊難得一聞。然而，我們內心深處有一個聲音，訴說它渴望回家，無論小我的叫囂如何震耳欲聾，我們心內的抉擇者終將聽聞不到小我的聲音，也終將完成那「一件完美的事，作出那一完美的抉擇」（T-25.VI.5:1）。我們必會作出這一抉擇的，因這是正念之心唯一的渴望。

恐懼開始消退，因這一目的已將他與自己整合起來了。他對那幸福遠景如此有把握，雙腳雖還留在人間，卻已歸心似箭

了。但他仍樂意再等一會兒，直到所有的手都牽在一起，每顆心靈都已開啟，願意與他一起上路為止。如此，他才算準備好踏出下一步，至此，他終於可以放下寬恕的功課了。（T-30.V.3:4~7）

我記得海倫筆錄《課程》的最初幾週，耶穌借用著名的通靈者狄珍妮（Jeanne Dixon）的一句話，形容耶穌腳踩地球，手觸天堂，以此說明他在人間的角色，就是充當小我和天堂之間的橋樑。〈正文〉也表達了同一觀念：

> 我位於上主之下，你又位於我之下。在「上昇」的途徑中，我確實高你一層，若沒有我，天人的距離會遠得令你無從跨越。我一邊身為你的長兄，拉近了你與上主的距離，我一邊又身為上主之子，拉近了上主與你的距離。（T-1.II.4:3~5）

可以說，我們的在世任務就和耶穌一樣，作為聖靈的化身，完成連結時間與永恆的任務，在聖靈的指引下，留在真實世界，雙腳雖還踩踏在人間，雙手則已觸及天堂。如此，我們便躋身於耶穌或完成自己特殊功課的上師之列了。這些老師距離天堂尚有一步之遙，但已具備了天堂的覺知，因此能與其他人分享自己的所學。「但他仍樂意再等一會兒，直到所有的手都牽在一起」，就是指基督再臨和最後審判。完成這兩步，我們才算超越了寬恕的功課，準備好接受上主的

最後一步。

　　千萬別忘了，我們此刻鄭重其事所談的一切純屬子虛烏
有。為了打動我們鐵石一般的分裂之心，耶穌把一個本來虛
幻的過程分為不同階段，用詩意的語言為我們講述了基督慧
見、真知見、真實世界、基督再臨、最後審判，以及最後一
步。這一段感人至深的詩文，描述了聖子奧體已接受救贖的
那一部分心靈雖然歸心似箭，但仍選擇留在人間幫助他人。

**最後一步是上主的事，因為唯有上主才創造得出完美的聖
子，且與他共享上主的天父身分。天堂之外沒有人知道
這事是怎麼成就的，因為這一真知本身即是天堂。**（T-30.
V.4:1~2）

　　最後一步其實就是最初的一步，因為只有上主才創造得
出與祂一體不分的完美聖子。因此，最初的一步與最後一步
是同一步，中間沒有任何分裂再復合的過程。耶穌其實是在
說：「儘管我費盡心思為你解釋天堂的真相，你也不可能明
白的。第一步就是最後一步，最後一步還是第一步，在你看
來，天下哪有這樣的事！」耶穌既已成了上主的天音，聖靈
的化身，表示他已身在天堂的真相內。唯有超越了小我思想
體系的心靈，才能懂得這一超乎分裂妄心的真相。

**即便真實世界都對創造與永恆的境界感到望塵莫及。恐懼從
此一逝不返，因為真實世界以寬恕為志，不再崇拜偶像了。**

至此，天堂之子才算準備好活出真實的自己，他會逐漸憶
起，原來聖子始終知道天父所知道的一切，而且也了解得和
天父一樣完美。（T-30.V.4:3~5）

對此境界，真實世界仍然難以望其項背，因這一目標唯上
主獨有，同時又能全然共享，而且已經圓滿實現了。（T-30.
V.5:1）

　　真實世界的目的必然是寬恕，並把寬恕推恩至聖子奧體
的整個心靈。這一段可說道出了真實世界的特質──它不是
天堂，因為它不以創造為目的，那是上主和基督才具有的大
能；然而，它等於在為心靈鋪路，只要心靈選擇以愛取代恐
懼，便能恢復它創造的能力，也唯有如此，天堂的真知才得
以取代小我的知見。容我再強調一次，《奇蹟課程》的目標
並非天堂之境，或恢復創造之能，它的目標只是教我們如何
完成寬恕任務而進入真實世界。

真實世界代表一種心靈的境界，它已明白，即使偶像歷歷在
目，只要它不屑一顧，偶像便會銷聲匿跡。它既已明白偶像
的虛無性──不僅不存在，而且也無目的──自會心甘情願
地放下它們。放下之後，它才可能看清，罪與咎在此一樣毫
無目的，亦無意義。（T-30.V.5:2~4）

　　〈正文〉的最後幾章深入討論了「偶像」這一觀念，它
與特殊性可說是同義詞，堪稱為小我之神。《課程》把偶像

定義為冒牌的神，扭曲上主真相的虛妄形象——顯然，取代上主正是所有特殊關係的最終目的。偶像一旦撤除，心靈內便只剩下始終活在我們心內的上主真愛，那種經驗完全超乎我們的想像。但若要完成這一轉變，我們必須先認清自己早已神智不清地選擇了特殊性之偶像，中了小我的計，把上主的愛擋在門外。罪與咎乃是小我這一荒誕計謀的兩大幫兇，只要我們看出這一計謀的瘋狂，這些幫兇便無計可施，我們方能享有真實世界的清白無罪和無邊的愛。

真實世界的目的就這樣悄悄進入人的意識，取代了罪與咎的位置。寬恕樂於為你清除那橫梗在你的自我形象與本來真相之間的障礙。上主無需重新創造自己的聖子，祂只是將聖子原有的一切歸還給他而已。你與弟兄的那個間隙根本就不存在。上主之子必會再度知道他在受造之初早已知道的真相。（T-30.V.6）

一句「無需重新創造自己的聖子」，我們再次看到上主什麼都沒有做。為此，救贖計畫的最後一步與第一步其實是同一回事，好似橫亙兩者之間的罪與咎都被寬恕輕輕洗去了，這一間隙重歸它的虛無。附帶一提，「間隙」一詞不斷出現於〈正文〉的最後幾章，它與「分裂信念」也是同義詞。

接下來，我們跳到第八段：

你一旦認出了自己所牽的是誰的手，便可步履輕盈地跨越恐懼世界的窄門。你所握的那隻手會給你完美的自信，揮別恐懼，昂首闊步，邁向天堂。（T-30.V.8:1~2）

「跨越恐懼世界的窄門」，其實就是進入眞實世界。我們所握的手，不管是屬於我們特殊之愛和或特殊之恨那些人，他們都代表了基督自性，因爲我們在眞相中根本就是一個生命。我們只可能在自己所寬恕之人的手上看到基督的手。「邁向天堂」意味著整個救贖過程的完成，眞實世界終於功德圓滿，將我們推向最後一步，飛向從未離開過的天堂。

你緊緊握著的那位聖者一直殷切等候著你加入祂的陣容。如今，你終於到來，祂會刻不容緩地爲你指出祂始終與你同行的那一條路。你必然享有祂的祝福，就如祂享有天父之愛那麼必然。祂對你的感激，遠遠超乎你的理解與想像，因你幫祂掙脫了鎖鏈，讓祂與你同行，一起邁向天父的家鄉。（T-30.V.8:3~6）

這一段借用了《聖經》「起身邁向天父家鄉」的意象。重要的是，《奇蹟課程》再三提醒我們，只有寬恕才能讓我們重返天家，也只有寬恕才能化解得了橫亙在你我之間的罪與咎，它們不僅隔絕了你我，也隔絕了我們自己居於上主內的眞實自性。直到我們不再排斥彼此的自性，我們方能憶起

自己的真實身分——基督自性。由此可見，唯有認出我們是一體生命的慧見，才切得斷那條把我們禁錮在小我分裂世界的罪咎鎖鏈。當我們握緊彼此的手時，表示我們已然認清並接納了這一真相。

遠古的仇恨開始由世界隱退。所有的怨恨與恐懼也都會隨之而去。不要再頻頻回頭了，因為你真心想要的一切都在前面。（T-30.V.9:1~3）

「遠古的仇恨」是指盤據我們心中的自我憎恨和內疚，它們會隨著我們的寬恕功課而逐漸由世界隱退。「頻頻回頭」是借用《舊約》的一個典故：羅得的妻子不遵守上主的禁令，回頭看了一眼，頓時化為一根鹽柱（創世紀 19:26）。此處的意思是說，如果我們頻頻回顧過去，表示把小我的分裂世界當真了，我們不可能不相信自己真的是那一根罪咎懼鑄成的「小我之柱」。

放下這個世界吧！這稱不上犧牲。因你從未真心想得到它。你從世上努力追求來的幸福，哪一樣不曾帶給你痛苦？你可曾享受過片刻的滿足而無需付出可怕又痛苦的代價？然而，喜悅原本是無價的，那本是你神聖的權利；凡是必須付出代價之物，不可能是真正的幸福。誠實以對吧！如此，你才會加快腳步，不再被過去蒙騙。過去那些經驗只會繼續向你索取苛刻的代價，使你活得了無生趣。（T-30.V.9:4~12）

　　依照傳統觀念，「放下世界」好似要人放棄身體的享受。我們已經解釋過很多次了，這種「否定」解除不了我們對世界的執著，反而會讓我們陷得更深。若想脫離人間苦海，我們必須明白，所謂放下紅塵，靠的是隨時憶起這裡不是我們眞正的家園。

　　「痛苦的代價」一語〔譯註〕，影射了猶大背叛耶穌所獲得的三十枚銀幣（馬太福音 26:15）。耶穌提醒我們，若以世上微不足道的利益爲足，甚至視之爲救恩，無異於背叛了我們心中的基督。我們無需犧牲世俗的快感（反正人間沒有眞正的快樂可言），然而我們必須警覺，把世界奉爲偶像取代上主的聖愛，我們其實是犧牲了唯有接納自己上主之子的身分才能享受的平安喜悅。反之，我們一旦接納了自己的眞相，小我的犧牲信念就無法立足，我們才有眞正的快樂、喜悅和平安可言。我們只要正視一下世間萬事萬物便會發現，我們以爲能讓自己快樂之物其實充滿了痛苦。耶穌在〈正文〉中曾這樣提醒我們：

　　眞正的「快感」乃是來自承行上主的旨意。因爲
　　違背上主旨意，無異於否定眞我或自性。（T-1.
　　VII.1:4~5）

〔譯註〕「痛苦的代價」原文是 coins of suffering，直譯爲「痛苦的銅錢」。

接下來，我們來讀〈練習手冊〉第一百六十八課第三段：

上主小心翼翼地將禮物保存在我們心底，等著我們去認領，今天我們祈求的正是這一份禮物。上主透過這一份禮物，垂顧了我們，提昇了我們，為我們親自踏出救恩的最後一步。除了這一步以外，其餘該學的一切，上主的天音自會教導我們。最後，祂會親自現身，為我們撥開夢境中的塵網，將我們擁入祂的懷中。（W-168.3:1~4）

「這一份禮物」即是最後一步。我們在前文引用過第一百五十七課「此刻，我就要進入祂的臨在」，表達了同一觀念：在上主提昇我們之前的最後一個慧見，不是學來或修來的。我們的修持只限於在聖靈的指導下移除障礙，讓這一慧見得以浮現，「最後一步」才可能來臨。世界所能提供的學習機會唯有寬恕，而也唯有寬恕才能掃除那些障礙。

這一段同時也重申了上主之子只是陷入沉睡，夢到自己與上主分裂了而已。這一場夢就是第一次來臨（上主創造了基督）和第二次來臨（我們從夢中醒來）之間那一段時空間隔。這段引文是說，我們剛從噩夢醒來，還有一些蛛絲障在眼前，上主會親自為我們拭去。借用前面引用《聖經》的說法，就是「上主會拭去我們的眼淚，輕輕把我們抱起，擁入

衪的懷中」。

衪所賜的恩典不只是一個答覆而已。還會喚起心靈在昏睡中所遺忘的一切記憶，也就是千古不渝的聖愛。（W-168.3:5~6）

當我們徹底放下夢境，幡然甦醒時，上主的恩典，也就是衪的愛，就會拂面而來，純然天賜，不假修持。然而，唯有寬恕完成之後，最後那一超越修持經驗的階段才會到來。

問：這一段很有神祕學的味道，這類說法在《課程》中屢見不鮮。不可否認，那些神祕主義者一定有人真的經驗到神的臨在，但他們的描述卻往往說，神好似法外開恩，讓他們驚鴻一瞥這一境界，然後又拿走那個恩典，只因他們還有些尚未學成的功課。我要問的是，既然他們真的經驗到神，怎麼又有「神又撤回衪的恩賜」那種感覺呢？甚至還會認為上主「剝奪」了他們與神同在的喜樂？

肯恩：你的提問恰好點出《課程》的重要課題，就是形式與內涵之分。我相信教會這些非凡的神祕學家，肯定經驗到上主的臨在與耶穌的愛。《課程》把上主和愛歸為「內涵」，它屬於一種經驗，這種經驗若發生在本世紀，我們可能會賦予它截然不同的詮釋。《課程》把各種詮釋稱為「形式」，神學當然屬於這個層次，也就是企圖用理性來解釋不可言詮之事。

　　神學巨擘聖托馬斯・阿奎那的一生即是最佳例證，他著作等身，被教會奉爲權威。去世前他經歷了一次神祕經驗，令他如此慨歎：「我一生所寫的，與此刻的啓示比起來，簡直連一根稻草也不如。」〔原註〕眞正經驗到上主之愛的人，絕對不會把他的經驗神學化的；在那一刻，托馬斯・阿奎那領悟到自己的神學著作根本就輕如鴻毛。此後不久，他騎馬不愼撞上樹枝，七週後闔眼而逝。無疑的，他的一生在那次經驗中獲得了圓滿。

　　因此，某些聖賢和神祕學家的經驗，在內涵上也許眞實不虛，但他們詮釋的「形式」則受限於他們所處時代的神學觀念。我們知道，傳統教會神學主張，只有透過受苦與犧牲，上主才會領我們回家，難怪《課程》得竭盡全力讓我們明白，慈愛的上主絕不會那樣想的。但傳統教會卻認爲那種救恩途徑天經地義，因而非常認可「靈魂暗夜」的說法，例如聖十字若望描述光明悟境來臨前的那一段黑暗期，依舊代表了上主的愛，祂之所以撤走對我們的愛，是爲了讓我們完成淨化的最後一步。然後，刹那之間，祂在耀眼的光芒中回到我們身邊，讓我們重新結合於祂的愛中。由此可見，教會的基本教義乃是上主允許痛苦進入我們的生命，認爲這是祂

〔原註〕出自Weisheipl,James A.,O.P.所著的*Friar Thomas D'Aquino: His Life, Thought, and Works* （Washington: The Catholic Univ. of America Press, 1983）如欲深入了解，請參看我的*Love Does Not Condemn*一書第11~12頁。

愛我們的一種方式，唯有如此，祂才能帶領我們回歸於祂。

　　問：那種神學詮釋是否影射了「小我已經乘虛而入，代我們發言『我不想放下特殊關係，那種過程實在太痛了』」？

　　肯恩：很可能，我認爲《課程》的基本教誨確實在影射那種心態。然而，我們不應忘記，在教會的神祕神學看來，《課程》這一套說法簡直是異端。這是兩條截然不同的道路，我們必須謹記在心，《課程》的確用心良苦，它反覆提醒我們，那些受苦經驗只會鞏固我們罪孽深重、理當受罰、必須受苦犧牲等等的信念。

上主愛祂的聖子。現在就求祂指引迷津吧！世界便會失去了蹤影；慧見一開始現身，真知便尾隨而至。在天恩中，你會看到整個世界都籠罩在愛的光明裡；你還會看見人們高舉自己的心，將光明納爲己有，恐懼從每個人臉上消失了。如今還有什麼理由耽擱天堂的來臨，即使只是片刻之久？世界萬物既已蒙受你的寬恕，還有什麼有待化解的呢？（W-168.4）

　　這一段爲我們描述了結局的美妙景象。整段引文的重點，即是指寬恕──只要我們獻出寬恕的小小願心，等於爲慧見開啓了歡迎之門，上主的最後一步以及天堂的眞知之境才可能來臨。

今天是嶄新且神聖的一天，因我們接受了上主早已賜給我們的一切。我們信賴的是那位「施主」，而非自己的接受。我們承認自己的過錯，即使祂對所有的錯誤一無所知，仍會給我們一個答覆，且賜我們種種方法放下這些錯誤，懷著感恩與愛來到祂的跟前。（W-168.5）

引文中大寫的 He 和 Whom 是指上主。這一類筆法常讓學員感到迷惑，誤以為只需操練這一課，他們就可臻至上主的最後一步，天堂就近在咫尺了。這怎麼可能！目前才到一百六十八課，後面還有好多精采的課題等著我們呢。我們得從另一種角度去解讀這類說法，這也是耶穌在《課程》中常用的手法，從時間層次突然切換至最終結局的層次。反正時間在《課程》裡只是幻相，故耶穌一下子就從小我的時間影集切換至聖靈那反映永恆之境的影集。

我們不要期待自己一朝一夕就能徹底放下我們在小我思想體系所投資的一切，轉而全然接受聖靈的思想。無論從我們的個人經歷還是本書一再講述的觀念，都可看出，化解小我絕不是輕而易舉之事。

當我們走向祂時，祂必會紆尊就卑地前來迎接。因祂有意給予而我們也會領受的一切，早已為我們準備妥當。這就是祂的旨意，因為祂愛自己的聖子。今天我們要向祂祈禱，且用祂的話予以回應，這些話都是透過天音、聖言與聖愛所賜給

我們的：

> **祢賜給我的恩典。我現在就要領回。天父，我來到**
> **祢的跟前。祢也會來到我這祈求者這裡。因為我是**
> **祢的愛子。**（W-168.6）

　　毋庸置疑的，前提就是我們得先完成自己的寬恕任務。
上主不可能替我們作工，既然是我們摒棄了上主之愛，我們
必須親自領回。罪咎一旦化解，隔絕我們與上主的障礙自然
消失了蹤影，我們終於來到祂面前，整個旅程由祂欣然迎接
我們而告終。

＊＊＊＊＊＊＊＊＊

　　這就是最後的一步：上主的所有聖子全都從夢中醒來，
為虛幻的世界作了最後的判斷，上主便會把我們提昇至祂
的境界。〈教師指南〉最後一部分即是〈詞彙解析〉〔譯
註〕，它的結語完美地總結了人生旅程的高潮，把我們帶到
距離天堂只有一步之遙的境地。

〔譯註〕《奇蹟課程》英文版在1996年之前各版本，將〈詞彙解析〉歸屬於
　　　　〈教師指南〉，於合訂本之封面，也僅標舉〈正文〉、〈學員練習手
　　　　冊〉、〈教師指南〉之名稱，也因此，肯恩有「〈教師指南〉最後一
　　　　部分即是〈詞彙解析〉」之言。唯於2007年後之版本，已將〈詞彙解
　　　　析〉及〈補編〉各自獨立為一部，合訂本之封面也並列了〈正文〉等
　　　　五部名稱。

　　我將一氣讀完這美妙的一節，作爲此次研習的結語。但是，首先容我對這一節稍作說明。〈教師指南〉一向很少引用《聖經》，但在這短短一頁多的篇幅裡，卻引用了至少五次。部分原因是這一節寫於十二月，在「耶誕節」期間，教會通常會舉行許多祈禱儀式，引用許多經言，迎接耶誕節的來臨，所以耶穌除了在文中談及自己外，也多處引用《聖經》經文。例如第三段的「不要害怕」一語出自〈以賽亞書40:9〉；另在〈約翰福音〉裡，耶穌撫慰他的追隨者時也用這一句話（6:20）。這一節的最後，直接與耶誕節有關的語彙，即「新生的世界」和基督「重生」。至於「晨星」一詞，則出自〈啓示錄 22:16〉，自古以來，被當成耶穌的象徵──他是掃除漫漫長夜的曉明之星。

　　除了《聖經》之外，《課程》也引用了不少諾斯替派的觀念，乃至沿用了諾斯替派的術語。〈詞彙解析〉這一節的第二段就有一明顯的例子，「你在此是異鄉的過客」，世界不是我們的家鄉，我們這異鄉的過客永遠不會在此找到平安的，這是道地的諾斯替思想。第一百六十課「我已安居家中，恐懼從此成了陌路」也是典型的諾斯替觀念。另一常見的諾斯替語彙是「尋求安息」，在《課程》裡經常出現，比如第一百零九課，這美妙的一課裡，就有「我安息於上主內」。〈詞彙解析〉結語的最後一小段雖然沒有直接用「安息」一詞，但毫無疑問表達了相同的意涵：「上主之子進入

了寂靜，懷著天賜的安寧，步入自己的家門；他的心，終於平安了。」（C-結語.5:6）艱苦的旅程結束了。

　　順便一提，《課程》幾部書的結語，無論〈正文〉、〈練習手冊〉還是〈教師指南〉，以及現在要讀的〈詞彙解析〉，都寫得詩意盎然，感人肺腑。以下這幾段的結語也同樣優美，同樣感人：

可別忘了，這旅程一旦展開，結局就已成定數。一路上，你的疑慮難免此起彼落，周而復始。然而，結局已定。沒有人會完成不了上主指派給他的任務。當你忘卻自己的任務時，請記住，有祂伴你同行，祂的聖言已銘刻在你心上。懷有這希望的人怎麼可能絕望？雖然絕望的幻相仍會不時來襲，但你已學會不受它們的蒙蔽。每個幻相的背後，就是實相，就是上主。在幻相的盡頭，上主的聖愛只有剎那之隔，你為何還踟躕不前，繼續以幻相取代實相？結局已定，且有上主親自作保。就在一步之遙，至聖聖者為你開啟了那道遠古之門，領你遺世遠颺，還有誰會繼續獃立於了無生機的幻相之前？

你在此是異鄉的過客。但你原是上主的家人，祂愛你之深如同祂愛自己。讓我幫你推開古墓的石板吧！這原是上主的旨意。我們已經步上這一旅程。

始自遠古，結局就已寫在星辰上了，掛在光明燦爛的重天之上，它永存不朽，萬古常新。它至今猶存，既未改變，也不會改變，且永不改變。

不要害怕。我們只是再度踏上這段飄泊已久的遠古旅程，雖然感覺上好像是頭一遭。我們再度邁上以前一起走過卻一度迷失的路。如今，讓我們重新開始。這個新開始會給你前所未有的肯定感與明確感。向上仰望吧！瞻仰祂寫在星辰上的聖言，祂已將你的名字與祂的銘刻在一起了。向上仰望吧！你會找到你生命的定數，那才是世界一直隱瞞著你而上主卻願你親眼目睹的結局。

讓我們在此靜靜地等待，屈膝片刻，向那召喚我們且幫我們聽見召喚的「那一位」，表達我們的感恩。然後我們就起身，滿懷信心地向祂邁進。如今，我們相當肯定自己並非獨自走在人間的路上。我們有上主同行，還有與祂同在的所有弟兄。如今，我們知道，我們再也不會迷路了。歌聲再度揚起，聽來猶如一首絕響，其實這首天堂之歌不過沉寂了片刻而已。我們在此開始的一切，會生出更多的生命、力量與希望，直到世界能夠靜止片刻，忘卻整個罪咎之夢的滄桑。

讓我們一起走出去，迎向新生的世界，深知基督已
在世間重生了，而這重生的神聖生命將亙古常存。
我們一度迷失過，但祂已將我們覓回。讓我們一起
迎接祂回到我們這兒來，慶祝救恩的來臨，也慶祝
我們自以為打造出來的那個世界終於結束了。在這
嶄新的一天，曉明之星照在煥然一新的世界上，它
向上主伸出歡迎的手，聖子終於與祂團圓了。祂
感謝我們使祂重歸圓滿，我們對祂也懷著同樣的感
謝。上主之子進入了寂靜，懷著天賜的安寧，步入
自己的家門；他的心，終於平安了。

圖表一　兩個層次

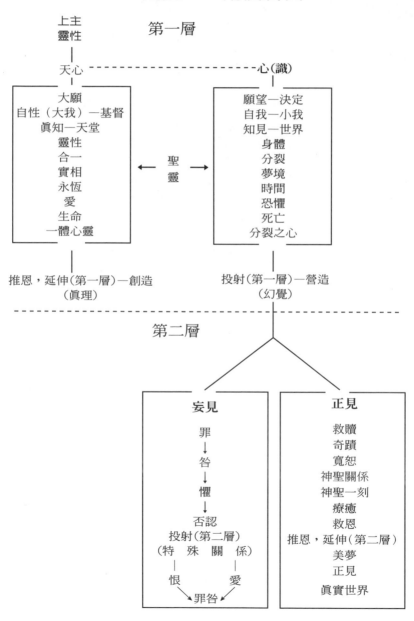

第一層

上主
靈性
｜
天心 - - - - - - - - - - - - - - - 心(識)
｜

	聖 靈	
大願 自性（大我）—基督 眞知—天堂 靈性 合一 實相 永恆 愛 生命 一體心靈	←　　→	願望—決定 自我—小我 知見—世界 身體 分裂 夢境 時間 恐懼 死亡 分裂之心

推恩，延伸(第一層)—創造　　　　投射(第一層)—營造
　　　（眞理）　　　　　　　　　　　（幻覺）

第二層

妄見	正見
罪 ↓ 咎 ↓ 懼 ↓ 否認 投射(第二層) （特　殊　關　係） ｜ 恨　　　　愛 ↘罪咎↙	救贖 奇蹟 寬恕 神聖關係 神聖一刻 療癒 救恩 推恩，延伸(第二層) 美夢 正見 眞實世界

圖表二　時間長毯

圖表三　電視－萬花筒－全像圖

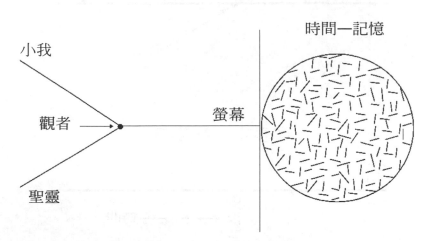

圖表四　兩種全像圖

小我 　　　　　　　　聖靈

圖表五　永恒中的一瞬

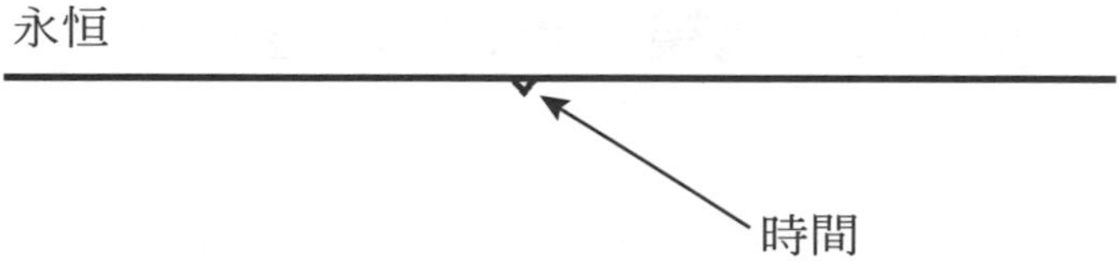

永恒

時間

圖表六　螺旋線

永恒

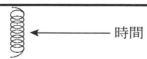　　　時間

本書問答索引

有關時間一般性問題

實修及相關議題

選擇與抉擇者、觀者

《奇蹟課程》與基督宗教的不同

奇蹟資訊中心
出版系列：

《奇蹟課程》
（A Course in Miracles）——新譯本

　　《奇蹟課程》是二十一世紀的心靈學寶典，更是近年來各種心理工作坊或勵志學派的靈感泉源。中文版已在 1999 年由若水譯出，並由作者海倫‧舒曼博士所委託的「心靈平安基金會」出版。

　　新譯本乃是根據「心靈平安基金會」2007年所出版的「全集」，也是原譯者若水在「教」「學」本課程十年之後再次出發的精心譯作。全書分為三冊：第一冊：〈正文〉；第二冊：〈學員練習手冊〉；第三冊：〈教師指南〉、〈詞彙解析〉以及〈補編〉的「心理治療」與「頌禱」二文。新譯本網羅了《奇蹟課程》所有的正式文獻，使奇蹟讀者從此再無滄海遺珠之憾。（全書三冊長達 1385 頁）

《奇蹟課程》
〈學員練習手冊〉新譯本隨身卡

　　《奇蹟課程》第二冊〈學員練習手冊〉共三百六十五課，一日一課地，在力求具體的操練中，轉變讀者看事情的眼光，解開鬱積的心結。

　　若水由十餘年的奇蹟課程教學譯審經驗出發，全面重譯這部曠世經典。新譯版一本經典原文的精確度，語意更為清晰，文句更加流暢。精煉再三的新譯文，吟誦之，琅琅上口，饒富深意，猶如親聆J兄溫柔明晰的論述，每天化解一個心結，同享奇蹟。

　　為方便現代人在忙碌生活中操練每日一課，經三修三校的重譯版，首度以隨身卡形式發行，以頂級銅西卡精印，紙版尺寸 8.5 × 12.6 公分，另有壓克力卡片座供選購。（全套卡片共 250 張）

奇蹟課程導讀與教學系列

　　《奇蹟課程》雖是一部自修性的課程，只因它的理論架構博大精深，讀者常易斷章取義而錯失精髓，故奇蹟資訊中心陸續推出若水的導讀系列、米勒導讀，以及一階理論基礎及二階自我療癒DVD、其他演講錄音或錄影教材，幫助讀者逐漸深入這部自成一家之言的思想體系。

若水導讀系列

（一）《創造奇蹟的課程》（全書 272 頁）
（二）《生命的另類對話》（全書 272 頁）
（三）《從佛陀到耶穌》（全書 224 頁）

　　若水在這三冊中，解說《奇蹟課程》的來龍去脈與理論架構，透過問答的形式，說明崇高的寬恕理念如何落實於生活中；最後透過《奇蹟課程》的理念，闡釋佛陀和耶穌這兩位東西方信仰系統的象徵，在實相裡並無境界之別，而只有人心的「小我分裂」與「大我一體」的天壤之隔。

米勒導讀
《奇蹟半生緣》

　　一位慧心獨具卻不得志的記者，三十多歲便受盡「慢性疲勞症候群」的折磨，群醫束手無策，他在走投無路之下，不禁自問：「究竟是誰把我這一生搞得這麼慘？」

　　《奇蹟課程》讓他看到，自己竟是一切問題的始作俑者。他對這一答覆百般抗拒，直到有位心理治療師對他說：「恭喜你！你若讀得下這本書，大概就不需要心理治療了！」

　　《奇蹟半生緣》全書穿插作者派屈克‧米勒浮沉人生苦海的經歷，但他並不因此獨尊自身的經驗和詮釋，而以記者客觀實証的精神，遍訪散居全美各地的奇蹟講師與學員，甚至傾聽圈外人的質疑。本書可說是一部美國奇蹟團體的成長紀實。（全書 319 頁）

奇蹟課程有聲教學教材

　　奇蹟資訊中心歷年發行《奇蹟課程》譯者若水的演講錄音或錄影光碟，將《奇蹟課

程》的抽象理念與現實生活銜接起來，幫助讀者了解《奇蹟課程》的精髓所在，是奇蹟學員不可或缺的有聲輔讀教材，由於教材內容每年不盡相同，欲知詳情，請上網查詢。www.acimtaiwan.info 奇蹟課程中文網站 www.qikc.org 奇蹟課程中文部簡体網

肯恩實修系列

《奇蹟原則50》

許多讀者久仰《奇蹟課程》之盛名，興沖沖地讀完短短的導言後，就怔忡在一條一條有如天書的「奇蹟原則」之前。讀了後句忘前句，「奇蹟」的概念好似漂浮在字裡行間，始終無法在腦海中落腳，以至於閱讀了一兩頁之後便後繼無力，難以終篇，竟至棄書而逃。

「奇蹟原則」前後五十條，其實是整部課程的濃縮，若無明師指點，讀者通常都不得其門而入。於今多虧奇蹟泰斗肯尼斯旁徵博引，以深入淺出而又幽默的答問形式，將寬恕與奇蹟的精神落實於生活中，為初學者乃至資深學員提供了一個實修的指標。（全書209頁）

《終結對愛的抗拒》

追尋心靈成長的人，學到某個階段往往面臨一個瓶頸：儘管修習多年，一遇到某種挑戰，就不自覺地掉回原地，因而自責不已。問題到底出在哪裡？

佛洛依德在他的臨床經驗中，驚異地發現，病人的潛意識中有「拒絕療癒」的本能，肯尼斯根據《奇蹟課程》的觀點，犀利地剖析人們「拒絕療癒或轉變」的原因，又仁慈地為讀者指出穿越小我迷霧的關鍵，由停滯不前的窘境中突圍。對於追尋心靈成長和平安的人而言，本書不但有提點指授的功效，更有當頭棒喝的力道。（全書109頁）

《親子關係》

坊間論及親子問題的書籍可謂汗牛充棟，泰半繞在親子關係複雜且微妙的糾結情懷，唯獨肯尼斯・霍布尼克不受表象所惑，借用《奇蹟課程》的透視鏡，澈剖出親子之間愛恨交織的真正關鍵。

本書表面上好似在答覆「如何教養子女」、「如何對待成年子女」以及「如何照顧年邁雙親」等具體問題，它其實是為每一個人點出我們在由「身為兒女」，到「照顧兒女」，繼而「照顧雙親」的艱苦過程，以及我們轉變知見時必然經歷的脫胎換骨之痛。（全書238頁）

《性・金錢・暴食症》

在紛紜萬象的世界裡，性、金錢與食物可說是人生問題的「重頭戲」，最易牽動小我的防衛機制，故也最具爭議性。作者肯恩沿用《奇蹟課程》中「形式與內涵」的層次觀念，針對性、金錢等等所引發的光怪陸離現象（形式），揭露它們背後一貫的目的（內涵）── 小我企圖藉無止盡的生理需求，抹滅心靈的存在，加深孤立、匱乏、分裂等受害感，最後連吃飯、賺錢與性交都可能變成一種攻擊的武器。

肯恩與學員的趣味問答，反映出我們日常是如何受制於這些生理需求的；然而，我們也能藉聖靈之助，將現實挑戰化為人生教室，將小我怨天尤人的陰謀，轉為寬恕與結合的工具。（全書196頁）

《仁慈──療癒的力量》

這是一部針對奇蹟教師及資深奇蹟學員的實修指南。全書分上下兩篇，上篇列舉奇蹟學員常有的現象，例如以奇蹟之名攻擊他人，或以善意為由掩蓋自己批判的心態；下篇探討如何用仁慈的眼光來看待自己與他人的缺陷，教我們將自身的限制或缺陷轉為此生的「特殊任務」，在人間活出寬恕的見證，成為聖靈推恩的管道。（全書251頁）

《逃避真愛》

本書是針對道理全懂卻難以突破的資深學員而寫的，它一針見血地指出，綑綁我們修行腳步的，不是世界的黑暗，也非人間的牽絆，而是自己打造出來的一道心牆。

只因我們深怕真愛會消融了自己的特殊性，故把心靈最深的渴望隱藏到心牆之後，與之「解離」，在人間展開一場虛虛實實又自相矛盾的追尋。一邊痛恨小我的束縛，一邊又忙著為小我說項；以至於內心有一部分奮力向前，另一部分則寧可原地觀望。藉著裝傻、扭曲、辯駁，把回歸真愛的單純選擇

渲染成複雜又艱深的學問。

《逃避真愛》溫柔地解除了人心無需有的恐懼，讓我們明白心牆的「不必要」，陪伴我們無咎無懼地跨越過去。（全書156頁）

《假如二二得五》

從古至今，多少人心懷救苦救難的大志，傾注一生之力貫徹自身理想，卻往往受現實所囿而終不能及。我們這些凡夫俗子，亦不乏拼搏自救之心，然而在現實面前，還是屢屢敗陣，活得憋屈而無奈。問題究竟出在哪裡？

對此，本書剴切提出：整個世界其實一直按照2＋2＝4的「鐵律」來運作，萬物循著固定的軌跡盈虧盛衰，一切可謂「命中註定」，無怪乎歷史上的種種救世之舉皆以失敗告終。然而，《奇蹟課程》識破世界的詭計，小我既然使出2＋2＝4的苦肉計，它便祭出2＋2＝5的救贖原則，破解小我編織的羅網，溫柔地引領我們走出世界的幻境。本書即是教導我們，如何在貌似2＋2＝4的世界活出2＋2＝5的生命氣象，而且更進一步，迎向天地間唯一真實的等式1＋1＝1。（全書171頁）

《駱駝‧獅子‧小孩》

本書書名出自德國哲學家尼采的代表作《查拉圖斯特拉如是說》裡的「三段蛻變」——駱駝、獅子、小孩。這則寓言提綱挈領地勾勒出靈性的發展過程，尼采的幾項重要論點，包括強力意志、超人、永劫輪迴，也在肯恩博士精闢的詮釋之下，與奇蹟學員熟悉的抉擇心靈、資深上主之師、小我運作模式等觀念相映成趣。

肯恩博士為奇蹟學員引薦這位十九世紀天才的作品，企盼在大家為了化解分裂與特殊性而陷入苦戰之際，可以由這本書得到鼓舞和啟發。我們終將明白，唯有「一小步又一小步」的前進，從駱駝變成獅子，再進一步蛻變為小孩，不跳過任何一個階段，才能抵達最後的目標。（全書177頁）

肯恩《奇蹟課程釋義》系列

《奇蹟課程序言行旅》

如果說《奇蹟課程》是一首曠世交響曲，《序言》便奠定了整首樂曲的氣質與基調，不僅鋪敘出奇蹟交響樂的關鍵理念，還將讀者提昇到奇蹟形上思想的高度和意境，堪稱《正文行旅》最佳的暖身之作。

肯恩有如一流的樂評家，領著讀者，在宏觀處，領受樂章磅礡的主旋律，在微觀處，諦聽暗藏其中的千百種變奏，致其廣大，盡其精微，深入課程之堂奧，回歸心靈之家園。（全書121頁）

《正文行旅》（陸續出版中）

《奇蹟課程》在人類靈性進化史上的貢獻可謂史無前例，而《正文行旅》乃是《奇蹟課程釋義》三部曲的完結篇。肯恩由文學，詩體，音樂三重角度，依循各章節的主題，提供了「重點式」以及「全面性」的導覽，幫助學員深入奇蹟三昧，沉浸於智慧與慈悲之海。

這部行旅可說是肯恩一生教學的智慧結晶，奇蹟學員浸潤日久，必會如他所願：奇蹟，發自心靈，必將流向心靈。（第一冊335頁，第二冊314頁）

《學員練習手冊行旅》（陸續出版中）

整套《奇蹟課程釋義》的問世，可說是無心插柳。1998年起，肯恩應學生之請，為〈學員練習手冊〉做了一系列的講解，基金會將研習錄音增編彙整為逐句詮釋的〈練習手冊行旅〉。此案既定，〈正文行旅〉以及〈教師指南行旅〉應運而生，為奇蹟學員提供了最完整且精闢的修行指針，訂名為《奇蹟課程釋義》，幫助學員將〈正文〉理念架構所引伸出來的教誨，運用到現實生活中。這三部《行旅》，可說是所有踏上奇蹟旅程的學員最貼心的夥伴。

《學員練習手冊行旅》的宗旨，乃是幫助奇蹟學員了解三百六十五課的深意，以及它們在整部課程中的作用。更重要的是，幫助學員將每日一課運用於現實生活中，否則《奇蹟課程》那些震古鑠今之言可謂枉費唇舌，徒然淪為一套了無生命的學說。（第一冊346頁，第二冊292頁，第三冊234頁，第四冊337頁，第五冊289頁）

《教師指南行旅》
（共二冊，含《詞彙解析行旅》）

〈教師指南〉是《奇蹟課程》三部書的最後一部，它以「如何才是上主之師」為主軸，提綱挈領地梳理出〈正文〉的核心觀念，全書以提問的形式鋪敘而成，為其他兩部書作了最實用的補充。

肯恩在逐句解說〈教師指南〉時，環繞著兩個主題：「個別利益」對照「共同福祉」，以及「向聖靈求助」。因為若不懂得向聖靈求助，我們根本學不會「共享福祉」這門功課。當然，全書也穿插不少副題，如「形式與內涵」、「放下判斷」等等，就像貝多芬的偉大樂章那樣，不時編入數小節旋律，讓主題曲與變奏曲銜接得更加天衣無縫。肯恩說：「我希望藉由本書讓學員看出，耶穌是如何高明地把他的基本訊息串連為一個整體，一如交響樂以主旋律與變奏曲那般交叉呈現、迴旋反覆地將我們領上心靈的旅程。」（第一冊337頁，第二冊310頁）

其他出版品

《寬恕十二招》

《寬恕十二招》的作者保羅·費里尼，有鑒於人們的想法與情緒反應模式，早已定型僵化，成了一種「癮」，不是一朝一夕可以化解得掉的。因此，他將《奇蹟課程》的寬恕理念，分解為十二步驟，一步一步地引導我們超越自卑、自責以及過去的創痛，透過自我寬恕而領受天地的大愛。這是所有準備好負起自我治療之責的人必讀的靈修教材，也是曠世靈修經典《奇蹟課程》的輔讀書籍。（全書 110 頁）

《無條件的愛》

作者保羅·費里尼繼《寬恕十二招》之後，另以老莊的散文筆法，細細描述我們每一個人心中都擁有的「無條件的愛」。他由大我的心境出發，以第一人稱的對話方式，直接與讀者進行心與心的交流，喚醒我們心中沉睡已久的愛，開啟那已被遺忘的智慧。此書充滿了「醒人」的能量，是陪伴你走過人生挑戰的最好伙伴。（全書 215 頁）

《告別娑婆》

宇宙從哪兒來的？目的何在？我究竟是什麼？為什麼會在這裡？我要往哪裡去？我該怎麼活在這個世界裡？當你讀完本書，會有一種「千年暗室，一燈即亮」的領悟。

全書以睿智而風趣的對話談當今世局、原子彈爆炸，一直說到真愛、疾病、電視新聞、性問題與股價指數等等，讓我們對複雜詭異的人生百態，頓時生出「原來如此」的會心一笑。它說的雖全是真理，讀起來卻像讀小說一樣精彩有趣，難怪一問世便成了西方出版界的新寵。（全書 527 頁）

《一念之轉》

作者拜倫·凱蒂曾受十餘年的憂鬱症所苦，一天早上，她突然覺悟了痛苦是如何形成又如何結束的。由此經驗中，她發明了四句問話的「轉念作業」（The Work），引導你由作繭自縛中徹底脫身，是一本足以扭轉你人生的好書。（全書 448 頁，附贈轉念作業個案 VCD）

《斷輪迴》 阿頓與白莎回來了！

繼《告別娑婆》走紅之後，葛瑞的生活形態發生重大的轉變，也面臨了更多的挑戰。葛瑞仍是口無遮攔地談八卦、論是非、臧否名流，阿頓和白莎兩位上師在笑談棒喝中，繼續指點葛瑞如何在現實挑戰下發揮真寬恕的化解（undo）功能，徹底瓦解我執，切斷輪迴之根。（全書 304 頁）

《人生畢業禮》

本書是保羅與 Raj 在 1991 年的對話記錄。對話日期雖有先後，內涵卻處處玄機，不論由哪一篇起讀，都會將你導入人類意識覺醒的洪流。

Raj 借用保羅的處境，提醒所有在人間孤軍奮鬥的人，唯有放下自己打造的防衛措施，才可能在自己的心靈內找到那位愛的導師。也唯有從這個核心出發，我們才會與所有弟兄相通，悟出我們其實是一個生命。（全書 288 頁）

《療癒之鄉》

《療癒之鄉》中文版由美國「獅子心基金會」委託台灣「奇蹟資訊中心」出版。

作者羅賓·葛薩姜把《奇蹟課程》深

奧又慈悲的教誨化為一套具體的情緒啟蒙和心靈復健課程，協助犯罪和毒癮的獄友破除心理障礙，學習處理人與人之間的衝突，調整情緒，建立自信，切斷「憤怒→攻擊→憤怒」的惡性循環。《療癒之鄉》陪伴無數受刑人度過獄中歲月。

《療癒之鄉》也是為所有困在自己心牢裡的讀者而寫的。世間幾乎沒有一人不曾經歷童年的創傷、外境的壓迫，以及為了生存而形成種種不健康的自衛模式。獄友的心路歷程給予我們極大的啟發，鼓舞我們步上心靈療癒之路。（**全書 440 頁**）

《我要活下去》

這本書不只是一本鼓舞信心的療癒指南，還是一個女人把自己從鬼門關前拉回來的真實故事。

作者朱蒂·艾倫博士（Judy Edwards Allen, Ph.D.）原本是成功的專業顧問、大學教授、大學教科書作者，四十歲那年獲知罹患乳癌的「噩耗」，反而成為她生命的轉捩點，以清晰、熱情的文筆，記錄了她奮力將原始的求生意念成功地轉化為「康復五部曲」的歷程。讀者會看到她如何軟硬兼施地與醫生打交道，如何背水一戰克服無助感，又如何透過寬恕，喚醒內心沉睡已久的愛與生命力。最後，她終於超越自己對生死的執著，在這一場疾病與療癒的拔河大賽中，獲得了靈性的凱旋。（**全書 280 頁**）

《時間大幻劇》

人們對於時間，存在著種種截然不同的看法，比如：時間是良藥，可以癒合一切創傷；善惡終有報，只等時候到；時間是無情的殺手，終將剝奪我們的一切……。人類早已視時間的存在為天經地義，戰戰兢兢地活在過去的懊悔、現在的焦慮和對未來的恐懼中。我們好似活在一座無形的牢籠裡，苟延殘喘，等待大限的到來。

《奇蹟課程》的泰斗肯恩博士曾說：「不了解時間，不可能讀懂《奇蹟課程》的。」他引經據典，將散落全書有關時間的解說，梳理出一個完整的思想座標，猶如點睛之龍，又如劃破文字叢林的一道靈光，讓我們一窺《奇蹟課程》的究竟堂奧（究竟義）。此書可說是肯恩留給奇蹟資深學員最

珍貴的禮物。（**全書413頁**）

《奇蹟課程誕生》

《奇蹟課程》的來歷究竟有何玄虛？為什麼它選擇經由海倫·舒曼博士來到人間？它的記錄方式及成書過程，與它傳給人類的訊息有何內在關係？有幸親炙此書的我們，又該如何延續奇蹟精神的傳承？

不論你只是好奇《奇蹟課程》的精采傳奇，還是有心以「史」為鑑，窮究奇蹟的傳承精神，本書都提供了最可靠的第一手資料。作者因與茱麗、海倫與比爾等人交往密切，故受這些開山元老之託，冷靜而客觀地梳理《奇蹟課程》的記錄及成書經過，佐以三位奇蹟元老的親筆自白，融鑄成一部信實可徵的《奇蹟課程》誕生史，帶領讀者重新走過五十年前那段精采神奇的心靈歷程。（**全書195頁**）

《飛越死亡的夢境》

本書榮獲美國出版界著名的「活在當下書籍獎」（Living Now Book Awards），全書以嶄新的視角詮釋曠世靈修經典《奇蹟課程》的教誨，為讀者剀切指出「起死回生」的著力點。

作者特別選取在人間每個角落不時作祟的「死亡陰影」入手，揭露小我抵制永恆生命的伎倆。作者以親身的經歷為奇蹟作證，並且提供了極其實用的反省練習，解除我們潛意識中對死亡的恐懼，為百害不侵的生命本質開啟了一扇門，真愛與喜悅得以流過人間，讓奇蹟成為日常生活裡「最自然的事」。（**全書524頁**）

時間大幻劇：奇蹟課程的時間觀

A VAST ILLUSION: Time According to A Course in Miracles

作　　者：肯尼斯・霍布尼克博士 (Kenneth Wapnick, Ph.D.)

譯　　者：張紅雲　若　水

責任編輯：李安生

校　　對：張紅雲　李安生　黃真真　吳曼慈

封面設計：蘇荷美術

封面畫作提供：蘇荷兒童美術館・徐靖婷

美術編輯：浩瀚電腦排版股份有限公司

出　　版：奇蹟課程有限公司・奇蹟資訊中心
　　　　　桃園市光興里縣府路 76-1 號

聯絡電話：04-2536-4991

劃撥訂購：帳號 19362531　戶名　劉巧玲

網　　址：www.acimtaiwan.info

電子信箱：acimtaiwan@gmail.com

印　　刷：世和印製企業 (02) 2223-3866

經銷代理：聯合發行公司
　　　　　　電話 (02) 2917-8022 # 162
　　　　　　　　 (03) 212-8000 # 335

定　　價：新台幣 400 元
　　　　　2014 年 11 月初版
　　　　　2022 年 04 月六刷

ISBN　978-986-88467-5-3

國家圖書館出版品預行編目資料

時間大幻劇：奇蹟課程的時間觀／肯尼斯‧霍布尼克
（Kenneth Wapnick）著；張紅雲、若水合譯. -- 初版. -- 臺
中市：奇蹟資訊中心，奇蹟課程，民103.11
　　　面；　公分
　　　譯自：A vast illusion : time according to a course in
　　　　　　miracles

　ISBN 978-986-88467-5-3（平裝）

　1. 靈修

192.1　　　　　　　　　　　　　　　　　　103022296